CB126776

siele
SERVICIO INTERNACIONAL DE EVALUACIÓN DE LA LENGUA ESPAÑOLA

EDICIÓN PARA PREPARADORES

MANUAL OFICIAL
para la preparación
DEL SIELE

Editado por:

Edinumen

Creado y desarrollado por:

Instituto Cervantes
UNAM
Universidad de Salamanca — Campus de Excelencia Internacional
UBA Universidad de Buenos Aires

Gestionado por:

Telefónica Educación Digital

siele
SERVICIO
INTERNACIONAL
DE EVALUACIÓN
DE LA LENGUA
ESPAÑOLA

Manual oficial para la preparación del SIELE. Edición para preparadores
ISBN: 978-84-9179-679-4
Depósito Legal: M-31722-2021

Institución:
Universidad de Salamanca - Cursos Internacionales, con la colaboración del Instituto Cervantes, Universidad Nacional Autónoma de México y Universidad de Buenos Aires

País:
España

Dirección:
Plaza de Fray Luis de León, 1-8
37008 Salamanca, España

Teléfono:
(+34) 923 294 418

Correo electrónico:
internat@usal.es

Página web:
https://cursosinternacionales.usal.es

© de las fotografías y los textos:

VNiVERSiDAD D SALAMANCA
CURSOS Internacionales

Editado y comercializado por Editorial Edinumen
1123

siele SERVICIO INTERNACIONAL DE EVALUACIÓN DE LA LENGUA ESPAÑOLA

INTRODUCCIÓN

El *Manual oficial del SIELE* tiene como objetivo ayudar al futuro candidato en su preparación para el examen SIELE.

Para ello, el *Manual oficial del SIELE*:

- presenta cómo es el examen y cada una de sus pruebas;
- da consejos y estrategias para realizar las tareas del examen;
- propone diferentes actividades y modelos de tareas de examen;
- muestra cómo funciona el portal SIELE.

En esta introducción encontrará información sobre:

- cómo es el *Manual oficial del SIELE*;
- cuáles son los contenidos y objetivos del manual;
- cómo se organizan las páginas de sus unidades.

MANUAL OFICIAL DEL SIELE

El **SIELE** es el **S**ervicio **I**nternacional de **E**valuación de la **L**engua **E**spañola que certifica, tras la realización de un examen a través de medios electrónicos, el nivel de dominio del español de estudiantes y profesionales de todo el mundo.

El *Manual oficial para la preparación del SIELE* tiene como objetivo facilitar la preparación del examen tanto a candidatos como a docentes y preparadores. Este doble propósito se refleja, a su vez, en las dos ediciones disponibles del manual: la presente, concebida como una guía didáctica y dirigida, por lo tanto, a preparadores, aunque incluye, también, todos los materiales destinados a los candidatos, y el *Manual oficial para la preparación del SIELE*, dirigido a candidatos y que cuenta con una amplia variedad de actividades y tareas cuya finalidad, por un lado, es que los candidatos conozcan en profundidad el examen y las dinámicas de cada una de las tareas que lo conforman y, por otro, prepararlos mediante la realización de modelos reales del examen para que puedan afrontarlo con eficacia.

¿Qué es el *Manual oficial para la preparación del SIELE*?

Se trata de un manual en el que se encuentran las características del examen y del proceso de inscripción, así como actividades, modelos de examen, consejos y estrategias para realizar con éxito las tareas.

¿Qué no es?

El manual no es un libro para aprender o enseñar español. Aunque al realizar las actividades se trabajarán distintos aspectos del idioma, su objetivo principal no es la enseñanza de este.

El *Manual oficial para la preparación del SIELE (edición para preparadores)* se divide en tres bloques que, paso a paso, dirigen a los preparadores en todo el proceso que habrán de seguir los candidatos hasta la realización del examen, de manera que puedan acompañarlos y guiarlos correctamente en todo momento. La estructura del manual es la siguiente:

* El bloque II del manual para preparadores constituye, en la práctica, el *Manual oficial para la preparación del SIELE* con el que trabajan los candidatos y el eje en torno al cual giran los demás bloques. Los preparadores, sin embargo, cuentan en esta edición con una información extra en cada una de las cuatro unidades que forman este bloque, donde se describe la prueba correspondiente y se analizan pormenorizadamente las tareas que la componen.

Al trabajar con el bloque II, *Prepárese para el SIELE*, se deben tener en cuenta los siguientes puntos:

- Cada prueba del examen se identifica con un color:
  - Comprensión de lectura
  - Comprensión auditiva
  - Expresión e interacción escritas
  - Expresión e interacción orales

- En cada página se hace referencia a la prueba y a la tarea que se está trabajando.

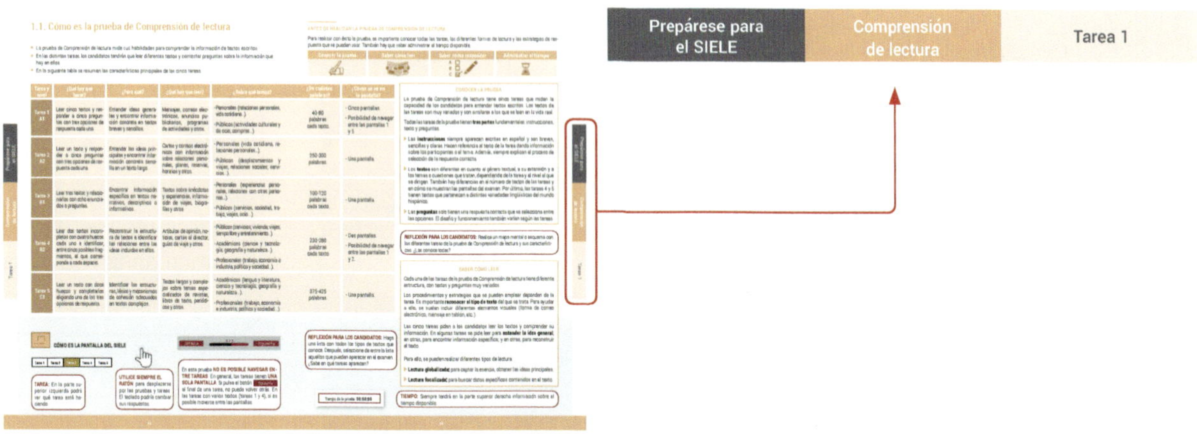

- Cada unidad contiene:
  - la descripción de la pantalla del examen SIELE;
  - información sobre cómo realizar las pruebas;
  - y actividades para practicar.

- Para activar la extensión digital:
  - Primero se debe crear un usuario en la página principal de SIELE: https://siele.org/portallogin.
  - Una vez creado y validado el usuario, se accede a la Extensión digital del manual en www.siele.org/manualsiele.
  - Introduzca el código de activación. Este código es único para cada ejemplar del manual y solo permite activar el acceso a la Extensión digital una sola vez. La activación estará vigente únicamente para el usuario inscrito durante 18 meses desde el momento en que introduzca el código.
  - Para acceder a la Extensión digital, familiarizarse con la plataforma y su funcionamiento y ejercitarse con las distintas tareas y pruebas del examen SIELE, se puede entrar en la opción «MI PERFIL» en https://siele.org/ o, directamente, desde https://siele.org/web/guest/mi-pagina
  - El código, además, permite activar el eBook del manual para que se pueda trabajar con él en cualquier dispositivo.

¿CÓMO SON LAS UNIDADES DEL BLOQUE II?

Cada unidad comienza con una sección sobre cómo es la prueba del SIELE y cuáles son sus características principales. Esta sección no tiene soluciones.

Cada tarea del examen SIELE se prepara en dos pasos:

1. En "Cómo se resuelve" los candidatos encontrarán tareas SIELE resueltas, actividades para practicar y consejos para resolverlas mejor.

2. En "Manos a la obra" se podrán resolver tareas de examen poniendo en práctica lo aprendido.

En "Dé el salto" se realiza una prueba completa en la Extensión digital del manual y se reflexiona sobre el aprendizaje.

En cada una de las secciones de la Extensión digital, los candidatos podrán...

- escuchar los audios de las pruebas;
- contestar a las preguntas;
- revisar sus respuestas y comprobar sus aciertos en las pruebas de CL y CA;
- repetir las pruebas todas las veces que quieran.

En las pruebas de Expresión e interacción escritas y orales se encontrará, además, información sobre "cómo se califica" cada tarea, sobre "cómo prepararse para obtener un nivel determinado en la EIE del SIELE" y "cómo prepararse para obtener un nivel determinado en la EIO del SIELE".

siele.org
#hablamosespañol

siele SERVICIO INTERNACIONAL DE EVALUACIÓN DE LA LENGUA ESPAÑOLA

BLOQUE I

EL EXAMEN SIELE

SIELE (Servicio Internacional de Evaluación de Lengua Española) es un examen para certificar el nivel de dominio de la lengua española. Se caracteriza por ser un examen multinivel, panhispánico y digital.

En este bloque va a encontrar información sobre:

- las características del SIELE;
- las modalidades de examen;
- el proceso de inscripción;
- los niveles en el SIELE;
- y el certificado.

A. CÓMO ES EL SIELE

Digital
El examen se realiza íntegramente por ordenador:
- En un centro autorizado por SIELE: los candidatos acuden presencialmente al centro de examen que eligen cuando hacen la reserva.
- En remoto: los candidatos se examinan con su propio ordenador en su sitio y el centro de examen supervisa en línea y en tiempo real su correcta realización.

La inscripción y el resto de gestiones también se realizan electrónicamente.

Multinivel
Un examen único para todos los candidatos, capaz de certificar el nivel de español entre los niveles A1 y C1 del *Marco común europeo de referencia para las lenguas: aprendizaje, enseñanza y evaluación (MCER)*.

Adaptable
El SIELE cuenta con seis modalidades de examen que combinan las distintas pruebas: Comprensión de lectura, Comprensión auditiva, Expresión e interacción escritas y Expresión e interacción orales.

Panhispánico
Incorpora diferentes variedades lingüísticas del español.

Flexible
No existen convocatorias. Cada centro de examen publica sus propias fechas, por lo que los candidatos podrán elegir dónde y cuándo certificar su nivel de español entre múltiples opciones.

Ágil
En un plazo máximo de 3 semanas los candidatos reciben su informe o certificado SIELE.

Reconocido mundialmente
El SIELE ha sido creado por el Instituto Cervantes, la Universidad Nacional Autónoma de México, la Universidad de Salamanca y la Universidad de Buenos Aires. Además, cuenta con el respaldo de más de 75 Universidades Asociadas, presentes en los 22 países de Iberoamérica, Canadá, China y Corea del Sur, que están implicadas activamente en el desarrollo del SIELE.

LAS MODALIDADES DE EXAMEN

▶ SIELE Global

Es el examen más completo para certificar su dominio del español.
Se trata de un único examen multinivel que permite obtener el Certificado SIELE, un documento que incluye una puntuación de 0 a 1000, resultado de la suma de la puntuación de cada una de las cuatro pruebas, y relacionada con los niveles del *MCER*.
La duración del examen Global es de 3 horas aproximadamente.

Al trabajar con el bloque II, *Prepárese para el SIELE*, se deben tener en cuenta los siguientes puntos:

- Cada prueba del examen se identifica con un color:
  - Comprensión de lectura
  - Comprensión auditiva
  - Expresión e interacción escritas
  - Expresión e interacción orales

- En cada página se hace referencia a la prueba y a la tarea que se está trabajando.

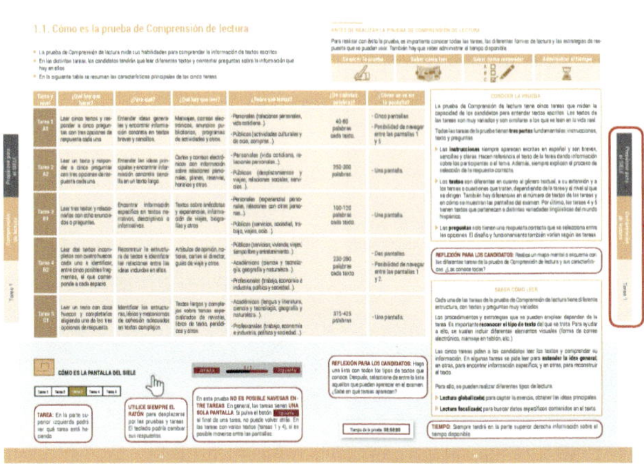

Prepárese para el SIELE	Comprensión de lectura	Tarea 1

- Cada unidad contiene:
  - la descripción de la pantalla del examen SIELE;
  - información sobre cómo realizar las pruebas;
  - 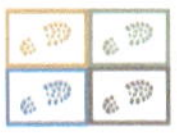 y actividades para practicar.

- Para activar la extensión digital:
  - Primero se debe crear un usuario en la página principal de SIELE: https://siele.org/portallogin.
  - Una vez creado y validado el usuario, se accede a la Extensión digital del manual en www.siele.org/manualsiele.
  - Introduzca el código de activación. Este código es único para cada ejemplar del manual y solo permite activar el acceso a la Extensión digital una sola vez. La activación estará vigente únicamente para el usuario inscrito durante 18 meses desde el momento en que introduzca el código.
  - Para acceder a la Extensión digital, familiarizarse con la plataforma y su funcionamiento y ejercitarse con las distintas tareas y pruebas del examen SIELE, se puede entrar en la opción «MI PERFIL» en https://siele.org/ o, directamente, desde https://siele.org/web/guest/mi-pagina
  - El código, además, permite activar el eBook del manual para que se pueda trabajar con él en cualquier dispositivo.

¿CÓMO SON LAS UNIDADES DEL BLOQUE II?

Cada unidad comienza con una sección sobre cómo es la prueba del SIELE y cuáles son sus características principales. Esta sección no tiene soluciones.

Cada tarea del examen SIELE se prepara en dos pasos:

1. En "Cómo se resuelve" los candidatos encontrarán tareas SIELE resueltas, actividades para practicar y consejos para resolverlas mejor.

2. En "Manos a la obra" se podrán resolver tareas de examen poniendo en práctica lo aprendido.

En "Dé el salto" se realiza una prueba completa en la Extensión digital del manual y se reflexiona sobre el aprendizaje.

En cada una de las secciones de la Extensión digital, los candidatos podrán...

- escuchar los audios de las pruebas;
- contestar a las preguntas;
- revisar sus respuestas y comprobar sus aciertos en las pruebas de CL y CA;
- repetir las pruebas todas las veces que quieran.

En las pruebas de Expresión e interacción escritas y orales se encontrará, además, información sobre "cómo se califica" cada tarea, sobre "cómo prepararse para obtener un nivel determinado en la EIE del SIELE" y "cómo prepararse para obtener un nivel determinado en la EIO del SIELE".

siele.org
#hablamosespañol

siele SERVICIO INTERNACIONAL DE EVALUACIÓN DE LA LENGUA ESPAÑOLA

BLOQUE I

EL EXAMEN SIELE

SIELE (Servicio Internacional de Evaluación de Lengua Española) es un examen para certificar el nivel de dominio de la lengua española. Se caracteriza por ser un examen multinivel, panhispánico y digital.

En este bloque va a encontrar información sobre:

- las características del SIELE;
- las modalidades de examen;
- el proceso de inscripción;
- los niveles en el SIELE;
- y el certificado.

A. CÓMO ES EL SIELE

Digital
El examen se realiza íntegramente por ordenador:

- En un centro autorizado por SIELE: los candidatos acuden presencialmente al centro de examen que eligen cuando hacen la reserva.
- En remoto: los candidatos se examinan con su propio ordenador en su sitio y el centro de examen supervisa en línea y en tiempo real su correcta realización.

La inscripción y el resto de gestiones también se realizan electrónicamente.

Multinivel
Un examen único para todos los candidatos, capaz de certificar el nivel de español entre los niveles A1 y C1 del *Marco común europeo de referencia para las lenguas: aprendizaje, enseñanza y evaluación (MCER)*.

Adaptable
El SIELE cuenta con seis modalidades de examen que combinan las distintas pruebas: Comprensión de lectura, Comprensión auditiva, Expresión e interacción escritas y Expresión e interacción orales.

Panhispánico
Incorpora diferentes variedades lingüísticas del español.

Flexible
No existen convocatorias. Cada centro de examen publica sus propias fechas, por lo que los candidatos podrán elegir dónde y cuándo certificar su nivel de español entre múltiples opciones.

Ágil
En un plazo máximo de 3 semanas los candidatos reciben su informe o certificado SIELE.

Reconocido mundialmente
El SIELE ha sido creado por el Instituto Cervantes, la Universidad Nacional Autónoma de México, la Universidad de Salamanca y la Universidad de Buenos Aires. Además, cuenta con el respaldo de más de 75 Universidades Asociadas, presentes en los 22 países de Iberoamérica, Canadá, China y Corea del Sur, que están implicadas activamente en el desarrollo del SIELE.

LAS MODALIDADES DE EXAMEN

▶ SIELE Global

Es el examen más completo para certificar su dominio del español.
Se trata de un único examen multinivel que permite obtener el Certificado SIELE, un documento que incluye una puntuación de 0 a 1000, resultado de la suma de la puntuación de cada una de las cuatro pruebas, y relacionada con los niveles del *MCER*.
La duración del examen Global es de 3 horas aproximadamente.

COMPRENSIÓN DE LECTURA + COMPRENSIÓN AUDITIVA + EXPRESIÓN E INTERACCIÓN ESCRITAS + EXPRESIÓN E INTERACCIÓN ORALES

▸ Modalidades independientes

Son otras cinco modalidades de examen basadas en la combinación de las distintas pruebas.
Cualquiera de estas cinco modalidades independientes permite obtener un Informe SIELE con la puntuación obtenida en cada prueba y su vinculación con los niveles del *MCER*.

S1	S2	S3	S4	S5
COMPRENSIÓN DE LECTURA + COMPRENSIÓN AUDITIVA	COMPRENSIÓN DE LECTURA + EXPRESIÓN E INTERACCIÓN ESCRITAS	COMPRENSIÓN AUDITIVA + EXPRESIÓN E INTERACCIÓN ORALES	EXPRESIÓN E INTERACCIÓN ORALES	EXPRESIÓN E INTERACCIÓN ESCRITAS + EXPRESIÓN E INTERACCIÓN ORALES
Duración: 60 min + 55 min	Duración: 60 min + 50 min	Duración: 55 min + 15-20 min	Duración: 15-20 min	Duración: 50 min + 15-20 min

REFLEXIÓN PARA LOS CANDIDATOS
¿Qué modalidad de examen le conviene?

LOS NIVELES EN EL SIELE

En el examen SIELE las tareas van aumentando su grado de dificultad progresivamente, de ahí que se defina como **un examen multinivel** que permite situar a los candidatos en uno de los cinco niveles que considera la prueba: desde A1 a C1. Pero ¿qué son los niveles? ¿Cuántos y cuáles son?

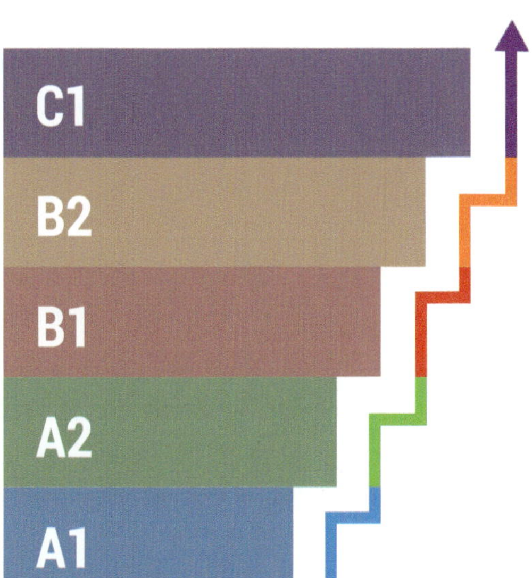

El *Marco común europeo de referencia para las lenguas* es una obra promovida por el Consejo de Europa para unificar el estudio de idiomas en Europa.

El *MCER* proporciona una base común para elaborar los programas de lenguas, orientaciones curriculares, exámenes, manuales, etc., en toda Europa. En él **se describe lo que tienen que aprender a hacer** los estudiantes para poder comunicarse a través de una lengua, así como los conocimientos y destrezas que tienen que desarrollar. Esa descripción está organizada en **seis niveles** o etapas de dominio de una lengua extranjera.

El SIELE evalúa las capacidades de los candidatos en las cuatro destrezas de la lengua (comprensión de lectura, comprensión auditiva, expresión e interacción escritas y expresión e interacción orales), a través de diferentes tareas, para situarlos en uno de los niveles que certifica (A1-C1).

¿Qué saben hacer los candidatos según el *MCER*?

El candidato de nivel A1...	es capaz de comprender y utilizar expresiones cotidianas de uso muy frecuente, así como frases sencillas destinadas a satisfacer necesidades de tipo inmediato. Puede presentarse a sí mismo y a otros, pedir y dar información personal básica sobre su domicilio, sus pertenencias y las personas que conoce. Puede relacionarse de forma elemental siempre que su interlocutor hable despacio y con claridad, y esté dispuesto a cooperar.
El candidato de nivel A2...	es capaz de comprender frases y expresiones de uso frecuente relacionadas con áreas de experiencia que le son especialmente relevantes (información básica sobre sí mismo y su familia, compras, lugares de interés, ocupaciones, etc.). Sabe comunicarse a la hora de llevar a cabo tareas simples y cotidianas sobre cuestiones que le son conocidas o habituales. Sabe describir en términos sencillos aspectos de su pasado y su entorno, así como cuestiones relacionadas con sus necesidades inmediatas.
El candidato de nivel B1...	es capaz de comprender los puntos principales de textos claros y en lengua estándar si tratan sobre cuestiones que le son conocidas. Sabe desenvolverse en la mayor parte de las situaciones que pueden surgir durante un viaje por zonas donde se utiliza la lengua. Es capaz de producir textos sencillos y coherentes sobre temas que le son familiares. Puede describir experiencias, acontecimientos, deseos y aspiraciones, así como justificar brevemente sus opiniones o explicar sus planes.
El candidato de nivel B2...	es capaz de entender las ideas principales de textos complejos que traten de temas tanto concretos como abstractos, incluso si son de carácter técnico, siempre que estén dentro de su campo de especialización. Puede relacionarse con hablantes nativos con un grado suficiente de fluidez y naturalidad, de modo que la comunicación se realice sin esfuerzo. Puede producir textos claros y detallados sobre temas diversos, así como defender un punto de vista sobre temas generales, indicando los pros y los contras de las distintas opciones.
El candidato de nivel C1...	es capaz de comprender gran variedad de textos extensos, así como reconocer en ellos sentidos implícitos. Sabe expresarse de forma fluida y espontánea sin muestras muy evidentes de esfuerzo. Puede hacer un uso flexible y efectivo del idioma para fines sociales, académicos y profesionales. Puede producir textos claros, bien estructurados y detallados sobre temas complejos, mostrando un uso correcto de los mecanismos de organización, articulación y cohesión del texto.

Estas son las tareas del SIELE organizadas por niveles. Tenga en cuenta que algunas tareas evalúan uno o varios niveles:

<table>
<tr><th></th><th>COMPRENSIÓN DE LECTURA</th><th>COMPRENSIÓN AUDITIVA</th><th>EXPRESIÓN E INTERACCIÓN ESCRITAS</th><th>EXPRESIÓN E INTERACCIÓN ORALES</th></tr>
<tr><td>A1</td><td>Tarea 1</td><td>Tarea 1</td><td rowspan="3">Tarea 1</td><td>Tarea 1</td></tr>
<tr><td>A2</td><td>Tarea 2</td><td>Tarea 2</td><td>Tarea 2</td></tr>
<tr><td>B1</td><td>Tarea 3</td><td>Tarea 3</td><td>Tarea 3</td></tr>
<tr><td>B2</td><td>Tarea 4</td><td>Tarea 4
Tarea 5</td><td rowspan="2">Tarea 2</td><td>Tarea 4</td></tr>
<tr><td>C1</td><td>Tarea 5</td><td>Tarea 6</td><td>Tarea 5</td></tr>
</table>

REFLEXIÓN PARA LOS CANDIDATOS

Teniendo en cuenta su nivel de español, ¿qué tareas cree que puede resolver sin problemas? Piense que para alcanzar un nivel en el SIELE debe responder adecuadamente a todas las tareas hasta ese nivel. Le recomendamos, además, intentar hacer tareas de niveles superiores.

B. ANTES DEL EXAMEN

MATERIALES PARA LA PREPARACIÓN DEL EXAMEN

Además del *Manual oficial del SIELE* existen otros materiales que pueden ser útiles para preparar el examen SIELE. Entre otros:

- la *Guía del candidato SIELE*, que contiene información sobre el examen;
- la demo del examen que los candidatos podrán realizar prueba a prueba;
- el curso *Objetivo SIELE*, con el que los candidatos pueden familiarizarse con las tareas y practicar cada prueba;
- el *Curso para preparadores de SIELE*, con el que los profesionales de la enseñanza de español puedan conocer en profundidad el examen SIELE y formar con garantías a sus alumnos;
- el *MOOC para candidatos del SIELE*, que les permitirá conocer la utilidad del examen, familiarizarse con las distintas pruebas y tareas que lo componen, y aprender cómo se aplica el sistema de calificación.

No olvide consultar regularmente la página siele.org.

EL PROCESO DE INSCRIPCIÓN

La inscripción para hacer el examen SIELE se hace íntegramente en línea desde la página siele.org, donde los candidatos podrán elegir la modalidad de examen que prefieran y la fecha que mejor les convenga para realizar el examen.
El pago se hace mediante tarjeta de crédito en la misma web. Una vez realizado, recibirán la confirmación en su correo electrónico.

En un centro autorizado por SIELE. Se elige el país, la ciudad y el centro en el que se prefiera hacer el examen.

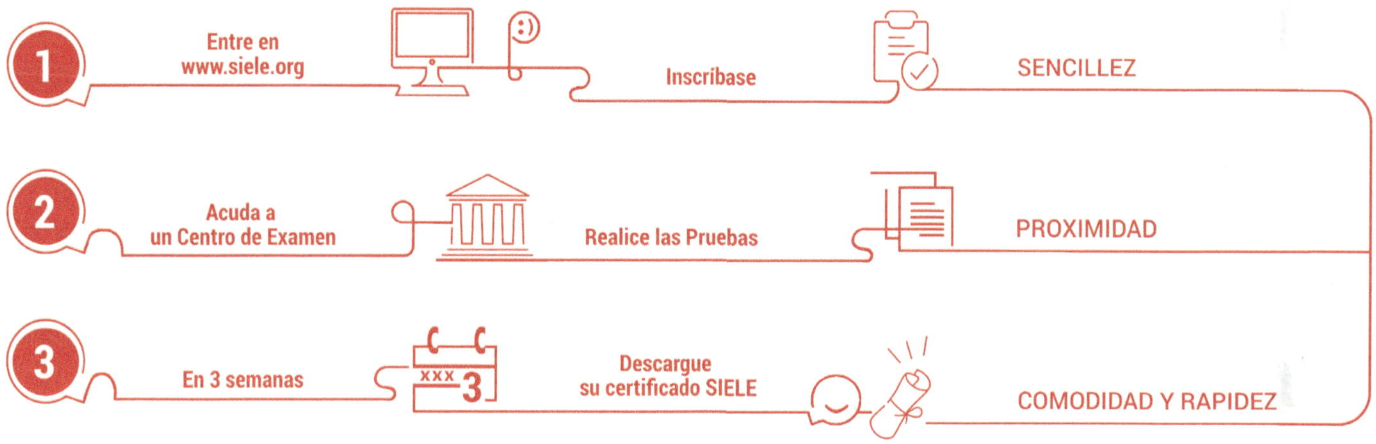

En remoto. Se examina con su propio ordenador en su sitio.

C. EL DÍA DEL EXAMEN

CONSEJOS PARA LOS CANDIDATOS PARA EL DÍA DEL EXAMEN

- Intente dormir 8 horas la noche antes del examen. El descanso le permitirá tener la mente despejada para hacer las tareas.
- Desayune o coma antes del examen. Le ayudará a estar concentrado.
- Si quiere, lleve una botella de agua al examen. Recuerde que la modalidad más larga dura 3 horas sin contar con el descanso.
- Si se presenta en un centro de examen, asegúrese de saber dónde está y llegue con 15 minutos de antelación. Si hace el examen en remoto, tenga listo su ordenador con cámara y conexión a internet, localice una habitación o sala en la que no haya nadie y tenga a mano su teléfono móvil.
- Lleve el **documento oficial de identificación** con el que se ha inscrito. Sin él no podrá hacer el examen.
- Para hacer el examen necesita el correo electrónico de la inscripción y la contraseña que ha recibido.

D. DESPUÉS DEL EXAMEN

EL CERTIFICADO

Después de realizar la modalidad SIELE Global se obtendrá un **certificado** de las calificaciones y niveles alcanzados en cada una de las pruebas y, además, una puntuación global (0-1000). Si se opta por alguna de las otras modalidades de examen (S1, S2, S3, S4 o S5), los candidatos recibirán un **informe** con las calificaciones y niveles obtenidos en las pruebas correspondientes.

Tanto el certificado como el informe están avalados por las cuatro instituciones titulares de SIELE: Instituto Cervantes, Universidad Nacional Autónoma de México, Universidad de Salamanca y Universidad de Buenos Aires; y tienen una **validez internacional de cinco años**.

¿Cuándo?

En un plazo máximo de tres semanas después de la realización del examen los candidatos podrán descargar desde "Mi página", en la página web de SIELE, su certificado o informe. Además, podrán consultarlo o imprimirlo siempre que lo deseen.

Además, tanto el certificado como el informe cuentan con un sistema de código de verificación mediante el cual es posible comprobar su autenticidad desde cualquier lugar y en cualquier momento, a través de la página web de SIELE.

siele SERVICIO INTERNACIONAL DE EVALUACIÓN DE LA LENGUA ESPAÑOLA

BLOQUE II
PREPÁRESE PARA EL SIELE

Este bloque ayuda a conocer las distintas pruebas del examen **SIELE**.

En este bloque va a encontrar información sobre:

- cada una de las pruebas del SIELE;
- las tareas que componen cada prueba;
- actividades para practicar antes del examen;
- y detalles sobre el proceso de calificación.

CÓMO SON LAS PRUEBAS DEL SIELE

Este bloque consta de cuatro unidades. En cada una se trata una de las pruebas que componen el examen SIELE.

Unidad 1:		Unidad 2:		Unidad 3:		Unidad 4:
COMPRENSIÓN DE LECTURA	+	COMPRENSIÓN AUDITIVA	+	EXPRESIÓN E INTERACCIÓN ESCRITAS	+	EXPRESIÓN E INTERACCIÓN ORALES

En las primeras páginas de cada unidad encontrará información sobre las características principales de las tareas que forman cada prueba y explicaciones sobre cómo verá el examen en la pantalla del ordenador.

Tarea y nivel	¿Qué hay que hacer?	¿Para qué?	¿Qué hay que leer?	¿Sobre qué temas?	¿De cuántas palabras?	¿Cómo se ve en pantalla?

CÓMO ES LA PANTALLA DEL SIELE

Las unidades disponen de apartados para cada tarea, divididos a su vez en secciones según la información a la que se hace referencia:

- cómo son las instrucciones, los textos o audios que encontrará el candidato y cómo debe responder;
- cómo hay que resolver la tarea;
- en las pruebas de Expresión e interacción escritas y orales, además, hay información sobre la calificación de las tareas y las escalas, así como algunos informes de calificación de pruebas ya realizadas por otros candidatos;
- y, para terminar, los candidatos podrán hacer una tarea de examen para poner en práctica lo aprendido.

En las pruebas de Expresión e interacción escritas y orales se encontrará, además, un apartado con información sobre cómo prepararse para obtener un nivel determinado en el SIELE.

Al final de cada unidad, en la sección "Dé el salto", los candidatos podrán practicar con las tareas de una de las pruebas del examen (CL, CA, EIE o EIO) en la Extensión digital del manual y reflexionar sobre cómo les ha ido.

siele SERVICIO INTERNACIONAL DE EVALUACIÓN DE LA LENGUA ESPAÑOLA

UNIDAD 1
LA PRUEBA DE COMPRENSIÓN DE LECTURA

La prueba de Comprensión de lectura está formada por **cinco tareas** y un total de **38 preguntas**.

Es importante conocer la estructura de la prueba, qué tareas la componen y qué hay que hacer en cada tarea.

En esta unidad va a conocer:

- cómo es **la prueba** en general;
- cómo es cada una de **las tareas**.

Va a aprender cómo son, cómo se resuelven y va a practicar cada tarea.

Al final de la unidad, hay **una prueba completa** de Comprensión de lectura.

1.1. Cómo es la prueba de Comprensión de lectura

- La prueba de Comprensión de lectura mide sus habilidades para comprender la información de textos escritos.
- En las distintas tareas, los candidatos tendrán que leer diferentes textos y contestar preguntas sobre la información que hay en ellos.
- En la siguiente tabla se resumen las características principales de las cinco tareas:

Tarea y nivel	¿Qué hay que hacer?	¿Para qué?	¿Qué hay que leer?	¿Sobre qué temas?
Tarea 1 A1	Leer cinco textos y responder a cinco preguntas con tres opciones de respuesta cada una.	Entender ideas generales y encontrar información concreta en textos breves y sencillos.	Mensajes, correos electrónicos, anuncios publicitarios, programas de actividades y otros.	- Personales (relaciones personales, vida cotidiana...). - Públicos (actividades culturales y de ocio; compras...).
Tarea 2 A2	Leer un texto y responder a cinco preguntas con tres opciones de respuesta cada una.	Entender las ideas principales y encontrar información concreta sencilla en un texto largo.	Cartas y correos electrónicos con información sobre relaciones personales, planes, reservas, horarios y otros.	- Personales (vida cotidiana, relaciones personales...). - Públicos (desplazamientos y viajes; relaciones sociales; servicios...).
Tarea 3 B1	Leer tres textos y relacionarlos con ocho enunciados o preguntas.	Encontrar información específica en textos narrativos, descriptivos o informativos.	Textos sobre anécdotas y experiencias, información de viajes, biografías y otros.	- Personales (experiencias personales, relaciones con otras personas...). - Públicos (servicios, sociedad, trabajo, viajes, ocio...).
Tarea 4 B2	Leer dos textos incompletos con cuatro huecos cada uno e identificar, entre cinco posibles fragmentos, el que corresponde a cada espacio.	Reconstruir la estructura de textos e identificar las relaciones entre las ideas incluidas en ellos.	Artículos de opinión, noticias, cartas al director, guías de viaje y otros.	- Públicos (servicios; vivienda; viajes; tiempo libre y entretenimiento...). - Académicos (ciencia y tecnología; geografía y naturaleza...). - Profesionales (trabajo, economía e industria; política y sociedad...).
Tarea 5 C1	Leer un texto con doce huecos y completarlos eligiendo una de las tres opciones de respuesta.	Identificar las estructuras, léxico y mecanismos de cohesión adecuados en textos complejos.	Textos largos y complejos sobre temas especializados de revistas, libros de texto, periódicos y otros.	- Académicos (lengua y literatura; ciencia y tecnología; geografía y naturaleza...). - Profesionales (trabajo, economía e industria; política y sociedad...).

CÓMO ES LA PANTALLA DEL SIELE

Anterior | 3 / 5 | Siguiente

Tarea 1 | Tarea 2 | Tarea 3 | Tarea 4 | Tarea 5

TAREA: En la parte superior izquierda podrá ver qué tarea está haciendo.

UTILICE SIEMPRE EL RATÓN para desplazarse por las pruebas y tareas. El teclado podría cambiar sus respuestas.

En esta prueba **NO ES POSIBLE NAVEGAR ENTRE TAREAS**. En general, las tareas tienen **UNA SOLA PANTALLA**. Si pulsa el botón **Siguiente** al final de una tarea, no puede volver atrás. En las tareas con varios textos (tareas 1 y 4), sí es posible moverse entre las pantallas.

ANTES DE REALIZAR LA PRUEBA DE COMPRENSIÓN DE LECTURA

Para realizar con éxito la prueba, es importante conocer todas las tareas, las diferentes formas de lectura y las estrategias de respuesta que se pueden usar. También hay que saber administrar el tiempo disponible.

Conocer la prueba	Saber cómo leer	Saber cómo responder	Administrar el tiempo
		A ☐ B ☐ C ☑	

¿De cuántas palabras?	¿Cómo se ve en la pantalla?
40-80 palabras cada texto.	- Cinco pantallas. - Posibilidad de navegar entre las pantallas 1 y 5.
250-300 palabras.	- Una pantalla.
100-120 palabras cada texto.	- Una pantalla.
230-280 palabras cada texto.	- Dos pantallas. - Posibilidad de navegar entre las pantallas 1 y 2.
375-425 palabras.	- Una pantalla.

CONOCER LA PRUEBA

La prueba de Comprensión de lectura tiene cinco tareas que miden la capacidad de los candidatos para entender textos escritos. Los textos de las tareas son muy variados y son similares a los que se leen en la vida real.

Todas las tareas de la prueba tienen **tres partes** fundamentales: instrucciones, texto y preguntas.

- Las **instrucciones** siempre aparecen escritas en español y son breves, sencillas y claras. Hacen referencia al texto de la tarea dando información sobre los participantes o el tema. Además, siempre explican el proceso de selección de la respuesta correcta.
- Los **textos** son diferentes en cuanto al género textual, a su extensión y a los temas o cuestiones que tratan, dependiendo de la tarea y el nivel al que se dirigen. También hay diferencias en el número de textos de las tareas y en cómo se muestran las pantallas del examen. Por último, las tareas 4 y 5 tienen textos que pertenecen a distintas variedades lingüísticas del mundo hispánico.
- Las **preguntas** solo tienen una respuesta correcta que se selecciona entre las opciones. El diseño y funcionamiento también varían según las tareas.

REFLEXIÓN PARA LOS CANDIDATOS: Realice un mapa mental o esquema con las diferentes tareas de la prueba de Comprensión de lectura y sus características. ¿Las conoce todas?

SABER CÓMO LEER

Cada una de las tareas de la prueba de Comprensión de lectura tiene diferente estructura, con textos y preguntas muy variados.

Los procedimientos y estrategias que se pueden emplear dependen de la tarea. Es importante **reconocer el tipo de texto** del que se trata. Para ayudar a ello, se suelen incluir diferentes elementos visuales (forma de correo electrónico, mensaje en tablón, etc.).

Las cinco tareas piden a los candidatos leer los textos y comprender su información. En algunas tareas se pide leer para **entender la idea general**; en otras, para encontrar información específica; y en otras, para reconstruir el texto.

Para ello, se pueden realizar diferentes tipos de lectura:

- **Lectura globalizada:** para captar la esencia, obtener las ideas principales.
- **Lectura focalizada:** para buscar datos específicos contenidos en el texto.

REFLEXIÓN PARA LOS CANDIDATOS: Haga una lista con todos los tipos de textos que conoce. Después, seleccione de entre la lista aquellos que pueden aparecer en el examen. ¿Sabe en qué tareas aparecen?

Tiempo de la prueba: **00:60:00**

TIEMPO: Siempre tendrá en la parte superior derecha información sobre el tiempo disponible.

SABER CÓMO RESPONDER

Las tareas de la prueba de Comprensión de lectura contienen **38 preguntas en total**:

- las tareas 1 y 2: cinco preguntas;
- las tareas 3 y 4: ocho preguntas;
- la Tarea 5: doce preguntas.

Las preguntas tienen solo una respuesta correcta que se elige seleccionando la opción correcta entre varias posibles. Toda la información para responder correctamente está en los textos.

Dentro de una tarea, no es necesario seguir el orden de las preguntas, se puede contestar primero a las que parecen más claras y dejar para el final las que presentan mayor dificultad.

Las respuestas incorrectas no quitan puntos.

REFLEXIÓN PARA LOS CANDIDATOS

Cada tarea presenta un tipo de respuesta diferente: seleccionar la opción correcta entre varias, relacionar textos y enunciados o completar textos con fragmentos o palabras. ¿Conoce este tipo de preguntas? ¿Sabe cómo son?

ADMINISTRAR EL TIEMPO

Para realizar la prueba de Comprensión de lectura los candidatos disponen de un **tiempo máximo de 60 minutos**.

El tiempo comienza automáticamente al iniciar la prueba. La información del tiempo transcurrido está siempre visible en la parte superior derecha de la pantalla.

60 minutos es el tiempo total para realizar las cinco tareas. Los candidatos deciden cuánto tiempo emplear en cada una. Es bueno reservar unos minutos al final de cada tarea para revisar las respuestas.

REFLEXIÓN PARA LOS CANDIDATOS

¿Cómo dividirá su tiempo? Puede prever hasta dónde llegará en el examen o cuántas tareas completará según el nivel que tiene o el que espera conseguir. Después, puede calcular cuánto tiempo le dedicará a cada tarea.

Tarea 1	Tarea 2	Tarea 3	Tarea 4	Tarea 5	Total
					60 min

Soluciones: pág. 170

ACTIVIDAD: CONSEJOS PARA PREPARAR LA PRUEBA

Lea los siguientes consejos de preparación para la prueba de Comprensión de lectura del examen SIELE. ¿A qué se refieren: tareas, lectura, respuestas o tiempo? ¿Cree que son buenos o malos consejos?

Tareas · **Lectura** · **Respuestas** · **Tiempo**

1. Deje unos minutos para repasar sus respuestas al final de cada tarea.	2. Si tiene dudas, puede pasar a la siguiente tarea y volver a esa más adelante.
3. Si no sabe contestar a una pregunta, déjela y pase a la siguiente.	4. Divida el tiempo total según el número de tareas: todas necesitan el mismo tiempo.
5. No conteste a una pregunta si no está seguro de la respuesta.	6. Antes de empezar a resolver la tarea, lea con atención las instrucciones.
7. Lea siempre de la misma manera los textos de todas las tareas.	8. Para repartir el tiempo, reflexione sobre el nivel que espera alcanzar.
9. Intente contestar a todas las preguntas aunque no esté seguro de sus respuestas.	10. Conteste a todas las preguntas siguiendo el orden.
11. Procure conocer las características de los tipos de textos que aparecen en las tareas.	12. Conozca las tareas antes de presentarse al examen.

Buen/mal consejo

1. Tiempo Buen consejo	2.	3.	4.	5.	6.
7.	8.	9.	10.	11.	12.

1.2. La Tarea 1 de CL
1.2.1. La Tarea 1 de CL: cómo es

En la Tarea 1 de la prueba de Comprensión de lectura hay que leer cinco textos y responder a cinco preguntas con tres opciones de respuesta cada una.

Comprensión de lectura

Tarea 1 | **Tarea 2** | **Tarea 3** | **Tarea 4** | **Tarea 5**

INSTRUCCIONES: En esta tarea las instrucciones siempre son iguales.

Usted va a leer cinco textos breves. Elija la opción correcta para cada una de las cinco preguntas.

Queridos compañeros:
Vendo un billete de tren a Barcelona con ida el viernes 26 de junio y vuelta el domingo 28. El de ida sale de la estación de Madrid a las 19:00 y llega a Barcelona a las 21:30. El de vuelta sale a las 21:00 y llega a las 23:30. Lo vendo porque al final esos días trabajo. Cuestan 80 €, más barato que en la estación.
Gracias.
Juan

TEXTOS: Los diferentes tipos de textos tienen sus elementos típicos (por ejemplo: título, saludo, despedida, firma, etc.).

5. Juan dice en su mensaje que...

- ○ tiene billetes de tren baratos.
- ○ no puede viajar ese fin de semana.
- ○ quiere ir a Barcelona con un compañero.

RESPUESTA: Hay que elegir la respuesta correcta entre las tres opciones. Solo hay una respuesta correcta.

Anterior 5 / 5 Siguiente

La Tarea 1 tiene cinco pantallas y en cada una se ve un texto con su pregunta. Es posible ir hacia adelante y hacia atrás entre los textos (de la pantalla 1 a la 5).

¡ATENCIÓN! Si pulsa Siguiente en el último texto (pantalla 5), sale de la tarea y no puede volver a ella.

Los **textos de la Tarea 1** pueden ser:

- mensajes y correos electrónicos;
- artículos breves de revistas o periódicos;
- folletos y anuncios publicitarios;
- convocatorias;
- blogs y foros;
- avisos y programas de actividades.

Los **temas** de los textos pueden ser:

- personales (relaciones personales, vida cotidiana...);
- públicos (actividades culturales y de ocio, compras...).

Las **preguntas de la Tarea 1** son:

- sobre la idea general del texto (participantes, finalidad);
- sobre información más concreta (horas, fechas, datos).

1.2.2. La Tarea 1 de CL: cómo se resuelve

Lo primero que hay que hacer es **leer las instrucciones** y estar seguro de comprender lo que dicen.

Usted va a leer cinco textos breves. Elija la opción correcta para cada una de las cinco preguntas.

Soluciones: pág. 170

ACTIVIDAD 1

Mire los cinco textos del modelo de la Tarea 1, ¿sabe qué tipo de texto es cada uno? Escriba para cada uno el tipo de texto: correo electrónico, anuncio publicitario o programa de actividades.

Texto 1	Texto 2	Texto 3	Texto 4	Texto 5

ACTIVIDAD 2

Lea los textos y las preguntas de la Tarea1.

¿Sabe por qué las respuestas correctas son las marcadas? La información para elegir la respuesta correcta está siempre en los textos. Busque y subraye en los textos (como en el ejemplo del texto 1) las palabras relacionadas con cada respuesta correcta:

1. domingo
2. el cine
3. garaje para los coches
4. viajar al campo el domingo
5. alquilar habitaciones

Soluciones: pág. 170

Texto 1

ACTIVIDADES PARA EL FIN DE SEMANA

Viernes: 10-20 horas: exposición de fotos. Biblioteca Machado
17 horas: película para niños. Parque Picasso
19 horas: teatro. Plaza del Agua

Sábado: 12 horas: fiesta del pescado. Mercado Central
16 horas: juegos para niños. Colegio Santiago
18 horas: concierto de la cantante Blanca Villa. Iglesia de San Martín

Domingo: 11 horas: fútbol, tenis, baloncesto para niños. Instituto Lorca
17 horas: circo Alegría. Plaza del Río
20 horas: ¡Todos a cenar!: tortilla, paella y más.

Texto 2

¿Tienes entre 18 y 30 años? ¿Te gusta el teatro, el cine...? ¿Hablas inglés, francés o alemán? ¿Eres simpático/a, sociable y quieres hacer nuevos amigos?
El director de televisión Álvaro Tejada quiere jóvenes para su primera película y va a estar en Madrid el sábado, 5 de mayo, a las 18 horas en el centro comercial La Vega.
Más información en www.programa/a.tejeda.com

Texto 3

HOTEL SOL
A 100 metros de la playa y a 10 minutos a pie del centro de la ciudad.
450 habitaciones dobles o individuales con baño y aire acondicionado.
Aparcamiento.
Autobús del aeropuerto al hotel.
Juegos y actividades para niños.
Horario del restaurante: de 8 de la mañana a 11 de la noche.
Más información en tu oficina de turismo o internet. www.hotelessol.com

Texto 4

Hola, Carmen:
Escucho en la radio que el domingo va a hacer sol. ¡Nos vamos al campo! Hay un lugar muy bonito cerca de las montañas de Gredos para correr y nadar en el río. Después comemos en el bar del pueblo o compramos algo para comer y beber en un supermercado. ¿Quieres ir en coche o vamos en autobús?
Hablamos.
Julián

Texto 5

Soy Martina y este año vivo fuera de la ciudad. Tengo un apartamento en el centro con dos habitaciones para estudiantes (chicos y chicas) universitarios. La casa tiene cocina y salón grande con terraza y dos dormitorios. Está en un primer piso con ascensor. A cinco minutos de la parada de metro a la Universidad y a diez minutos a pie del mercado. 200 euros al mes por habitación.
Mi teléfono es el 665449323. Correo electrónico: martinatt@gmail.com

CÓMO RESOLVER LA TAREA

- Primero, lea las **instrucciones**. ¿Sabe lo que tiene que hacer en esta tarea?
- Para empezar su lectura, es útil saber qué **tipo de texto** va a leer. Esto le ayudará a tener una idea de qué información verá en el texto y en las preguntas. ¿Puede decir qué tipo de texto es?
- Después, hay que leer el texto para tener una **idea general** de lo que dice.
- A continuación, lea la pregunta y las tres opciones de respuesta. ¿Entiende sus palabras? Es importante comprender la información. Busque las **palabras clave** de cada pregunta o respuesta.
- Hay preguntas sobre **información general**, por ejemplo, el objetivo del texto, y también preguntas sobre información más concreta, por ejemplo, datos concretos de horas y fechas.
- ¿Sabe dónde buscar la respuesta? Recuerde que solo hay una opción correcta y la información para encontrarla siempre está en el texto. Por ello, es útil volver a leerlo para comprobar qué dice.
- Recuerde que todas las opciones de respuesta pueden parecer correctas porque repiten palabras del texto. Si tiene dudas, puede buscar en el texto información para ver si las otras opciones de respuesta son falsas.

1. Hay deporte para niños el...
   - ○ viernes.
   - ○ sábado.
   - ● **domingo.**

2. Álvaro Tejada quiere jóvenes para trabajar en...
   - ● **el cine.**
   - ○ el extranjero.
   - ○ el centro comercial.

3. El hotel Sol tiene...
   - ○ transporte a la ciudad.
   - ● **garaje para los coches.**
   - ○ internet en las habitaciones.

4. Julián escribe a Carmen para...
   - ● **viajar al campo el domingo.**
   - ○ decir que está en Gredos.
   - ○ ir al supermercado con ella.

5. En el texto se dice que Martina quiere...
   - ○ compartir su casa.
   - ● **alquilar habitaciones**.
   - ○ vender el apartamento.

Soluciones: pág. 170

ACTIVIDAD 3

Los textos de la Tarea 1 normalmente dan información sobre temas como actividades, viajes, lugares... Aquí tiene algunos ejemplos de vocabulario típico en esta tarea. Escriba cada expresión en el lugar adecuado. ¿Sabe alguna más? ¡Atención! Algunas palabras pueden aparecer en varios temas.

un apartamento – los jóvenes – diez minutos – el teatro – en coche – el fin de semana – la película – turismo – alquiler – en el hotel – ascensor – el fútbol – el domingo – un salón – amigos – un concierto – por la mañana – a las 18 horas – metro – estudiantes – en Madrid – el restaurante – los niños – dos dormitorios – el extranjero – a pie – el centro de la ciudad – las chicas – autobús – cerca de las montañas – aeropuerto

EXPRESIONES PARA HABLAR DE...		
el tiempo	el lugar	las personas
las actividades	la casa	el transporte

1.2.3. La Tarea 1 de CL: manos a la obra

Con lo aprendido en esta sección, responda a la Tarea 1 de CL del SIELE siguiendo las instrucciones.

1) Lea con atención las instrucciones.
2) Mire los elementos visuales que están alrededor del texto, ¿sabe qué tipo de texto es?
3) Lea una primera vez el texto para tener una idea general.
4) Lea las preguntas y las opciones de respuesta y busque las palabras clave.
5) Vuelva al texto y encuentre la información de la pregunta.
6) En caso de duda, puede buscar información en el texto para comprobar que las otras opciones son falsas.

Comprensión de lectura

Tarea 1	Tarea 2	Tarea 3	Tarea 4	Tarea 5

CORREO ELECTRÓNICO

Hola, Teresa:

Yo estoy muy bien en el instituto. En Matemáticas, tengo una profesora nueva. En Arte, el profesor es muy bueno y el libro es interesante. ¡Siempre quiero ir a esta clase! Solo tengo un problema: aprendo poco francés porque es muy difícil para mí. ¿Qué tal tú?
Adiós,
Cristina

1. A Cristina le gusta la clase de...

a) Matemáticas. **b) Arte.** **c) Francés.**

"ANUNCIO"

Me llamo Juan Pérez Garrido. Soy director de la empresa de zapatos Zapatín. Queremos gente para vender en nuestra tienda del centro de Barcelona. Para información escribir a zapatin@gmx.com o venir a nuestra oficina central en Calle Montserrat, 3, junto al Restaurante Cielito Lindo.

2. El anuncio es para trabajar en...

a) un restaurante. **b) una oficina.** **c) una tienda.**

CORREO ELECTRÓNICO

Hola, Juan:

El fax de la oficina está muy viejo, pero puedo trabajar con él. La computadora también es lenta, pero para escribir correos electrónicos está bien. ¿Es posible comprar un teléfono móvil? La tienda de al lado tiene precios muy buenos, ¿vamos y vemos?
Gracias,
Elena

3. ¿Qué quiere Elena?

a) Un fax nuevo. **b) Una computadora rápida.** **c) Un teléfono móvil.**

"ANUNCIO"

Hola,

Me llamo Andrea, tengo 19 años y estudio Italiano en la Universidad. Quiero hablar con una chica de Italia. Leo y entiendo muy bien, pero escribo y hablo mal. También quiero practicar los ejercicios de clase para el examen final. Los miércoles a las 17 horas estoy en la biblioteca. Escribir a itandrea@cervantes.es.

4. El texto dice que Andrea...

a) practica italiano con una italiana. **b) tiene un examen de italiano.** **c) estudia italiano los miércoles.**

ESCUELA SIRINX

Los jóvenes de la escuela Sirinx cantan para los estudiantes de Santa Catalina.
Para: niños y niñas de 5 y 6 años del colegio Santa Catalina y sus padres.
Lugar: salón Cielo del Museo de la ciudad.
Horario: jueves 27; de 17 a 19 horas.
Precio: 5 euros.

5. El texto habla de...

a) unas clases de música. **b) una exposición.** **c) un concierto.**

Soluciones: pág. 171

1.3. La Tarea 2 de CL
1.3.1. La Tarea 2 de CL: cómo es

En la Tarea 2 de la prueba de Comprensión de lectura hay que leer un texto y responder a cinco preguntas con tres opciones de respuesta cada una.

INSTRUCCIONES: En esta tarea hay una parte de las instrucciones que siempre cambia, porque dice quiénes son las personas del texto. Tiene que leerlas y estar seguro de entenderlas bien.

Comprensión de lectura

Tarea 1	Tarea 2	Tarea 3	Tarea 4	Tarea 5

Usted va a leer un correo que Isabel ha escrito a su amiga Sara. Elija la opción correcta para cada una de las cinco preguntas.

CORREO ELECTRÓNICO

Hola, Sara, ¿qué tal todo?

Perdona, ayer no te llamé para comer juntas porque me dolía mucho la cabeza. Pero por la tarde ya me sentí mejor y fui a dar un paseo por el centro. Por cierto, ¿sabes con quién me encontré? Con Eugenia, que salía del cine. Llevaba el vestido que le compramos para su cumpleaños y estaba guapísima. Me preguntó por ti y me dijo que está muy contenta porque ha empezado a trabajar en una tienda de decoración.

En el centro siempre me encuentro con gente conocida; hace dos días vi a tu hermano en una exposición. Me contó que lo pasó muy bien en el concierto de Maná, pero después leí en el periódico que empezó treinta minutos tarde. Decían que los músicos llegaron tarde y que la gente estaba bastante enfadada. Tienes que decirme qué pasó. Ya sabes que me encanta Maná y estuve triste por no poder ir.

Estaba muy ocupada con los exámenes. Sin embargo, la próxima semana quiero descansar, por eso voy a reservar una habitación en un hotel en la montaña. Está muy cerca de la casa donde pasaba los veranos con mis abuelos. ¿Te apetece venir? He visto que va a hacer buen tiempo, podemos pasear y montar en bici.

Si quieres, podemos vernos mañana y lo hablamos. Por la tarde tengo que ir a la biblioteca de la universidad que está cerca de tu oficina. Puedo verte en la cafetería que está enfrente de la biblioteca, esa donde ponen un café tan rico. Dime algo.

Un beso y hasta pronto,

Isabel

RESPUESTA: Hay que elegir la respuesta correcta entre las tres opciones. Solo hay una respuesta correcta.

1. Isabel escribe este correo a Sara para...

○ comer con ella. ○ invitarla a un viaje. ○ hablarle de su nuevo trabajo.

2. En el texto se dice que ayer Isabel...

○ vio una película. ○ salió de compras. ○ estuvo con una amiga.

3. El día del concierto, el hermano de Sara...

○ llegó un poco tarde. ○ estuvo muy contento. ○ se enfadó con Isabel.

4. La próxima semana, Isabel...

○ quiere ir a un hotel. ○ tiene que hacer exámenes. ○ va de vacaciones con sus abuelos.

5. Isabel va a ver a Sara en...

○ su oficina. ○ la biblioteca. ○ una cafetería.

Siguiente

¡ATENCIÓN! Si pulsa Siguiente, sale de la tarea y no puede volver a ella.

Los **textos de la Tarea 2** normalmente son cartas o correos electrónicos sobre temas personales o públicos.
En ellos, por ejemplo, la persona que escribe puede dar o pedir información sobre algo, contar anécdotas, proponer planes, etc.

Los **temas** de los textos pueden ser:

- personales (vida cotidiana, relaciones personales y familiares...);
- públicos (desplazamientos y viajes, relaciones sociales, servicios...).

Las **preguntas de la Tarea 2** son:

- sobre la idea general del texto (participantes, finalidad);
- sobre información más concreta (horas, fechas, datos).

1.3.2. La Tarea 2 de CL: cómo se resuelve

Lo primero que hay que hacer es leer las instrucciones y estar seguro de comprender lo que dicen.

> Usted va a leer un correo que Paula ha escrito a su amigo Carlos. Elija la opción correcta para cada una de las cinco preguntas.

CORREO ELECTRÓNICO

¡Hola, Carlos!

¿Qué tal estás? Yo estoy bien. Acabo de llegar de las fiestas del pueblo. Normalmente duran cinco días, pero este año han durado tres. Se hicieron en el parque y no en la plaza como todos los años. Lo pasamos muy bien: bailamos y nos reímos mucho. Tienes que venir el año que viene.

En la oficina va todo bien, pero estoy un poco cansada porque mi jefe está de vacaciones y yo tengo que hacer su trabajo. Soy la primera en llegar a la oficina y soy la última en salir. Algunos días voy a comer a la cafetería, pero a mí me gusta más llevar la comida de mi casa.

¿Sabes que ahora estudio italiano? Empecé un curso de verano el año pasado y desde hace ocho meses voy a la escuela de idiomas. Las clases son bastante interesantes y la profesora es muy amable, pero no he aprobado los exámenes de junio. El año que viene tengo que estudiar más. ¿Y tú? ¿Qué tal tus clases de guitarra?

Estoy un poco preocupada por eso que me dijiste la última vez que hablamos por teléfono. Tienes que pensar un poco más eso de cambiar de casa porque tu apartamento es bonito y, lo más importante, es muy barato. Además, vives en un buen barrio. Solo estás un poco lejos del centro. Ya sabes que cambiar de casa siempre es difícil.

Una cosa más, estas navidades voy a ir a visitarte a Granada. Nunca he estado en la ciudad y quiero conocer la catedral, la Alhambra y los Palacios Nazaríes. También quiero hacerme una foto con la estatua de Federico García Lorca. Todavía no he comprado el billete, pero, si estás de acuerdo, lo compro esta semana. ¡Quiero verte!

Un abrazo,

Paula

Soluciones: pág. 171

ACTIVIDAD 1

Muchas veces en la Tarea 2 se pregunta por quién escribe el texto y para qué. Esta información normalmente aparece en el primer párrafo del texto. Lea los siguientes fragmentos de distintos correos electrónicos y relaciónelos con la frase que les corresponde.

¡Hola, Jaime! ¿Qué tal estás? Te escribo porque el próximo sábado es el cumpleaños de María y estamos organizando una fiesta sorpresa. ¿Quieres venir? →	Según el texto, son hermanos.
Estimado señor González: En el hotel Las Palomas, estamos muy contentos por recibir su correo. Queremos contestar a todas sus preguntas sobre nuestras habitaciones y los precios para los meses de verano.	Escribe para invitarle a una fiesta.
Querida Madalena: ¿Qué tal? ¿Cómo estáis todos? Siento mucho no haber ido a la fiesta de cumpleaños de papá. He tenido mucho trabajo últimamente y no podía faltar. Seguro que fue un día genial.	Escribe para saber de qué han hablado en una reunión.
¡Hola, Clara! ¿Cómo estás? ¿Te encuentras mejor? Espero que sí. En el colegio te echamos mucho de menos, los alumnos quieren volver a tener clase contigo y los profes también te extrañamos en las reuniones.	Escriben al cliente para darle información.
Estimado José Antonio: Soy Pedro Sánchez, propietario del apartamento del tercer piso. Le escribo porque la semana pasada estaba de viaje fuera de la ciudad y no pude ir a la cita con los vecinos del jueves. ¿Se habló de los problemas de la calefacción?	Escribe para preguntar por su estado de salud.

Soluciones: pág. 171

ACTIVIDAD 2

Las preguntas de la Tarea 2 siguen el orden en el que se da la información en el texto. A continuación, tiene las cinco preguntas sobre el correo de Paula. ¿Puede decir cuál puede ser su orden en el examen? Escriba al lado de cada pregunta el número (de 1 a 5) según el orden.

__ a) En el texto se dice que Paula...		
● **estudia italiano desde el verano pasado.**	○ ha aprobado los exámenes de italiano.	○ va a hacer un curso de ocho meses.
__ b) Según el texto, Carlos...		
○ paga un alquiler bastante alto.	○ vive en el centro de la ciudad.	● **quiere cambiar de apartamento.**
1 c) Paula escribe a Carlos para decirle que las fiestas...		
○ se han hecho en la plaza.	● **han sido divertidas.**	○ han durado cinco días.
__ d) Paula le dice a Carlos que...		
○ ya tiene el billete para ir de viaje.	● **quiere visitar algunos monumentos.**	○ estuvo en Granada en Navidad.
__ e) Según el texto, Paula...		
○ llega tarde a la oficina.	○ prefiere comer en su casa.	● **tiene mucho trabajo.**

Soluciones: pág. 171

ACTIVIDAD 3

En la Tarea 2 cada pregunta tiene una respuesta correcta y dos falsas. Busque en el texto la información que da Paula y que ayuda a no elegir las opciones de respuesta falsas.

¿POR QUÉ SON FALSAS?
x "pero no he aprobado los exámenes" (línea 10)

CÓMO RESOLVER LA TAREA

- Recuerde que muchas veces las instrucciones de la Tarea 2 **dan informació**n sobre las personas del texto. Lea las instrucciones y subráyelas: conocer la relación entre el escritor y el lector del mensaje le puede ayudar a entender el texto.
- Lo primero que hay que hacer es leer el texto para tener una **idea general** de lo que dice. Pregúntese: *¿quién lo escribe?, ¿a quién?, ¿para qué?*
- Después, es útil leer las preguntas y las opciones de respuesta. ¿Sobre qué información preguntan? Busque sus **palabras clave**.
- Recuerde que las preguntas siempre siguen el **orden** en el que aparece la información en el texto. Esto puede ayudarle para encontrar la información de la respuesta correcta.
- En una segunda lectura, es útil centrar la atención en **localizar la información** de cada pregunta.
- Recuerde que es posible encontrar en un mismo párrafo las **respuestas** a más de una pregunta.
- Por otro lado, la respuesta a las preguntas sobre **información general** puede extenderse a lo largo de más de un párrafo.
- ¡Atención! Las opciones incorrectas suelen contener palabras o expresiones empleadas en el texto, pero la información que dan es **falsa** según lo que se dice en el texto.
- En caso de duda, puede buscar información en el texto para comprobar que las otras opciones son falsas.

1.3.3. La Tarea 2 de CL: manos a la obra

Con lo aprendido en esta sección, responda a la Tarea 2 de CL del SIELE siguiendo las instrucciones.

Soluciones: pág. 171

1) Lea con atención las instrucciones.
2) Lea una primera vez el texto para tener una idea general.
3) Lea las preguntas y las opciones de respuesta y busque las palabras clave.
4) Vuelva al texto y trate de localizar la información de la pregunta.
5) En caso de duda, puede buscar información en el texto para comprobar que las otras opciones son falsas.

Comprensión de lectura

Tarea 1	**Tarea 2**	Tarea 3	Tarea 4	Tarea 5

Usted va a leer un correo que Elvira Herrera ha escrito a Sebastian Heinz. Elija la opción correcta para cada una de las cinco preguntas.

CORREO ELECTRÓNICO

Estimado Sebastian Heinz:

Después de leer su correo, y las preguntas que usted nos hacía en él, le envío información sobre los cursos y las actividades que tenemos en la academia Eñe Málaga para sus alumnos.

Ya sabe que enseñamos español a extranjeros en nuestras clases desde hace más de 30 años. Nuestros cursos de Lengua Española duran un mes y se pueden hacer desde abril hasta noviembre. En las vacaciones de verano, muchos jóvenes europeos vienen a España y estudian con nosotros, por eso en esos meses tenemos más profesores.

Además de las clases de Lengua Española, en nuestra academia tenemos otros cursos con los que los estudiantes pueden aprender mucho de la cultura española, si les interesa. Estos cursos son Literatura y Arte, y las clases son de lunes a viernes, de 12 a 13 horas. También pueden aprender cultura española visitando otras ciudades como Sevilla y Salamanca, las más bonitas de España. Enrique es nuestro guía turístico y hace excursiones a estas ciudades los sábados y domingos para todos los estudiantes de la academia. El precio es de 60 euros con alojamiento y transporte.

Después de la comida, los alumnos pueden hacer otros cursos o practicar deporte con alumnos de la Universidad de Málaga y practicar el español con españoles. Los profesores de nuestra academia también participan en estas actividades. Para más información, puede visitar la página de deportes de la universidad, www.deporuni.com, donde están los precios y los horarios.

Por último, debe saber también que si está interesado en nuestros cursos, tiene que hacer la reserva y el pago por internet.

Gracias por escribirnos.

Un saludo,

Elvira Herrera

Directora de la Academia Eñe Málaga

1. Según el texto, Sebastián...

- ○ quiere hacer un viaje a España.
- ○ busca clases para sus estudiantes.
- ○ va a estudiar en una universidad española.

2. Según el texto, durante los meses de verano...

- ○ reciben un número mayor de estudiantes.
- ○ envían profesores a otros países.
- ○ hacen cursos de español más largos.

3. Según el texto...

- ○ en la clase de Lengua también aprenden Arte y Literatura.
- ○ los alumnos de Arte van a visitar tres ciudades con la clase.
- ○ la academia hace excursiones los fines de semana.

4. Según el texto, las actividades deportivas son...

- ○ más baratas para los alumnos de Eñe.
- ○ para profesores y alumnos.
- ○ en el gimnasio de la universidad.

5. Según el texto, Eñe tiene...

- ○ actividades por la mañana y por la tarde.
- ○ alojamiento para sus estudiantes.
- ○ escuelas en otras ciudades de España.

1.4. La Tarea 3 de CL

1.4.1. La Tarea 3 de CL: cómo es

En la Tarea 3 de la prueba de Comprensión de lectura hay que leer tres textos y relacionarlos con ocho preguntas o enunciados.

Comprensión de lectura

Tarea 1	Tarea 2	Tarea 3	Tarea 4	Tarea 5

INSTRUCCIONES: En esta tarea hay una parte de las instrucciones que siempre cambia, porque es la que explica el tema de los textos.

Usted va a leer tres textos en los que unas jóvenes chilenas hablan sobre su experiencia como estudiantes en un país extranjero. Elija la opción correcta para cada una de las ocho preguntas.

GABRIELA

Tenía varios compañeros que se habían ido anteriormente a estudiar al extranjero y me dijeron que la experiencia era fantástica y que por qué no buscaba la forma y hacía lo mismo. Pensaba ir a Alemania por seis meses, pero me gustó tanto que me quedé todo el año. Al principio lo pasé muy mal porque, aunque estudiaba mucho, el idioma me resultaba muy complicado y no me enteraba de nada. Sin embargo, al final conseguí aprobar los exámenes y me sentí muy feliz conmigo misma. Estuve viviendo con dos familias y tuve mucha suerte con las dos: nuestra relación fue muy linda y familiar. Mi experiencia fue excelente. Me divertí y aprendí muchas cosas, entre ellas, a organizar mi economía y a convivir con más gente.

PAULA

Yo quería escapar del día a día y esta fue la principal razón por la que fui a Holanda a estudiar. Debo decir que el colegio me impresionó muchísimo. Al principio no sabía ni una palabra de holandés y, como soy tímida, me daba vergüenza cuando no entendía lo que explicaba el profesor. Pero mis compañeros de clase me recibieron muy bien y me trataban como a una amiga. Para mí fue un año muy positivo y siempre recordaré con cariño esta experiencia. El único problema que tuve fue el dinero, porque el coste de vida era muy alto.

SARA

La experiencia de irse a otro país es increíble, se lo aconsejo a todo el mundo sin dudarlo. Cuando pienso en lo que viví, siempre es con una sonrisa en la cara. Lo que más recuerdo es la llegada a la casa de la familia en Bélgica, sin saber muy bien lo que iba a encontrarme y con ganas de conocerlo todo. La familia con la que viví era la mejor, tuve mucha suerte con ellos y les estoy muy agradecida por lo bien que se portaron conmigo. Siempre me hicieron sentir como una más. Lo que viví allí me enriqueció personalmente porque aprendí a solucionar los problemas por mí misma. Me gustaría volver algún día porque quiero hablar mejor el idioma.

(Adaptado de *www.yfuchile.cl/opiniones*. Chile)

1. ¿Quién decidió estudiar en el extranjero porque se lo aconsejaron?	--Elija-- ▼
2. ¿Quién se fue a otro país porque buscaba un cambio en su vida?	--Elija-- ▼
3. ¿Quién dice que le costó mucho aprender el idioma?	--Elija-- ▼
4. ¿Quién dice que tuvo complicaciones económicas?	--Elija-- ▼
5. ¿Quién aprendió a administrar su dinero gracias a esta experiencia?	--Elija-- ▼
6. ¿Quién dice que esta vivencia la ayudó a ser más independiente?	--Elija-- ▼
7. ¿Quién afirma que repetiría la experiencia de regresar al país?	--Elija-- ▼
8. ¿Quién cambió de opinión con respecto al tiempo que iba a pasar en el país de destino?	--Elija-- ▼

RESPUESTA: Al pulsar en el botón --Elija-- ▼, se abre una ventana en la que se ven las tres opciones de respuesta.

--Elija-- ▼

--Elija-- ▼
--Elija--
GABRIELA
PAULA
SARA

¡ATENCIÓN! Si pulsa Siguiente, sale de la tarea y no puede volver a ella.

Siguiente

En **cada texto de la Tarea 3** se habla de un tema común. Por ejemplo, personas hablando de una experiencia o contando anécdotas, información sobre viajes, biografías, etc.

Los **temas** de los textos pueden ser:

- personales (experiencias personales, relaciones con otras personas...);
- públicos (servicios, sociedad, trabajo, viajes, ocio...).

Las **preguntas de la Tarea 3** se centran en encontrar información específica.

En esta tarea, el orden en el que aparecen las preguntas o enunciados no es el mismo orden que tiene la información en los textos.

1.4.2. La Tarea 3 de CL: cómo se resuelve

En primer lugar, **lea con atención las instrucciones** para conocer el tema común de los tres textos y subráyelo.

Usted va a leer tres textos en los que unas personas cuentan su experiencia en los blogs. Elija la opción correcta para cada una de las ocho preguntas.

Soluciones: pág. 171

ACTIVIDAD 1

Ahora que conoce de qué hablan los textos de esta Tarea 3, lea las preguntas. ¿Sabe a qué se refieren? Subraye las palabras clave que permiten reconocer la información sobre la que se pregunta.

Soluciones: pág. 171

ACTIVIDAD 2

Esta tarea ya está resuelta: ya sabe a qué persona se refiere cada pregunta. Sin embargo, se ha eliminado el nombre de la persona a la que corresponde cada texto. Lea las preguntas y los textos y escriba a qué persona pertenece cada uno.

CARLOS GONZALO JAVIER

1. ¿Quién dice que alguien que leía su blog le ofreció un trabajo?	JAVIER
2. ¿Quién gana dinero con su blog actualmente?	CARLOS
3. ¿Quién está viajando con alguien que conoció a través del blog?	JAVIER
4. ¿Quién ha dejado de escribir en su blog?	GONZALO
5. ¿Quién creó su blog cuando perdió su trabajo?	GONZALO
6. ¿Quién dice que el número de personas que lee su blog ha aumentado?	CARLOS
7. ¿Quién comenzó su blog porque alguien se lo recomendó?	GONZALO
8. ¿A quién le gusta ver los comentarios que escriben los lectores en su blog?	CARLOS

Texto 1

Empecé a escribir mi blog porque pensé que iba a ganar dinero. Todavía no he ganado ni un euro, pero ahora creo que un blog puede ayudar a conseguir cosas mucho más importantes que el dinero. Por ejemplo, a conocer a la gente que lo visita. Actualmente estoy haciendo turismo por Colombia con un chico al que conocí porque leía mi blog. Hace meses, una chica que también solía leerlo y hacía comentarios en él quería hacerme un contrato para dar clase en su colegio. Aunque escribir un blog es muy complicado, porque debes tener algo interesante que contar para que tus lectores aumenten, en mi opinión todo el mundo debería crear uno y no dejar de escribir en él.

Texto 2

Hace tres años que empecé a escribir mi propio blog, un blog relacionado con mi trabajo: la economía. Por entonces, mi jefe ya escribía uno, así que me dije: "Y yo, ¿por qué no?". Al principio nadie lo leía, pero ahora estoy muy contento porque es uno de los blogs de economía con más visitas. Lo que de verdad me hace feliz es ver que los lectores me cuentan cuánto les ha ayudado mi blog. Saber que soy útil para algunas personas me alegra mucho más que el dinero que me da el blog. A quienes quieren ganar dinero con su blog les aconsejo no pensar en sus lectores como futuros clientes, sino como personas que necesitan su ayuda.

Texto 3

Empecé a escribir el blog cuando me despidieron. Un amigo me aconsejó crear un blog sobre senderismo, mi gran afición. Al principio escribía sobre sencillos paseos por lugares que yo creía que la gente debía conocer y después comencé a colgar fotos de algunos paisajes impresionantes. Entonces, algunas personas empezaron a dejar mensajes porque les encantaba el blog. Más tarde, decidí organizar un viaje en grupo para hacer senderismo por una zona de Andalucía que conocía muy bien y puse un anuncio en el blog. Se inscribieron unos chicos que lo leían. Después, hice otros viajes. Como cada vez se inscribía más gente, decidí crear una agencia de viajes. Ahora mi negocio va muy bien, pero ya no escribo.

CÓMO RESOLVER LA TAREA

- Ante todo, es muy importante recordar que en esta tarea las instrucciones **dan indicaciones** sobre el tema de los textos. Léalas siempre con mucha atención.
- Para comenzar esta tarea, una buena idea es leer las ocho preguntas o enunciados y subrayar la **información clave** de cada una de ellas. De esta manera, cuando lea los textos ya sabrá qué información tiene que buscar.
- Después de leer las preguntas y encontrar las palabras clave, lo siguiente es leer los textos para comprender la **información principal** de cada uno. En algunos casos ya es posible relacionar alguna pregunta con su texto.
- Una sola lectura no es suficiente para resolver la Tarea 3. Verá que es necesario volver a leer tanto los textos como las preguntas y buscar la información específica que necesita. Para ello hay que ir saltando de las preguntas al texto en busca de la **información común**.
- No hace falta seguir el **orden** de las preguntas. Al contrario: si duda entre dos respuestas o no puede encontrar la correcta, lo mejor es seguir adelante. La clave para la elección podría estar en otro texto.
- Si cree que un enunciado puede relacionarse con más de un texto o al revés, tiene que buscar en los textos las frases en las que aparece esa información. De esta manera, puede comprobar que esa persona da la información de la pregunta y no algo parecido o contrario.

ACTIVIDAD 3

Soluciones: págs. 171-172

Los textos de la Tarea 3 pueden dar información muy parecida, pero solo uno de ellos da la información exacta a la que se refiere cada pregunta. En los otros puede decirse algo parecido o no hablar de eso. Vuelva a leer las preguntas, subraye en los textos la información relacionada con cada una de ellas y rellene la tabla colocando el nombre de cada persona en el lugar adecuado (como en el ejemplo).

	HABLA DE ESO		NO HABLA DE ESO
	DA ESA INFORMACIÓN	DICE ALGO PARECIDO	
1. ¿Quién dice que alguien que leía su blog le ofreció un trabajo?	Javier	Carlos	Gonzalo
2. ¿Quién gana dinero con su blog actualmente?			
3. ¿Quién está viajando con alguien que conoció a través del blog?			
4. ¿Quién ha dejado de escribir en su blog?			
5. ¿Quién creó su blog cuando perdió su trabajo?			
6. ¿Quién dice que el número de personas que lee su blog ha aumentado?			
7. ¿Quién comenzó su blog porque alguien se lo recomendó?			
8. ¿A quién le gusta ver los comentarios que escriben los lectores en su blog?			

1.4.3. La Tarea 3 de CL: manos a la obra

Con lo aprendido en esta sección, responda a la Tarea 3 de CL del SIELE siguiendo las instrucciones.

1) Lea las instrucciones y subraye el tema.
2) Lea las preguntas y los textos.
3) Si es posible, intente relacionar alguna de las preguntas con su texto.
4) Vuelva a leer, saltando del enunciado al texto para buscar información más específica.
5) Si tiene alguna duda, busque en el texto el fragmento en el que aparece esa información, para asegurarse de que ha relacionado texto y pregunta correctamente.

Comprensión de lectura				
Tarea 1	Tarea 2	Tarea 3	Tarea 4	Tarea 5

Usted va a leer tres textos en los que unas jóvenes que viven en el extranjero cuentan sus experiencias. Elija la opción correcta para cada una de las ocho preguntas.

MARINA

Pensé que iba a ser más difícil vivir lejos de casa sin mi familia, pero me he acostumbrado rápido a Viena. Ahora me gusta viajar, aunque antes nunca había querido salir de mi país. En Viena se cuida el medio ambiente y eso me encanta. Los autobuses funcionan con electricidad, aunque todos van en bicicleta. A mí el ciclismo no me gusta, pero he encontrado un equipo para seguir practicando la natación. ¡Estoy encantada! Sin embargo, no puedo olvidar la comida de España: aquí no es muy variada y se come mucho dulce. Además, no sé si podría estar muchos inviernos en Austria, porque la temperatura disminuye mucho. En el futuro espero poder irme más al sur, quizá a Italia.

CARMEN

Este año he obtenido una beca Erasmus y estoy estudiando en París, una ciudad en la que no había estado y que... ¡me encanta! La vida aquí es muy diferente: la comida es bastante ligera y las cenas son sobre las siete de la tarde. Se suele decir que todo es caro en París, pero no es verdad: los autobuses con los que voy a clase todos los días no se pagan, el comedor ofrece descuentos para estudiantes y, además, el gimnasio siempre tiene ofertas. El clima en París es más agradable que en mi ciudad en España y por eso me gusta más, aunque es verdad que de siete días, por lo menos cuatro está nublado.

SUSANA

Nunca había pensado en hacer mi vida fuera de España, pero ahora que vivo en Dinamarca, no me importa quedarme aquí. Mis padres me ayudaron mucho, sobre todo al principio. Solo había estado un mes lejos de casa, estudiando inglés en Londres, y me acordaba mucho de ellos. Bueno, ahora también me pasa, pero menos. Lo más difícil de vivir en Dinamarca es, quizá, acostumbrarse a las pocas horas de luz que hay en el día. Eso no me gusta nada. Y también es cierto que la moneda es más barata, pero los precios son bastante altos. Los platos típicos daneses me parecen riquísimos, pero no suelo comer fuera, aunque, de vez en cuando, me gusta probar restaurantes nuevos.

(Basado en *www.diariodesoria.es/temas/sorianos-mundo_4113.html?inicio=100%3F.* España)

1. ¿Quién prefiere el clima de la ciudad donde vive?	MARINA	CARMEN	SUSANA
2. ¿Quién se iría a vivir a otro país?	MARINA	CARMEN	SUSANA
3. ¿Quién extraña a su familia?	MARINA	CARMEN	SUSANA
4. ¿Quién cree que la vida es cara en la ciudad donde vive?	MARINA	CARMEN	SUSANA
5. ¿Quién no había estado en el extranjero antes?	MARINA	CARMEN	SUSANA
6. ¿A quién le gusta la comida del país en el que se encuentra?	MARINA	CARMEN	SUSANA
7. ¿Quién suele usar medios de transporte públicos?	MARINA	CARMEN	SUSANA
8. ¿Quién es la más deportista de las tres?	MARINA	CARMEN	SUSANA

Soluciones: pág. 172

1.5. La Tarea 4 de CL
1.5.1. La Tarea 4 de CL: cómo es

La Tarea 4 de la prueba de Comprensión de lectura consiste en leer dos textos incompletos, con cuatro huecos cada uno, y completarlos escogiendo entre los cinco fragmentos que se le proporcionan para cada texto.

Comprensión de lectura

Tarea 1	Tarea 2	Tarea 3	Tarea 4	Tarea 5

INSTRUCCIONES: En esta tarea las instrucciones siempre son iguales. Léalas y asegúrese de que entiende lo que dicen.

Usted va a leer dos textos en los que faltan cuatro fragmentos. Elija el fragmento correcto para cada hueco.

De los cinco fragmentos, solo tiene que utilizar cuatro.

Para ver y seleccionar los fragmentos que faltan, pulse --*Elija*-- y aparecerán las cinco opciones.

Texto 2

EL NUEVO CONSUMIDOR EN UN PANORAMA DE CAMBIO

Cada día los profesionales de la mercadotecnia y de la publicidad intentan comprender el comportamiento del consumidor y hallar las verdades humanas que lo mueven. --Elija-- ⊕ Lo cierto es que en los últimos años el perfil de los consumidores ha cambiado. Hoy nos encontramos ante un consumidor más informado y exigente, que interactúa con distintos medios para distintos propósitos.

Internet ha revolucionado el mundo del consumidor, que se siente capaz de convertirse en un entendido sobre cualquier sector del mercado que le interese y de elegir con conciencia. Y como valora mucho su tiempo, busca informarse de la forma más rápida que le sea posible. --Elija-- ⊕ Conoce muy bien las marcas y es consciente del poder que tiene entre sus manos. Víctor Lozano, de la consultora Future Labs, comenta que hoy en día "el consumidor puede ejercer su poder de manera mucho más concreta y clara. Es crítico, hace saber lo que piensa en las redes sociales y tiene la capacidad de destruir una marca a través del boca a boca". --Elija-- ⊕

El nuevo consumidor quiere sentirse parte de la empresa y adquirir un papel protagonista en la creación de los productos. Desea ser escuchado y tomado en cuenta. Para satisfacer esta necesidad, las empresas se han visto obligadas a establecer puentes que ayuden a acercar la marca a los posibles compradores. --Elija-- ⊕

(Adaptado de *http://beta.udep.edu.pe*. Perú)

Anterior | Siguiente

RESPUESTA: Al pulsar en el botón --Elija-- ⊕, se abre la ventana en la que aparecen todos los fragmentos. Cuando escoja uno este se tachará y no podrá ser seleccionado otra vez. Si quiere volver a usarlo tiene que volver al hueco en el que lo ha usado y cancelar la selección.

La Tarea 4 está compuesta por dos textos en una pantalla cada uno y es posible moverse entre ellos con los botones Anterior y Siguiente.

Elija el fragmento correcto: ⊗

~~**(a)** El nuevo consumidor, en definitiva, recurre a medios que le ofrecen la inmediatez deseada y que satisfacen su necesidad de conocimientos.~~

(b) Un claro ejemplo de esto se ve en el uso que se hace de las redes sociales, que representan un canal de comunicación fundamental en el mercado actual.

(c) No obstante, ha dejado de ser un receptor pasivo para convertirse en un receptor activo que quiere ser amigo de la marca.

(d) Pero también puede convertirse en un aliado que ayude a que la marca mejore el valor de su propuesta.

(e) Este conocimiento les permite conectar con él y hacer que se involucre con las propuestas que hacen las marcas.

Los **textos de la Tarea 4** son artículos de opinión, noticias, cartas al director, guías de viaje que describen o narran experiencias, planes, proyectos, etc.

Los **temas** de los textos pueden ser:

- públicos (servicios; vivienda; viajes; tiempo libre y entretenimiento...);
- académicos (ciencia y tecnología; geografía; flora y fauna...);
- profesionales (trabajo, economía e industria; política y sociedad...).

Los textos de esta tarea pertenecen a diferentes variedades lingüísticas del mundo hispánico.

Para resolver la **Tarea 4** se requiere reconstruir la estructura de los textos identificando las relaciones entre las ideas que aparecen en ellos.

1.5.2. La Tarea 4 de CL: cómo se resuelve

Lo primero que deben hacer los candidatos es leer las instrucciones y asegurarse de que comprenden lo que tienen que hacer y cómo tienen que hacerlo.

Usted va a leer dos textos en los que faltan cuatro fragmentos. Elija el fragmento correcto para cada hueco. De los cinco fragmentos, solo tiene que utilizar cuatro.
Para ver y seleccionar los fragmentos que faltan, pulse --Elija-- ▼ y aparecerán las cinco opciones.

ACTIVIDAD 1

A continuación tiene dos textos de la Tarea 4. Realice una primera lectura general de ellos, ¿sabe de qué hablan? ¿Puede identificar la idea principal de cada párrafo? Escríbala en el cuadro de la derecha.

Soluciones: pág. 172

Texto 1 **EL DÍA DE LOS MUSEOS**

I Como cada año, el Instituto Cultural de Aguascalientes invita a conmemorar el Día Internacional de los Museos. Será este miércoles, 18 de mayo, de 11:00 a 20:00 horas en todos los museos de la ciudad. **–1–**. Por esta posibilidad, se espera que haya una gran participación y que aumenten las cifras de ediciones anteriores.

II El plato fuerte del día es el Museo Espacio, un atractivo programa de visitas y clases que comienza en la mañana. **–2–**. La jornada tendrá su conclusión con el estreno de un sorprendente espectáculo escénico.

III La organización responsable es el Consejo Internacional de Museos, que reúne a museos y profesionales y que está a cargo de la promoción y la manutención de la riqueza natural y cultural de los pueblos. **–3–**. Estos también se dedican a la protección de los museos en situaciones de emergencia, así como a la investigación en temas museísticos.

IV Más de 35 000 museos participarán en este día que se creó en 1977. **–4–**. Este será igualmente el contenido de la Conferencia General de Museos que tendrá lugar en Italia, del 3 al 9 de julio.

(Adaptado de *www.lja.mx/2016/05/celebracion-del-dia-internacional-de-los-museos*. México)

Fragmentos del texto 1

2 (a) A continuación, habrá una mesa de reflexión para compartir las experiencias de los participantes en estas actividades.

4 (b) El tema elegido para la celebración de este año gira alrededor de la idea Museos y Paisajes Culturales.

X (c) En cambio, los museos son un espacio para los intercambios culturales, la cooperación y la paz entre los pueblos

1 (d) Con esta celebración se abren las puertas de los museos estatales y privados para convertirlos en un espacio vivo para todos los públicos.

3 (e) Esta tarea se lleva a cabo a través de sus 31 Comités Internacionales, cada uno dedicado a una materia determinada.

CÓMO RESOLVER LA TAREA

- Para resolver la Tarea 4, comience leyendo las instrucciones y asegurándose de que conoce **cómo funciona la página**. Recuerde que cuando escoja un fragmento, este aparecerá en el hueco en el que lo haya colocado y ya no estará disponible para su selección. Si quiere volver a usarlo, tendrá que eliminarlo del hueco en el que lo haya colocado.
- Es recomendable leer una primera vez el texto completo, sin detenerse en los huecos. Trate de obtener una **idea general** del contenido del texto y de cómo se desarrolla la información en él. También es útil localizar la idea principal de cada párrafo.
- Después, pase a **leer los fragmentos** y trate de colocar aquellos fragmentos que identifique más claramente con los contenidos del texto y las ideas principales de cada párrafo. No se preocupe por el orden, porque no es necesario completar todos los huecos siguiendo el orden del texto. Comience por aquel fragmento que le parezca más obvio o fácil y así, al final, cuando llegue a los más difíciles, le quedarán menos opciones de respuesta disponibles.
- Tenga en cuenta que muchas veces los fragmentos están relacionados tanto con la frase anterior como con la que sigue al hueco. Estas relaciones pueden ser de orden, de significado, de causa y consecuencia... Recuerde que **las claves están en el propio texto**. Fíjese en sus palabras e ideas, los nombres y pronombres, el desarrollo o cronología. Fíjese también en elementos de referencia y mecanismos de cohesión que puedan contener.
- Por último, es importante que lea el texto una vez que haya colocado todos los fragmentos. El texto completo ¿tiene sentido?

TEXTO 1		TEXTO 2	
I	Celebración del Día de los Museos.	I	
II		II	
III		III	
IV		IV	

ACTIVIDAD 2

Soluciones: págs. 172-173

Para resolver la Tarea 4 nos ayudamos de las relaciones que existen entre el fragmento y el texto que lo rodea. Lea los textos y los fragmentos con atención y busque los elementos (palabras o expresiones) que relacionan cada fragmento con su hueco. Tiene un ejemplo en el párrafo I del texto 1.

Texto 2 **EL PARAÍSO**

I Árboles de hace más de cien años, bosques siempre verdes, cascadas que caen como guirnaldas, paredes de mil metros de altura, ríos, lagunas... **–1–**. Una suma de elementos que hacen del parque Tagua Tagua uno de los destinos con mayores posibilidades de desarrollo del sur de Chile.

II El parque privado Tagua Tagua abrió oficialmente sus puertas hace tan solo un año. **–2–**. Y es que cuesta creer que a tan solo 170 km de la gran área urbana de Puerto Montt exista un lugar tan protegido de la civilización.

III El proyecto se inició con una autorización a la Universidad Mayor y hoy el parque es administrado por el hotel Puelo Lodge. **–3–**.

IV El parque ofrece la posibilidad de realizar senderismo guiado con una noche de hotel, así como la de visitar el parque en tan solo una jornada. **–4–**. Lo nuevo de este año es un programa que ofrece paseo en barca, entrada al parque, dos días de senderismo, cena y desayuno, por poco más de 55 000 pesos por persona. Eso sí, con el objeto de reducir el impacto de los visitantes, la entrada al parque es solo mediante reservas.

(Adaptado de *www.revistaenfoque.cl/paraiso-tagua-tagua*. Chile)

Fragmentos del texto 2

4 (a) Sin embargo, la cantidad de alternativas es innumerable, pues cualquier cosa es posible en este paraíso incontaminado.

2 (b) Desde entonces, se ha convertido en un lugar de visita obligada para los amantes del senderismo, el montañismo y la escalada.

3 (c) Este acuerdo no solo ha permitido desarrollar investigación científica, sino también crear atractivos programas turísticos con alojamientos de primer nivel.

X (d) Todo esto lo convierte en una zona que invita a una desconexión total y al descubrimiento de la historia más profunda de Chile.

1 (e) No solo eso, sino también caminos e infraestructuras excelentes, estudios de conservación en curso y multitud de especies animales y vegetales.

ACTIVIDAD 3

Soluciones: pág. 173

Los marcadores del discurso nos dan muchas de las claves que permiten reconstruir textos como los de la Tarea 4. Aquí tiene algunos de los más habituales. ¿Sabe para qué sirven? Colóquelos en la columna correspondiente. ¿Puede añadir otros?

**A continuación – No obstante – Resumiendo – Es decir – No solo..., sino también – Así como –
Finalmente – En cambio – En suma – Es que – Eso sí – Sin embargo – Pues –
En otras palabras – Total – Mejor dicho – Ya que – Por su parte – Además**

Suman ideas	Expresan causa y consecuencia	Expresan oposición
Expresan orden	**Reformulan ideas**	**Introducen resumen o conclusión**

1.5.3. La Tarea 4 de CL: manos a la obra

Con lo aprendido en esta sección, responda a la Tarea 4 de CL del SIELE siguiendo las instrucciones.

Soluciones: pág. 173

1) Lea las instrucciones.
2) Lea una primera vez el texto completo para obtener una idea de su contenido y de las ideas principales de cada párrafo.
3) Lea los fragmentos y fíjese en los elementos de referencia que contienen.
4) Vuelva a leer el texto y coloque primero aquellos fragmentos que vea más seguros.
5) Fíjese bien en las frases anteriores y posteriores a cada hueco y busque las claves para completar el texto.
6) No olvide leer el texto completo al final para comprobar que tiene sentido.

Comprensión de lectura

Tarea 1	Tarea 2	Tarea 3	Tarea 4	Tarea 5

Usted va a leer dos textos en los que faltan cuatro fragmentos. Elija el fragmento correcto para cada hueco. De los cinco fragmentos, solo tiene que utilizar cuatro. Para ver y seleccionar los fragmentos que faltan, pulse -Elija- ⊕ y aparecerán las cinco opciones.

Texto 1 **PRIMER VIAJE A EUROPA**

Si existe algo divertido y fascinante al planear un viaje a Europa es buscar qué destinos conocer y enamorarse de ellos a través de relatos y fotos de otros viajeros. -Elija- ⊕
Pero para quien está decidido a planear el viaje por su cuenta la organización es importante, especialmente si la idea es recorrer varias ciudades y, además, gastar lo menos posible. -Elija- ⊕
Para un primer viaje, una opción interesante es visitar las ciudades clásicas París, Londres y Barcelona. Según el tiempo disponible, se puede incluir Madrid, Praga o Ámsterdam, entre otras. Para viajar de ciudad en ciudad, recomendamos aprovechar las ofertas de vuelos que aparecen en las páginas web de las compañías aéreas. -Elija- ⊕ Aunque los precios cambian según la época del año.
A la hora de dormir, lo más económico suelen ser los albergues. Se paga por cama y tienen espacios comunes y cocina. -Elija- ⊕ Para elegir el mejor alojamiento con buenos precios, hay que tener en cuenta las recomendaciones de otros usuarios, que se pueden consultar en internet. Con todo organizado, faltará preparar el equipaje, la cámara de fotos y empezar a disfrutar.

(Adaptado de *www.clarin.com/todoviajes/Europa-primer-viaje-itinerario_0_1350464951.html*. Argentina)

a	Si finalmente es esta la vía elegida, se debe buscar los vuelos, decidir cómo moverse entre ciudades y dentro de cada una de ellas, e investigar posibles alojamientos.
b	Más allá de lo exclusivamente económico, estos alojamientos son excelentes para conocer gente, compartir experiencias e intercambiar información práctica.
c	Un detalle: los vagones tienen mesas para tomar algo o trabajar e, incluso, algunos tienen conexión a internet; sin embargo, las tarifas son elevadas.
d	En Europa, cuentan con varias que permiten moverse con gran rapidez de un punto a otro y pagar menos que si fuéramos por tierra.
e	Una primera opción para preparar la ruta y demás aspectos es dirigirse a una agencia de viajes y confiar en los especialistas.

Texto 2 **SUPERAR LÍMITES COMO UN JUEGO**

Herminia Estefanell trabajó durante mucho tiempo atendiendo dificultades de aprendizaje en diferentes lugares, como Paysandú o Montevideo. -Elija- ⊕ Así nació Pipiña, una propuesta que combina lo tradicional y lo digital, y que busca que los niños estén motivados y puedan mejorar los problemas que tengan en el desarrollo del lenguaje. -Elija- ⊕ Además, todos tienen pistas, fichas de colores, rompecabezas y letras especiales para que los niños construyan palabras de forma divertida.
Maestra y licenciada en psicología, Estefanell trabajó con un equipo de diseñadores y una empresa de nuevas tecnologías para desarrollar la parte digital de su proyecto. -Elija- ⊕ Sobre esta experiencia anterior, Estefanell resaltó: "Durante todos esos años introduje los juegos en el espacio de trabajo porque los niños que tienen tantas dificultades tienen que tener una oferta diferente".
Para jugar con Pipiña, es necesario tener los cuatro juegos físicos, que se solicitan por internet. -Elija- ⊕ En conjunto, esta propuesta busca trabajar la atención, la memorización y el control del lenguaje, entre otras habilidades, en niños de todas las edades.

(Adaptado de *www.elpais.com.uy/vida-actual/superar-limites-juego-innovadora-propuesta.html*. Uruguay)

a	Junto a ellos, su idea era convertir su trabajo a lo largo de veinticinco años en una propuesta que se encuentra a medio camino entre el mundo real y el virtual.
b	Con la compra, estos traen un número para poder descargar las herramientas virtuales. El precio de los juegos es casi de cincuenta pesos.
c	Lo hizo hasta que un día pensó que su trabajo podía estar amenazado si no tenía una herramienta digital con la que inventar juegos y herramientas para aprender.
d	No obstante, la propuesta de Estefanell tendrá financiación de la Agencia Nacional de Investigación.
e	Para ello, la idea se basa en juegos con tablero y tarjetas con diferentes dibujos.

1.6. La Tarea 5 de CL
1.6.1. La Tarea 5 de CL: cómo es

La Tarea 5 de la prueba de Comprensión de lectura consiste en leer un texto incompleto con 12 huecos y completarlos eligiendo la respuesta correcta entre las tres opciones que se proporcionan para cada uno.

Comprensión de lectura

Tarea 1	Tarea 2	Tarea 3	Tarea 4	Tarea 5

INSTRUCCIONES: En esta tarea las instrucciones siempre son iguales. Léalas y asegúrese de que entiende lo que dicen.

Usted va a leer un texto en el que faltan doce palabras. Elija la opción correcta para cada hueco.

PELIGRAN ARRECIFES DE CORAL POR EL CAMBIO CLIMÁTICO

Recientes investigaciones del Instituto de Ciencias del Mar y Limnología de la UNAM han demostrado que los efectos del cambio climático producen la pérdida de los arrecifes de coral, informó Roberto Iglesias Prieto, académico de esta entidad.

El [--Elija-- ▼] de tan solo un grado centígrado en la temperatura de los océanos ocasiona el blanqueamiento generalizado de las colonias de coral y les causa la muerte, [--Elija-- ▼] significa la pérdida de miles de especies, debido a que en estos ecosistemas se encuentran las más [--Elija-- ▼] del planeta.

Además, estos arrecifes son la más importante fuente turística de México, pues producen la arena blanca del mar Caribe, preferida por el turismo internacional, que representa la tercera fuente de divisas, solo por debajo de la industria petrolera y de las remesas [--Elija-- ▼] de Estados Unidos, refirió.

[--Elija-- ▼] solo ocupan el dos por ciento de la superficie terrestre, mencionó el investigador, estos ecosistemas son una gran fuente de riqueza económica y de servicios ambientales [--Elija-- ▼] más de cien millones de personas en el mundo, y capturan aproximadamente 50 por ciento del carbono planetario.

[--Elija-- ▼], informó, son las estructuras geológicas de origen biológico más grandes del orbe y han dominado las zonas poco profundas de los mares tropicales en los últimos 200 millones de años.

Por eso, argumentó, sería necesario que se [--Elija-- ▼] conciencia entre la población para el cuidado de estas fuentes de riqueza, [--Elija-- ▼] tan perjudiciales son el calentamiento global y el efecto invernadero como la contaminación marítima producida por la población.

Como ya se dijo, los arrecifes [--Elija-- ▼] del crecimiento de las colonias de corales que dejan sus esqueletos en la roca calcárea, y a través de miles de años forman una estructura definida que se incrementa mientras no [--Elija-- ▼] erosión. Si bien este último fenómeno explica las playas blancas como las de Cancún, especificó el investigador, en caso de que la erosión sea mayor a la incorporación de carbonato de calcio, se seguirá produciendo la arena blanca, pero el arrecife no podrá prosperar.

Las acciones para el cuidado de los arrecifes son escasas e insuficientes, algo no exclusivo del país, señaló el especialista, pues en todo el mundo persiste el desconocimiento sobre el estado de ese ecosistema o se minimiza su importancia, [--Elija-- ▼] en países que tienen políticas de protección del medio ambiente.

(Adaptado de *www.dgcs.unam.mx/boletin/bdboletin/2008_368.html*. México)

Siguiente

RESPUESTA: Al pulsar en el botón [--Elija-- ▼], se abre una ventana pequeña que muestra las tres opciones de respuesta. Cuando escoja una opción de respuesta, se cerrará la ventana y la opción elegida se mostrará en el lugar que le corresponde en el texto.

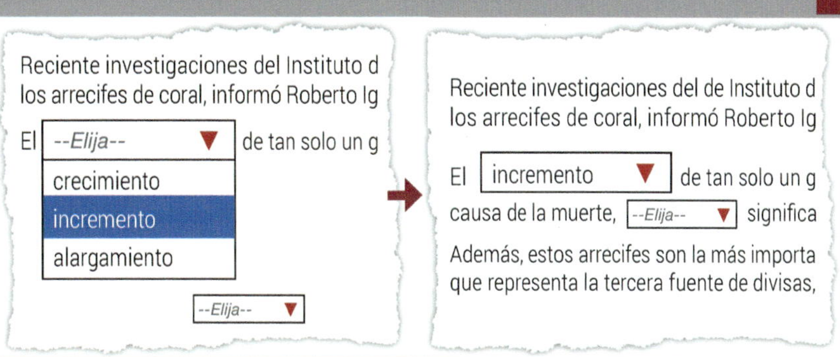

¡ATENCIÓN! Si pulsa Siguiente, sale de la tarea y no puede volver a ella.

Los **textos de la Tarea 5** son textos largos y complejos que pueden aparecer en revistas, libros de texto, periódicos y otros.

Los **temas** de los textos son especializados y pueden ser:

- académicos (lengua y literatura; ciencia y tecnología; geografía y naturaleza...);
- profesionales (trabajo, economía e industria; política y sociedad...).

Los textos de esta tarea pertenecen a **diferentes variedades lingüísticas** del mundo hispánico.

Para resolver la **Tarea 5** se requiere identificar las estructuras, el léxico y los mecanismos de cohesión adecuados en textos con un repertorio lingüístico complejo.

De las 12 preguntas, 4 son sobre estructuras gramaticales (1 de ellas de nivel B2); 4, sobre el léxico (1 de ellas de nivel B2); y otras 4, sobre los mecanismos de cohesión.

1.6.2. La Tarea 5 de CL: cómo se resuelve

Lo primero que se debe hacer es leer las instrucciones y asegurarse de comprender lo que hay que hacer y cómo hay que hacerlo.

Usted va a leer un texto en el que faltan doce palabras. Elija la opción correcta para cada hueco.

Soluciones: pág. 173

ACTIVIDAD 1

A continuación tiene un texto de la Tarea 5. Léalo una primera vez completo para tener una idea general. Aproveche también para fijarse en los huecos, ¿puede anticipar qué clase de palabra (nombre, verbo, conector, preposición, etc.) iría en cada uno de ellos? ¿En qué se ha fijado para descubrirlo? ¿En las palabras del entorno? ¿En los signos de puntuación? Subraye estos rasgos en el texto.

COCINA MOLECULAR

La gastronomía, como todo lo que forma parte de la cultura en la que vivimos, experimenta cambios con el paso del tiempo. Entre 2002 y 2009, un restaurante de la Costa Brava fue considerado el mejor del mundo, y su cocinero principal, Ferran Adrià, se hizo universalmente conocido.

Periodistas y críticos gastronómicos utilizaron el nombre "cocina molecular" para describir el estilo gastronómico de ese restaurante. **-1-**, una de sus preparaciones más novedosas son las 'esferas', que se logran por la formación de un gel en la superficie de un líquido como resultado de una reacción. Se ha creado el concepto 'esferificación' para **-2-** este proceso.

Estas innovaciones despertaron en muchos amantes de la gastronomía el interés **-3-** la ciencia escondida en las preparaciones. El intercambio entre cocineros y científicos se convirtió en algo posible. **-4-**, las investigaciones académicas en el área de la gastronomía comenzaron a tener un lugar en el mundo de la ciencia.

Estas ganas de entender **-5-** ocurre cuando cocinamos y comprender por qué las recetas son como son comenzó mucho antes. En 1969 un distinguido físico de origen húngaro dio una conferencia con el título *El físico en la cocina*. Unos años después, junto a un prestigioso químico francés, **-6-** la expresión "gastronomía molecular y física" y la definió como la "investigación científica de las transformaciones y los fenómenos de la cocina".

En 2015, dieron un paso más allá al considerar la gastronomía molecular como una disciplina académica, sosteniendo que la alimentación o cocina del futuro tomará como **-7-** de partida las moléculas básicas.

Ahora bien, la cocina del futuro para muchos será exactamente lo contrario, **-8-** bajo la preocupación por el cuidado del ambiente, se volverá a formas tradicionales de cultivo y alimentación. En ese sentido se advierte una tendencia a volver a productos y platos tradicionales y avanzar en esa vuelta al pasado parecería llevar a la desaparición de la cocina molecular de los restaurantes. Asimismo, pondría **-9-** a la tendencia a valerse del conocimiento científico para definir nuevos platos. Sin embargo, la ciencia forma parte de nuestra vida cotidiana, y la cocina, cualquiera que **-10-** la preferencia del momento, no queda al margen de su influencia.

La aplicación de estas técnicas en los alimentos, **-11-**, facilita un uso más eficiente de los comestibles para atender las crecientes demandas de la humanidad. La ciencia de los alimentos permite entender, por ejemplo, por qué los vegetales verdes adquieren un color poco apetitoso si **-12-** cocina demasiado tiempo.

(Adaptado de *http://cienciahoy.org.ar/2016/04/cocina-molecular*. Argentina)

CÓMO RESOLVER LA TAREA

- Para resolver la Tarea 5, comience leyendo las instrucciones y asegúrese de conocer **cómo funciona la página**. Recuerde que, en la página del examen, puede ver las opciones de respuesta junto a cada hueco y, cuando elige la que considera correcta, esta aparece en su lugar en el texto.
- Es recomendable leer una primera vez el texto completo, sin detenerse en los huecos. Trate de obtener una **idea general** del contenido del texto. Aproveche esta primera lectura para anticipar, si puede, las palabras que irían en cada hueco.
- Después, pase a **fijarse en los huecos** uno a uno. Lea las opciones de respuesta que se proporcionan. ¿Identifica cuál es la adecuada? En cada hueco solo hay una opción posible.
- Fíjese en las palabras que preceden o siguen al hueco. Muchas veces encontrará en ellas las **claves** para elegir o rechazar las opciones de respuesta.
- Si tiene dudas, piense por qué cada opción de respuesta puede ir o no en ese hueco.
- Por último, es importante que lea el texto una vez que ha elegido las palabras para todos los huecos. El texto completo ¿tiene sentido?

Soluciones: págs. 173-174

ACTIVIDAD 2

Para resolver la Tarea 5, es necesario identificar la opción de respuesta adecuada para cada hueco. En ocasiones, habrá claves inequívocas para seleccionarla; en otras, hay que fijarse en si es posible rechazar las otras opciones para elegir la opción correcta. Observe las respuestas de la tarea y diga para cada opción por qué es o no es adecuada.

1	En el fondo	**De hecho**	En general
2	**nombrar**	verbalizar	sintetizar
3	para	sobre	**por**
4	No obstante	Más bien	**Así pues**
5	lo cual	**lo que**	el que
6	clasificó	**introdujo**	comunicó
7	lugar	sitio	**punto**
8	**puesto que**	de ahí que	pese a que
9	**fin**	final	conclusión
10	sería	**sea**	será
11	**a su vez**	al contrario	de cualquier forma
12	se lo	se les	**se los**

¿Por qué es esa la respuesta correcta?	
1	Las esferas son un ejemplo de las técnicas de la cocina molecular. *De hecho,* sirve para introducir ejemplos que refuerzan la idea principal.
2	
3	
4	
5	
6	
7	
8	
9	
10	
11	
12	

Soluciones: pág. 174

ACTIVIDAD 3

Las preguntas de la Tarea 5 se centran en las estructuras gramaticales, el léxico y los mecanismos de cohesión que pueden aparecer en textos especializados. A continuación tiene diferentes fragmentos con huecos sobre algunas de las cuestiones más frecuentes en esta tarea. Elija la opción correcta para cada hueco.

a) Por el momento se desconoce si se trata de historias previas o posteriores a la novela o si, ________, son narraciones derivadas de su trama. (*El País*, 05/05/2017) **– por consiguiente – por supuesto – por el contrario –**	b) A la hora de pensar en el cambio climático, la mayoría de las publicaciones se centran en los efectos de este fenómeno ________ el medio ambiente y la salud física, pero hasta ahora no se ha considerado la salud mental. (*Telemundo*, 20/04/2017) **– por – para – hacia –**
c) La idea es implantar pequeños dispositivos en el cerebro para cargar y descargar pensamientos, lo que logrará que estos puedan ser transcritos en sistemas informáticos sin ________ de mover el cuerpo. (*Gizmodo*, 21/04/2017) **– necesidad – posibilidad – implicación –**	d) El ser humano se enfrenta a la ________ de continuar viviendo como le dijeron que debía vivir o, por otro lado, comenzar a vivir en sus propios términos, bajo sus propias reglas. (*Pijamasurf*, 19/04/2017) **– oposición – alternativa – disyuntiva –**
e) Conocemos como "hogar" al lugar donde residimos o, ________, nuestra vivienda o casa. (*Blogs20minutos*, 19/04/2017) **– después de todo – de todas maneras– dicho de otro modo –**	f) La actuación durará una hora, la mitad de ________ será destinada a la explicación del proyecto y la proyección de imágenes sobre su evolución. (*La voz de Galicia*, 03/05/2017) **– la cual – la que – que –**
g) Por tal razón ha sido mi deseo el trabajar para conseguir que cualquier lector interesado en adquirir un ejemplar de mi libro ________ comprarlo allá donde se encontrara y sin tener que pagar por los gastos de envío. (*Blogs20minutos*, 20/04/2017) **– podrá – pudiera – podría –**	h) Las exportaciones de aguacates de países como México y Chile están creciendo un 250 % al año; ________, han pasado de 154 toneladas en 2012 a más de 25 000 toneladas en 2016. (*Expansión*, 25/04/2017) **– encima – de hecho – con todo –**

1.6.3. La Tarea 5 de CL: manos a la obra

Con lo aprendido en esta sección, responda a la Tarea 5 de CL del SIELE siguiendo las instrucciones.

Soluciones: pág. 174

1) Lea las instrucciones.
2) Lea una primera vez el texto completo para obtener una idea general y aproveche para intentar anticipar las palabras que faltan.
3) Vuelva a leer el texto deteniéndose en cada hueco. ¿Identifica la respuesta adecuada?
4) Fíjese bien en las frases anteriores y posteriores a cada hueco y busque las claves para elegir la respuesta correcta.
5) Si tiene dudas, trate de pensar en las razones por las que las opciones son posibles o no en cada hueco.
6) No olvide leer el texto completo al final para comprobar que tenga sentido.

Comprensión de lectura				
Tarea 1	Tarea 2	Tarea 3	Tarea 4	Tarea 5

Usted va a leer un texto en el que faltan doce palabras. Elija la opción correcta para cada hueco.

¿LA TECNOLOGÍA GENERA CAMBIOS?

Hoy se dice que vivimos en un mundo en el que la tecnología marca el ritmo del progreso y el desarrollo de nuestra vida.

Ahora más que nunca, la tecnología está presente en todo momento y se manifiesta continuamente en la aparición de nuevos productos, **-1-** nos mantienen en movimiento y en un constante cambio que afecta a nuestra vida. Este continuo desarrollo de nuevos productos en el mercado nos ha sumergido en un proceso que cada vez se agrava más, **-2-** no alcanzamos a usar en su totalidad un producto cuando aparece otro nuevo con mayores prestaciones y eso hace que el actual resulte arcaico.

Por este motivo, se dice que la tecnología genera cambios. Sin embargo, para darle **-3-** a esta frase es importante aclarar qué es la tecnología. Esta se suele definir como "la programación de los conocimientos y prácticas aplicables a **-4-** actividad, más corrientemente a los procesos industriales". Con base a esta definición, la tecnología es un proceso que no supone necesariamente un cambio.

Si recurrimos a la historia encontramos que, a finales del siglo XIX, la ciencia no había aportado nada a la tecnología. A medida que la ciencia **-5-** conocimientos notables, estos comenzaron a utilizarse para la creación de nuevos procedimientos tecnológicos, **-6-** la relación entre la tecnología y la ciencia se volvió más cercana.

Todo proceso de innovación demanda un conocimiento científico; **-7-**, la ciencia en sí es la que en realidad genera el cambio, pues es esta la que nos lleva a la zona donde está lo nuevo. Ahora podemos **-8-** que un desarrollo tecnológico sí implica un cambio, pues es el producto de un proceso en donde primero se da el desarrollo científico y posteriormente un proceso de innovación.

Los expertos se suelen referir **-9-** los desarrollos tecnológicos no solo como productos físicos, sino también como aportaciones muy importantes en servicios y procesos comerciales. Sirvan como ejemplo: la venta de cerveza fría, las compras en línea, **-10-** el pago de un servicio desde casa o comprar el boleto electrónico para pasajes en medios de transporte.

La gran pregunta es: "¿Siempre los cambios han sido para bien de la sociedad?" La respuesta la conocemos: no siempre ha sido así. **-11-**, siempre que emprendamos un proceso de innovación para la generación de un producto tecnológico debemos tener presente que no necesariamente los cambios producen cosas buenas, pero que las cosas buenas **-12-** de un cambio.

(Adaptado de *www.conocimientoenlinea.com/?p=348#more-348*. México)

1	los cuales	cuantos	lo que
2	dado que	de cualquier forma	pese a que
3	comprensión	originalidad	validez
4	cualquiera	cualquier	cualesquiera
5	generara	habría generado	fue generando
6	mientras	gracias a que	luego
7	por consiguiente	aún más	ahora bien
8	aportar	sostener	rectificar
9	a	en	sobre
10	rentabilizar	efectuar	remunerar
11	En cambio	A este respecto	De igual modo
12	ascienden	disponen	surgen

1.7. Dé el salto

Ahora que ya conoce y ha practicado todas las tareas de la prueba de Comprensión de lectura del examen SIELE, puede comprobar y poner en práctica lo que ha aprendido.

- Primero, repase cómo son las diferentes tareas de la prueba.
- Después, realice una prueba de Comprensión de lectura.
- Por último, reflexione sobre cómo les ha ido y cuáles han sido sus resultados.

REPASE ANTES DE LA PRUEBA

A continuación, tiene las características de las diferentes tareas de la prueba de Comprensión de lectura y diferentes consejos para realizarlas de una manera efectiva. Relacione cada tarea con las características y consejos que le corresponden.

Tarea y nivel	¿Qué hay que hacer?	¿Cómo hacerlo mejor?
Tarea 1 A1	Leer dos textos incompletos con cuatro huecos cada uno e identificar, entre cinco posibles fragmentos, el que corresponde a cada espacio.	Leer las instrucciones para conocer el tema común de los textos. Leer las preguntas, después, leer los textos y buscar qué texto da exactamente la información de cada pregunta.
Tarea 2 A2	Leer un texto con doce huecos y completarlos eligiendo una de las tres opciones de respuesta.	Saber qué tipo de texto es mirando los elementos visuales. Leer el texto primero y luego las preguntas. Volver al texto y buscar la información de cada pregunta.
Tarea 3 B1	Leer cinco textos y responder a cinco preguntas con tres opciones de respuesta cada una.	Leer el texto y anticipar las palabras que faltan. Después, mirar cada hueco y elegir, entre las opciones, la adecuada. Revisar el texto completo al final.
Tarea 4 B2	Leer un texto y responder a cinco preguntas con tres opciones de respuesta cada una.	Leer el texto para conocer las ideas de cada párrafo. Después, leer los fragmentos y colocar primero los más fáciles de identificar (no importa el orden). Revisar el texto completo al final.
Tarea 5 C1	Leer tres textos y relacionarlos con ocho enunciados o preguntas.	Leer las instrucciones para conocer a los participantes. Leer el texto y las preguntas y buscar las respuestas siguiendo el orden de la información en el texto.

Soluciones: pág. 174

HAGA LA PRUEBA

Ahora puede practicar con **una prueba completa de Comprensión de lectura** como en el examen. Para ello, debe seguir estas instrucciones:

- Acceda a la Extensión digital del manual y entre en la sección "Dé el salto".
- Seleccione la prueba de Comprensión de lectura pulsando en el botón correspondiente.

RECORDAMOS

- ▶ Para hacer la prueba de Comprensión de lectura solo necesitará su ordenador o computadora y conexión a internet.
- ▶ Seleccione las respuestas usando el ratón, y no las flechas del teclado, para evitar cambios indeseados.
- ▶ Una vez comenzada la prueba, no puede parar el tiempo. Tiene 60 minutos para responder a todas las tareas.
- ▶ Para terminar la prueba tiene que pasar por todas las tareas. Si no sabe o no quiere hacer alguna de las tareas, pulse el botón **Siguiente** hasta llegar a la pantalla final (Cierre) en la que se le informará de la puntuación obtenida.

¿CÓMO HA HECHO LA PRUEBA?

Después de haber realizado la prueba, llega el momento de reflexionar sobre cómo ha ido. Debe pensar en cómo ha realizado la prueba y contestar a las preguntas de la tabla. ¿Hay algo que deba mejorar?

Tareas	¿Ha hecho todas las tareas?	**SÍ**	**NO**
	¿Recordaba el orden y las características de las tareas?	**SÍ**	**NO**
	¿Y las instrucciones de cada una?	**SÍ**	**NO**
	¿Ha sido capaz de localizar la información útil para resolver la tarea?	**SÍ**	**NO**
Comprensión	¿Recordaba los tipos de texto que aparecen en cada tarea?	**SÍ**	**NO**
	¿Ha podido identificar los diferentes tipos de texto y sus características?	**SÍ**	**NO**
	¿Ha leído todos los textos de la misma manera?	**SÍ**	**NO**
	¿Ha leído todos los textos el mismo número de veces?	**SÍ**	**NO**
Respuestas	¿Recordaba el número y el tipo de respuestas de cada tarea?	**SÍ**	**NO**
	¿Ha respondido a todas las preguntas?	**SÍ**	**NO**
	¿Lo ha hecho en orden?	**SÍ**	**NO**
Tiempo	¿Ha tenido tiempo para hacer todas las tareas?	**SÍ**	**NO**
	¿Cuánto tiempo ha necesitado en total?	**__ minutos**	
	¿Cómo ha distribuido el tiempo entre las tareas? TAREA 1	**__ minutos**	
	TAREA 2	**__ minutos**	
	TAREA 3	**__ minutos**	
	TAREA 4	**__ minutos**	
	TAREA 5	**__ minutos**	
	¿Ha reservado unos minutos al final de cada tarea para revisarla?	**SÍ**	**NO**

¡CONOZCA SU NIVEL!

¿Cuál fue la puntuación en la prueba de Comprensión de lectura? Puede comprobar su nivel en la siguiente tabla.

	ACIERTOS	CALIFICACIÓN	NIVEL
¿CUÁL HA SIDO SU PUNTACIÓN? _____/250	0 – 4	0 – 32,99	**< A1...**
	5 – 9	33 – 65,99	**A1**
	10 – 17	66 – 117,99	**A2**
	18 – 26	118 – 177,99	**B1**
	27 – 32	178 – 216,99	**B2**
	33 – 38	217 – 250	**C1**

Tengo que mejorar...

siele SERVICIO INTERNACIONAL DE EVALUACIÓN DE LA LENGUA ESPAÑOLA

UNIDAD 2
LA PRUEBA DE COMPRENSIÓN AUDITIVA

La prueba de Comprensión auditiva está formada por **seis tareas** y un total de **38 preguntas**.

Es importante conocer la estructura de la prueba, qué tareas la componen y qué hay que hacer en cada tarea.

En esta unidad va a conocer:

- cómo es **la prueba** en general;
- cómo es cada una de **las tareas**.

Va a aprender cómo son las tareas, cómo se resuelven y va a practicar cada una de ellas.

Al final de la unidad, hay **una prueba completa** de Comprensión auditiva.

2.1. Cómo es la prueba de Comprensión auditiva

- La prueba de Comprensión auditiva mide las habilidades de los candidatos para comprender la información de textos orales.
- En las distintas tareas, habrá que escuchar diferentes audios y contestar preguntas sobre la información que hay en ellos.
- En la siguiente tabla se resumen las características principales de las seis tareas:

Tarea y nivel	¿Qué hay que hacer?	¿Para qué?	¿Qué hay que escuchar?
Tarea 1 A1	Escuchar una conversación y completar cinco enunciados breves con palabras elegidas entre 15 opciones.	Entender datos concretos en conversaciones a velocidad lenta.	Conversaciones informales entre dos personas (hombre y mujer). De 150-170 palabras. < 2 minutos.
Tarea 2 A2	Escuchar cinco monólogos breves y responder a cinco preguntas con tres opciones de respuesta cada una.	Comprender la idea general e información concreta en noticias de radio o fragmentos breves y sencillos.	Avisos, anuncios y noticias contadas por una persona. De 50-65 palabras cada texto. <3 minutos.
Tarea 3 B1	Escuchar ocho monólogos y relacionarlos con los enunciados que les corresponden, de un total de 11 disponibles.	Comprender la idea general de monólogos o conversaciones breves informales.	Monólogos breves informales (cuatro hombres y cuatro mujeres). De 50-70 palabras cada texto. < 5 minutos.
Tarea 4 B2	Escuchar una entrevista y contestar a ocho preguntas con tres opciones de respuesta cada una.	Extraer información concreta y detallada e inferir posibles implicaciones en una conversación.	Conversaciones formales: entrevistas entre dos personas (hombre y mujer). De 550-600 palabras. < 5 minutos.
Tarea 5 B2-C1	Escuchar un monólogo y elegir, entre tres opciones, una idea contenida en cada uno de los seis fragmentos en que está dividido.	Comprender los puntos principales y extraer datos de los fragmentos de una conferencia.	Conferencias, discursos, presentaciones realizadas por una persona. De 450-500 palabras. < 4 minutos.
Tarea 6 C1	Escuchar un monólogo e identificar, entre 12 opciones disponibles, seis ideas expresadas en el audio.	Comprender los puntos principales y extraer datos de una conferencia.	Conferencias, discursos, presentaciones realizadas por una persona. De 450-500 palabras. < 4 minutos.

CÓMO ES LA PANTALLA DEL SIELE

UTILICE SIEMPRE EL RATÓN para desplazarse por las pruebas y tareas. El teclado podría cambiar sus respuestas.

PRUEBA DE SONIDO: Antes de comenzar la CA, se realiza una prueba de sonido para comprobar que el sistema funciona correctamente. Ante cualquier problema técnico, avise al Personal de Apoyo que le acompañará durante el examen.

Prueba de sonido
Conecte los auriculares al PC, ajuste el volumen y pulse el botón de **Reproducir**.

Reproducir

¿El sonido es correcto?
- **Sí**
- **No**

Para empezar la prueba de Comprensión auditiva, pulse **Siguiente**.

Reproduciendo... 02:38

REPRODUCCIÓN AUTOMÁTICA: Los audios se reproducen de manera automática. Al iniciar la prueba, comienza la reproducción y ya no puede detenerla. Esta incluye la reproducción de las instrucciones y dos escuchas de cada audio; entre ellas, tiene unos segundos para prepararse. Es posible saltar la segunda reproducción si no se quiere o no se necesita volver a escuchar.

Tarea 1	Tarea 2	Tarea 3	Tarea 4	Tarea 5	Tarea 6

TAREA: En la parte superior izquierda podrá ver qué tarea está haciendo.

En esta prueba **NO ES POSIBLE NAVEGAR ENTRE TAREAS**. Todas las tareas tienen **UNA SOLA PANTALLA**. Si pulsa el botón Siguiente al final de una tarea, no puede volver atrás.

TIEMPO: 55 minutos.

ANTES DE REALIZAR LA PRUEBA DE COMPRENSIÓN AUDITIVA

Para realizar con éxito la prueba, es importante conocer todas las tareas, las diferentes formas de escucha y las estrategias de respuesta.

Conocer la prueba	Saber cómo escuchar	Saber cómo responder	Administrar el tiempo

¿Sobre qué temas?

- Personales (relaciones personales, vida cotidiana...).
- Públicos (lugares; actividades de tiempo libre y de ocio...).

- Públicos (lugares y viajes; tiempo libre y entretenimiento; actividades culturales y de ocio...).

- Personales (experiencias personales, relaciones con otras personas...).
- Públicos (servicios, vivienda, viajes, ocio...).
- Profesionales (trabajo, sociedad...).

- Académicos (lengua y literatura; ciencia y tecnología; geografía y naturaleza...).
- Profesionales (trabajo, economía e industria; política y sociedad; ocio y tiempo libre; viajes y transportes...).

- Académicos (lengua y literatura; ciencia y tecnología; geografía y naturaleza...)
- Profesionales (trabajo, economía e industria; política y sociedad...).

- Académicos (lengua y literatura; ciencia y tecnología; geografía y naturaleza...).
- Profesionales (trabajo, economía e industria; política y sociedad...).

CONOCER LA PRUEBA

La prueba de Comprensión auditiva tiene seis tareas que miden la capacidad de los candidatos para entender textos orales. Los audios de las tareas son muy variados y son similares a los intercambios que se dan en la vida real.

Todas las tareas tienen **tres partes** fundamentales: instrucciones, audio y preguntas.

- Las **instrucciones** de las tareas siempre aparecen escritas en español y se reproducen de forma automática al comenzar cada tarea. Son breves, sencillas y claras. Hacen referencia al audio dando información sobre el tipo de texto, los participantes o el tema. Además, siempre explican el proceso de selección de la respuesta correcta.
- Los **audios** de las tareas son de diferentes tipos: conversaciones, anuncios, entrevistas, conferencias, etc. Los tipos de texto, los temas que tratan o su extensión son diferentes dependiendo de la tarea y de su nivel.
- Las **preguntas** solo tienen una respuesta correcta. Para contestar, hay que elegirla entre las opciones disponibles. El diseño y funcionamiento son diferentes en cada tarea y conocerlos es útil para responderlas con éxito. También es importante leer detenidamente cada pregunta y todas las opciones de respuesta y localizar las palabras clave.

SABER CÓMO ESCUCHAR

Las tareas de la prueba de Comprensión auditiva tienen **diferente estructura** y los procedimientos y estrategias que se pueden emplear dependen de los audios y de lo que se pida hacer con ellos en cada tarea.

Los audios de la prueba de Comprensión auditiva se escuchan siempre dos veces, lo que permite hacer **diferentes tipos de escucha**. La primera vez se escucha para tener una comprensión general y hacer hipótesis sobre la resolución de la tarea, y la segunda, para confirmar dichas hipótesis y descartar respuestas falsas.

En las tareas de Comprensión auditiva no es necesario comprender todas y cada una de las palabras del audio. Si no se conoce o comprende una palabra, es importante mantener la calma y continuar escuchando: es posible que el contexto ayude a entender el sentido y, sobre todo, el audio puede contener otra información útil.

En la prueba de Comprensión auditiva del SIELE, se puede utilizar una hoja en blanco para tomar notas de lo que se escucha. De hecho, es muy útil practicar antes para ser capaces de **escuchar, leer y escribir al mismo tiempo**.

PARA LA PRÁCTICA

En *Manual oficial del SIELE* encontrará las transcripciones de los audios de todas las tareas en las páginas 150-159. Recuerde que esta prueba mide la habilidad para escuchar y comprender información, por lo que es recomendable escuchar las tareas sin leer las transcripciones para que la actividad sea de comprensión auditiva real.

SABER CÓMO RESPONDER

Las tareas de la prueba de Comprensión auditiva contienen **38 preguntas en total**:

- las tareas 1 y 2: cinco preguntas;
- las tareas 3 y 4: ocho preguntas;
- las tareas 5 y 6: seis preguntas.

Las preguntas tienen **solo una respuesta correcta**, que se elige seleccionando una opción entre todas las opciones de respuesta. Toda la información para responder correctamente está en los audios. Las respuestas incorrectas no quitan puntos.

Antes de escuchar, es importante leer bien toda la información para intentar anticipar los contenidos del audio. Las instrucciones, las preguntas y las opciones de respuesta permiten imaginar qué se va a escuchar. **Escuchar dos veces** da la posibilidad de completar las respuestas en la segunda escucha. No hay que preocuparse si no se escuchan todas las respuestas la primera vez. Durante la primera escucha, es importante ir con calma, escuchar todo el audio y **no precipitarse** a la hora de elegir la respuesta. La segunda escucha permite **comprobar** que la respuesta elegida es la correcta o, por el contrario, cambiar a otra opción. Al final de la segunda escucha se pasa automáticamente a la siguiente tarea, por lo que es importante **contestar a todas las preguntas**.

PARA LA PRÁCTICA

Es importante conocer cómo son la reproducción y los tiempos del examen. Preste atención al sistema de reproducción y al tiempo del que dispone entre escuchas y entre tareas. Practique midiendo el tiempo.

ADMINISTRAR EL TIEMPO

Para hacer la prueba, los candidatos disponen de **un tiempo máximo de 55 minutos**, que es el tiempo total para realizar las seis tareas. El tiempo lo administra la plataforma, por lo que los candidatos no pueden decidir cuánto tiempo emplear en cada una de ellas. Las tareas van pasando automáticamente a menos que se pulse antes en el botón Siguiente para continuar.

PREPÁRESE PARA LA PRUEBA

La clave para preparar la prueba de Comprensión auditiva es escuchar. Cuánto más español se escuche, mejores serán los resultados en la prueba. Recuerde que el examen **SIELE es panhispánico**. En él se van a encontrar variedades y acentos del español de los diferentes países hispanohablantes. Es importante escuchar y familiarizarse con una **gran variedad de acentos** para poder entender todos los audios. Además, los hablantes de los audios tienen diferentes edades y son tanto hombres como mujeres. Por ello, es interesante intentar escuchar a una **gran variedad de personas** durante la preparación para el examen.

¿VERDADERO O FALSO?

Soluciones: pág. 175

¿Conoce bien cómo es la prueba de Comprensión auditiva y de qué manera hay que prepararla? Lea los siguientes enunciados sobre la prueba y sus tareas, y diga si son verdaderos o falsos según los contenidos revisados en esta sección.

1. La prueba de Comprensión auditiva está formada por cinco tareas.	2. Antes de comenzar se realiza una prueba de sonido.
3. Algunas tareas tienen más de una pantalla.	4. Para la prueba de Comprensión auditiva se puede emplear todo el tiempo que se quiera.
5. Los audios se escuchan dos veces.	6. Las instrucciones de las tareas solo aparecen escritas en la pantalla.
7. Los audios de las tareas son siempre conversaciones entre dos personas.	8. No es necesario comprender todas y cada una de las palabras del audio.
9. Mientras se escucha se pueden tomar notas en un espacio a la izquierda de la pantalla.	10. Algunas preguntas tienen más de una respuesta correcta.
11. Las respuestas incorrectas no quitan puntos.	12. Los audios contienen siempre voces de hombres adultos.

2.2. La Tarea 1 de CA
2.2.1. La Tarea 1 de CA: cómo es

En la Tarea 1 de la prueba de Comprensión auditiva hay que escuchar una conversación dos veces y completar cinco frases breves eligiendo una palabra entre las 15 opciones disponibles.

Comprensión auditiva

Tarea 1	Tarea 2	Tarea 3	Tarea 4	Tarea 5	Tarea 6

INSTRUCCIONES: En esta tarea hay una parte de las instrucciones que siempre cambia, porque dice quiénes son las personas que hablan y cuál es el tema.

Usted va a escuchar a una mujer, Isabel, que habla sobre la casa donde va a pasar las vacaciones con su familia.
Lea las cinco frases y elija la opción correcta para cada hueco.
Va a escuchar la conversación dos veces.
Ahora tiene 30 segundos para leer las frases.

AUDICIÓN: En esta tarea se escucha la conversación dos veces seguidas.

(a) terraza **(b)** diez **(c)** segundo **(d)** quince **(e)** primer **(f)** abuela **(g)** leen **(h)** hermana **(i)** cantan **(j)** piscina **(k)** madre **(l)** juegan **(m)** tercer **(n)** balcón **(ñ)** cinco

Reproduciendo... 00:16

1. La casa es de la -Elija- ⊕ de Isabel.
2. El cuarto de baño está en el -Elija- ⊕ piso.
3. Los hijos de Isabel -Elija- ⊕ en el jardín.
4. La casa no tiene -Elija- ⊕.
5. Está situada a -Elija- ⊕ minutos a pie de playa.

¡ATENCIÓN! Si pulsa Siguiente sale de la tarea y no es posible volver a ella.

Siguiente

1. La casa es de la -Elija- ⊕ de Isabel.

Elija el fragmento correcto:

(a) terraza	**(b)** diez	**(c)** segundo
(d) quince	**(e)** primer	**(f)** abuela
(g) leen	**(h)** hermana	**(i)** cantan
(j) piscina	**(k)** madre	**(l)** juegan
(m) tercer	**(n)** balcón	**(ñ)** cinco

RESPUESTA: Al pulsar en el botón -Elija- ⊕, se abre la ventana en la que se ven las 15 opciones de respuesta.

Debe seleccionar la respuesta correcta para cada hueco.

En la **Tarea 1** se escucha **una conversación informal** entre un hombre y una mujer.

Los **temas** de la conversación pueden ser:
- personales (relaciones personales, vida cotidiana...);
- públicos (lugares, actividades de tiempo libre y de ocio...).

En la **Tarea 1** debe **completar cinco frases** breves con la palabra o expresión que corresponde a cada hueco. Tiene 15 palabras entre las que elegir.

2.2.2. La Tarea 1 de CA: cómo se resuelve

Soluciones: pág. 175

ACTIVIDAD 1

Lea las instrucciones de la tarea y observe las preguntas y las opciones de respuesta. En esta tarea normalmente hay tres opciones para cada hueco. Intente encontrarlas y relacionarlas entre sí y con la frase correspondiente (puede usar colores como en el ejemplo). La relación entre las opciones puede ser según la clase de palabra o por el significado. No escuche el audio todavía.

Usted va a escuchar a una chica, Sara, que habla por teléfono con su hermano Mateo sobre su nuevo trabajo. Lea las cinco frases y elija la opción correcta para cada hueco.

Va a escuchar la conversación dos veces.
Ahora tiene 30 segundos para leer las frases.

(a) computadora (b) policía (c) tenis (d) profesor (e) baloncesto
(f) bueno (g) autobús (h) jefa (i) metro (j) tímido
(k) empresa (l) bombero (m) simpático (n) coche (ñ) fútbol

1. Sara dice que su ____________ es vieja.
2. Mateo juega al ____________.
3. Sara va a la oficina en ____________.
4. La profesión de Pedro es ____________.
5. Sara dice que el amigo de Mateo es ____________.

CÓMO RESOLVER LA TAREA

- Lea las instrucciones. ¿Sabe qué personas van a hablar y cuál es el **tema de la conversación**?

- Para empezar, es útil leer las frases y buscar sus **palabras clave**. ¿Puede decir qué clase de palabra (nombre, adjetivo, etc.) va en cada hueco?

- Lea las **15 opciones de respuesta**. Normalmente hay tres opciones para cada hueco y puede ser útil hacer grupos con las opciones según la clase de palabra (nombre, adjetivo, etc.) o según su significado (profesiones, medios de transporte, etc.). Esto le ayudará a tener una idea de qué opciones pueden ir en cada hueco.

- Durante la **primera escucha**:
  - Puede obtener una **idea general** del texto y de su información.
  - Puede escribir las **palabras o ideas clave** y después buscar alguna igual entre las opciones posibles.
  - Si escucha alguna respuesta puede seleccionarla.

- Durante la **segunda escucha** puede seleccionar el resto de sus respuestas. Esté atento a las palabras clave y recuerde que las preguntas o enunciados suelen seguir el mismo orden que la información en el audio.

- Recuerde que todas las opciones de respuesta pueden parecer correctas porque repiten palabras del audio. Si tiene dudas, es útil escuchar atentamente y **buscar información** para ver si las otras opciones de respuesta son falsas.

- Antes de avanzar, lea sus respuestas. ¿Ha contestado a todas las preguntas? Recuerde que después de la segunda escucha, se pasa automáticamente a la siguiente tarea.

Aquí tiene la Tarea 1 resuelta: escuche la conversación de la Tarea 1 en la sección "Cómo se resuelve" de la Extensión digital del manual y fíjese en las respuestas correctas.

(a) ~~computadora~~ (b) policía (c) tenis (d) profesor (e) baloncesto (f) bueno (g) ~~autobús~~ (h) jefa (i) metro (j) ~~tímido~~ (k) empresa (l) ~~bombero~~ (m) simpático (n) coche (ñ) ~~fútbol~~
1. Sara dice que su **(a) computadora** es vieja. 2. Mateo juega al **(ñ) fútbol**. 3. Sara va a la oficina en **(g) autobús**. 4. La profesión de Pedro es **(l) bombero**. 5. Sara dice que el amigo de Mateo es **(j) tímido**.

Soluciones: pág. 175

ACTIVIDAD 2

Aquí tiene algunos fragmentos del audio. Léalos y vuelva a escuchar la audición. ¿Sabe qué dice exactamente? Escoja entre las dos opciones la que realmente se dice en el texto.

1. Sara: La computadora de mi oficina tiene muchos años y la jefa es un poco antipática, pero **el horario es bueno/me gusta el horario** porque tengo tiempo para jugar al tenis por la tarde.
2. Mateo: ¡Eso está muy bien! Yo trabajo todo el día y **solo juego al fútbol los domingos/siempre juego al fútbol por la noche**. ¿Vas en coche?
3. Sara: No, siempre voy en autobús porque **tengo una parada al lado de mi casa/hay una parada muy cerca de la empresa**.
4. Mateo: ¡Bien! Mi amigo Pedro también va a venir porque su mujer es profesora del instituto.
   Sara: ¿Pedro **el profesor/el policía**?
   Mateo: Es bombero.
5. Sara: ¡Ah, bombero! Es **un señor/un chico** bastante tímido, ¿no?
   Mateo: Sí, pero es muy simpático y su mujer también.

Soluciones: pág. 175

ACTIVIDAD 3

Las frases de la Tarea 1 suelen tener palabras y expresiones muy frecuentes sobre temas como actividades, viajes, lugares, personas... Por ello, es muy útil conocer el vocabulario más frecuente para completar mejor la tarea. A continuación tiene las restantes opciones de respuesta de la Tarea 1, vamos a seguir trabajando con ellas. ¿Sabe en qué frase van? Escriba cada palabra en el hueco correspondiente.

(b) policía	(c) tenis	(d) profesor	(e) baloncesto	(e) bueno
(h) jefa	(i) metro	(k) empresa	(m) simpático	(n) coche

1. Alberto es ___profesor___ de matemáticas.
2. Mi ____________ está en el centro de la ciudad.
3. Paula va a trabajar en ____________ para poder leer.
4. Ramón es un chico muy____________ y sociable.
5. Hugo quiere alquilar un ____________ para ir a Portugal.
6. En el aeropuerto el ____________ mira tu pasaporte.
7. Andrés y yo jugamos al ____________ en pareja.
8. Quiero comprar un televisor ____________ para el salón.
9. Mi ____________ trabaja mucho, siempre está en la oficina.
10. Esta tarde voy a ver el ____________, juegan mis compañeros.

2.2.3. La Tarea 1 de CA: manos a la obra

Con lo aprendido en este apartado, escuche el audio de la Tarea 1 de CA en la sección "Manos a la obra" de la Extensión digital del manual siguiendo las instrucciones.

1) Lea las instrucciones y busque el tema.
2) Lea las preguntas o enunciados y busque las palabras clave. ¿Puede adivinar qué clase de palabra va en cada hueco?
3) Lea las palabras del banco de opciones para conocerlas.
4) Durante la primera escucha, puede hacerse una idea general sobre el audio. También puede tomar notas de lo que escucha.
5) Si puede, conteste a alguna pregunta.
6) Durante la segunda escucha, intente responder a todas las preguntas.
7) Lea sus respuestas y asegúrese de que ha respondido a todas las preguntas.

Comprensión auditiva

Tarea 1	Tarea 2	Tarea 3	Tarea 4	Tarea 5	Tarea 6

Usted va a escuchar a una chica, Diana, que habla por teléfono con su amigo Félix de un examen. Lea las cinco frases y elija la opción correcta para cada hueco.

Va a escuchar la conversación dos veces.
Ahora tiene 30 segundos para leer las frases.

(a) las nueve (b) la biblioteca (c) un libro de ejercicios (d) la tienda (e) las diez (f) el fútbol
(g) el baloncesto (h) un diccionario de inglés (i) la estación (j) el domingo (k) el viernes
(l) una computadora portátil (m) el tenis (n) el lunes (ñ) las doce

1. El examen es a __________.
2. Diana va hoy a __________ con su padre.
3. La hermana de Félix tiene __________.
4. Félix y Diana van a hacer deporte __________.
5. El deporte que más le gusta a Félix es __________.

Sus notas:

Soluciones: pág. 175

2.3. La Tarea 2 de CA
2.3.1. La Tarea 2 de CA: cómo es

En la Tarea 2 de la prueba de Comprensión auditiva hay que escuchar cinco anuncios o noticias dos veces y contestar a cinco preguntas eligiendo la respuesta correcta entre tres opciones disponibles.

Comprensión auditiva

INSTRUCCIONES: En esta tarea las instrucciones siempre son iguales.

Tarea 1	Tarea 2	Tarea 3	Tarea 4	Tarea 5	Tarea 6

Usted va a escuchar cinco anuncios o noticias de radio. Elija la opción correcta para cada una de las cinco preguntas.

Va a escuchar los anuncios o noticias dos veces.

Ahora tiene 30 segundos para leer las preguntas.

AUDICIÓN: En esta tarea se escucha cada anuncio o noticia dos veces seguidas.

Reproduciendo... 00:28

1. Si participa en el concurso de radio puede...
   - ○ ganar un disco.
   - ○ conocer a un cantante.
   - ○ ir gratis a un concierto.
2. El club ¡Chévere! organiza actividades...
   - ○ para jóvenes.
   - ○ por las mañanas.
   - ○ durante toda la semana.
3. La tienda Supermueble...
   - ○ va a cambiar de lugar.
   - ○ vende muebles modernos.
   - ○ tiene precios más bajos.
4. En este anuncio se hace publicidad de...
   - ○ un viaje.
   - ○ una película.
   - ○ un libro.
5. La exposición *El dibujo manga japonés*...
   - ○ se abre el próximo martes.
   - ○ va a estar más tiempo en la ciudad.
   - ○ ha recibido la visita de dos mil jóvenes.

Siguiente

RESPUESTA: Debe seleccionar la respuesta correcta entre las tres opciones.

¡ATENCIÓN! Si pulsa Siguiente, sale de la tarea y no puede volver a ella.

En la **Tarea 2** se escuchan **anuncios o noticias** breves sobre temas cercanos o personales.

Los **temas** de los anuncios son temas públicos relacionados con:

- actividades de la vida cotidiana;
- lugares y viajes (medios de transporte y destinos, lugares...);
- tiempo libre y entretenimiento;
- espectáculos y exposiciones (horarios, temas de exposiciones...);
- música, cine y teatro (horarios, giras de conciertos...).

En la **Tarea 2** debe **completar cinco frases o enunciados** escogiendo la opción correcta entre tres opciones posibles.

2.3.2. La Tarea 2 de CA: cómo se resuelve

Soluciones: pág. 175

ACTIVIDAD 1

En la Tarea 2 se escuchan cinco anuncios o noticias breves y hay que contestar a cinco preguntas sobre ellos. Escúchelos en la sección "Cómo se resuelve" de la Extensión digital del manual sin responder a las preguntas. Solo tiene que relacionar cada anuncio con la imagen correspondiente.

Audio 1	Audio 2	Audio 3	Audio 4	Audio 5
C				

A 

B 

C 

D 

E 

Soluciones: pág. 175

ACTIVIDAD 2

A continuación tiene las instrucciones y las preguntas de la Tarea 2. Lea las cinco preguntas y relaciónelas con sus opciones de respuesta. Para ello, fíjese en el vocabulario y en las palabras clave de las diferentes opciones de respuesta.

Preguntas	Opciones
1. Según el anuncio, la empresa de autobuses Larra...	○ puedes ver a algunos escritores. ○ las bibliotecas abren por la noche. ○ hay lectura de cuentos para los niños.
2. En el anuncio se dice que Vuelapizza...	○ también hay clases de natación para niños. ○ cada actividad tiene un precio diferente. ○ hacen excursiones todos los fines de semana.
3. En la Feria del Libro...	○ hace excursiones a cuarenta ciudades. ○ ha bajado el precio para ir a la playa. ○ regala viajes a los niños y a los jóvenes.
4. Si compras la entrada de 30 euros, puedes...	○ te da tres *pizzas* cuando compras dos. ○ lleva *pizzas* a tu casa todos los miércoles. ○ regala el postre a los estudiantes con tarjeta.
5. En el Gimnasio Olympia...	○ entrar a las piscinas. ○ ver todos los conciertos. ○ dormir en el *camping*.

CÓMO RESOLVER LA TAREA

- **Lea las instrucciones** y asegúrese de que sabe qué tiene que hacer y cómo: ¿cuántas veces se escuchan los cinco audios? ¿Cómo se repiten?
- Durante los primeros segundos, **lea las preguntas y las opciones de respuesta**. Busque las palabras clave.
- Después, debe centrar su atención únicamente en la pregunta correspondiente al audio que está escuchando.

Aquí tiene la Tarea 2 resuelta: escuche los audios de nuevo y observe las respuestas correctas.

1. Según el anuncio, la empresa de autobuses Larra...

- ○ hace excursiones a cuarenta ciudades.
- ● **ha bajado el precio para ir a la playa.**
- ○ regala viajes a los niños y a los jóvenes.

2. En el anuncio se dice que Vuelapizza...

- ○ te da tres *pizzas* cuando compras dos.
- ○ lleva *pizzas* a tu casa todos los miércoles.
- ● **regala el postre a los estudiantes con tarjeta.**

3. En la Feria del Libro...

- ● **puedes ver a algunos escritores.**
- ○ las bibliotecas abren por la noche.
- ○ hay lectura de cuentos para los niños.

4. Si compras la entrada de 30 euros, puedes...

- ○ entrar a las piscinas.
- ● **ver todos los conciertos.**
- ○ dormir en el *camping*.

5. En el Gimnasio Olympia...

- ● **también hay clases de natación para niños.**
- ○ cada actividad tiene un precio diferente.
- ○ hacen excursiones todos los fines de semana.

Soluciones: pág. 176

ACTIVIDAD 3

¿Qué dice cada anuncio? Vuelva a escuchar los anuncios de la Tarea 2 y complete la tabla con la información concreta sobre el contenido de cada uno de ellos.

	¿Qué anuncia?	¿A quién se dirige?	¿Dónde es?	¿Cuándo es?	¿Cuánto cuesta?
Anuncio 1	viajes en autobús	X			
Anuncio 2					
Anuncio 3					
Anuncio 4			X		
Anuncio 5				X	

- Durante la **primera escucha**, intente hacerse una idea general del audio. ¿Qué tipo de texto es? ¿Qué información aporta? ¿Reconoce las palabras clave? Si puede, conteste a alguna pregunta de la tarea.
- Recuerde que puede **tomar notas** en la primera escucha. Si en sus notas recoge la información dada, le será más fácil después elegir la respuesta correcta o descartar las falsas comparando las palabras que ha escrito y las de las opciones.
- Durante la **segunda escucha**, responda a las preguntas restantes e intente comprobar sus respuestas. Verifique que escucha las palabras y expresiones adecuadas.
- **Compruebe** que ha respondido a cada pregunta.

2.3.3. La Tarea 2 de CA: manos a la obra

Con lo aprendido en este apartado, escuche el audio de la Tarea 2 de CA en la sección "Manos a la obra" de la Extensión digital del manual siguiendo las instrucciones.

Soluciones: pág. 176

1) Lea las instrucciones y asegúrese de que sabe cómo es la reproducción de los anuncios.
2) Lea las preguntas o enunciados y busque las palabras clave. Trabaje cada audio de forma independiente.
3) Durante la primera escucha, trate de obtener una idea general sobre el contenido del audio y su información.
4) Si puede, elija la opción correcta o descarte aquellas que crea que son falsas.
5) Durante la segunda escucha, compruebe si el audio da la información exacta de la respuesta que ha seleccionado.
6) Al final, asegúrese de que ha respondido a todas las preguntas.

Comprensión auditiva

Tarea 1	**Tarea 2**	Tarea 3	Tarea 4	Tarea 5	Tarea 6

Usted va a escuchar cinco anuncios o noticias de radio. Elija la opción correcta para cada una de las cinco preguntas.

Va a escuchar los anuncios o noticias dos veces.
Ahora tiene 30 segundos para leer las preguntas.

1. En el anuncio se dice que el hotel tiene...

a) visitas a las playas del Río de la Plata.
b) transporte del aeropuerto al hotel.
c) habitaciones dobles y pensión completa.

2. El anuncio dice que la exposición...

a) está en Argentina ahora.
b) es de fotografías de la naturaleza.
c) abre todos los días por la tarde.

3. Según el anuncio, la empresa Hispauto alquila coches...

a) en una ciudad de la costa.
b) por menos de 16 euros al día.
c) grandes y pequeños.

4. Según el anuncio,...

a) puedes tener Latisonic durante un mes sin pagar.
b) necesitas Internet para poder tener Latisonic.
c) hay que pagar 10 euros al año para tener Latisonic.

5. Según el anuncio, el Centro Comercial Ocio...

a) es para los que tienen tarjeta.
b) cierra a las 10 de la noche.
c) hace regalos a algunos clientes.

Sus notas:

2.4. La Tarea 3 de CA

2.4.1. La Tarea 3 de CA: cómo es

La Tarea 3 de la prueba de Comprensión auditiva consiste en escuchar ocho monólogos dos veces y relacionarlos con el enunciado correspondiente.

Comprensión auditiva

Tarea 1	Tarea 2	Tarea 3	Tarea 4	Tarea 5	Tarea 6

INSTRUCCIONES: En esta tarea hay una parte de las instrucciones que siempre cambia, porque es la que dice cuál es el tema del que se va a hablar.

Usted va a escuchar a ocho personas que hablan sobre el día de su boda. Elija la frase que corresponde a cada persona.

Va a escuchar a cada persona dos veces.

Ahora tiene 30 segundos para leer las frases.

AUDICIÓN: En esta tarea se escucha cada monólogo dos veces seguidas.

(a) Se celebró en un barco. (b) Hubo personas de varios países. (c) Tuvo lugar en el campo.
(d) Hubo una orquesta. (e) Resultó un desastre. (f) Llovió mucho. (g) Fue en su pueblo.
(h) El novio no llegó puntual. (i) Disfrutó de la luna de miel. (j) La novia lloró mucho. (k) Fue un éxito.

Reproduciendo... 00:10

Persona 1: --Elija--
Persona 2: --Elija--
Persona 3: --Elija--
Persona 4: --Elija--
Persona 5: --Elija--
Persona 6: --Elija--
Persona 7: --Elija--
Persona 8: --Elija--

¡ATENCIÓN! Si pulsa Siguiente, sale de la tarea y no puede volver a ella.

RESPUESTA: Al pulsar en el botón --Elija--, abre la ventana en la que se ven las 11 opciones de respuesta. Debe seleccionar la respuesta correcta.

Siguiente

Persona 1:

Elija el fragmento correcto:

(a) Se celebró en un barco.	(b) Hubo personas de varios paises.	(c) Tuvo lugar en el campo.
(d) Hubo una orquesta.	(e) Resultó un desastre.	(f) Llovió mucho.
(g) Fue en su pueblo.	(h) El novio no llegó puntual.	(i) Disfrutó de la luna de miel.
(j) La novia lloró mucho.	(k) Fue un éxito.	

En la **Tarea 3** se escuchan **ocho monólogos breves** que cuentan anécdotas o experiencias personales sobre un mismo tema. Los hablantes siempre son cuatro hombres y cuatro mujeres, y se escuchan de manera intercalada (siguiendo un orden alternativo entre hombre y mujer).

Los **temas** normalmente son:

- personales (experiencias personales, relaciones con otras personas...);
- públicos (servicios, vivienda, viajes, ocio...);
- profesionales (trabajo, sociedad...).

En la **Tarea 3** debe **relacionar cada audio con el enunciado correspondiente** entre los 11 propuestos. Recuerde que tres de los enunciados no se corresponden con ninguno de los audios.

2.4.2. La Tarea 3 de CA: cómo se resuelve

ACTIVIDAD 1

Soluciones: pág. 176

En la Tarea 3 las instrucciones siempre presentan el tema del que hablan las personas. Sin embargo, en esta ocasión falta esa parte de las instrucciones. ¿Puede completarlas? Lea los 11 enunciados de la tarea y trate de adivinar cuál es el tema común de todos ellos.

Usted va a escuchar a ocho personas que hablan sobre ________________________. Elija la frase que corresponde a cada persona.

(a) Se trataba de una fiesta para niños. (b) Había gente que había conocido en el colegio. (c) Se casaba un familiar. (d) No llegó a tiempo a la fiesta. (e) Antes no soportaba las fiestas. (f) Era la única persona sin vestir como debía. (g) Era su aniversario de boda. (h) En la fiesta conoció a su pareja actual. (i) La fiesta se celebró en su lugar de trabajo. (j) Fue una reunión familiar. (k) Tomó algunas fotografías.

ACTIVIDAD 2

Soluciones: pág. 176

En la Tarea 3 puede ocurrir que algunas ideas o palabras aparezcan en varios monólogos. Por eso, es importante escuchar el audio completo y no precipitarse al responder. A continuación escuche los audios de la Tarea 3 en la sección "Cómo se resuelve" de la Extensión digital del manual y escriba debajo de cada fotografía los números de los monólogos en los que se habla de esas ideas.

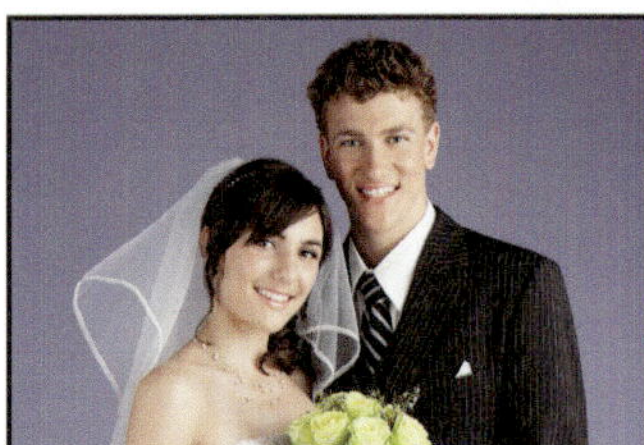			
a) Personas 2, 3, 5.	b)	c)	d)

e)	f)	g)	h)

i)	j)	k)	l)

m)	n)	ñ)	o)

CÓMO RESOLVER LA TAREA

- Lea las instrucciones y asegúrese de que sabe cómo es la tarea y qué tiene que hacer en ella. ¿Cuál es el **tema común** del que van a hablar las personas?
- Lea los **enunciados** y fíjese en las palabras clave de cada uno de ellos. Es importante familiarizarse con todas las opciones antes de que comience la escucha.
- Durante la **primera escucha**:
  - Trate de tener una **idea general** de lo que dice cada persona. Escuche el audio completo antes de elegir un enunciado.
  - Puede tomar notas de las ideas principales. Después, puede comparar sus notas con los enunciados y elegir el que coincide con el audio.
  - Si escucha palabras similares a las que lee, no asigne rápidamente un enunciado. Normalmente los audios contienen palabras presentes en más de un enunciado. Tenga paciencia y escuche el audio entero para buscar el enunciado correcto.
- Utilice la **segunda escucha** para comprobar su respuesta. Asegúrese de que el audio solo repite palabras aisladas de los otros enunciados y que coincide con el sentido del enunciado elegido.
- **Compruebe** que ha completado toda la tarea.

Aquí tiene la Tarea 3 resuelta: escuche de nuevo los monólogos y fíjese en las respuestas correctas.

(a) ~~Se trataba de una fiesta para niños~~. (b) ~~Había gente que había conocido en el colegio~~. (c) Se casaba un familiar. (d) ~~No llegó a tiempo a la fiesta~~. (e) ~~Antes no soportaba las fiestas~~. (f) Era la única persona sin vestir como debía. (g) ~~Era su aniversario de boda~~. (h) ~~En la fiesta conoció a su pareja actual~~. (i) ~~La fiesta se celebró en su lugar de trabajo~~. (j) ~~Fue una reunión familiar~~. (k) Tomó algunas fotografías.

Persona 1: **(j) Fue una reunión familiar.**
Persona 2: **(g) Era su aniversario de boda.**
Persona 3: **(e) Antes no soportaba las fiestas.**
Persona 4: **(d) No llegó a tiempo a la fiesta.**
Persona 5: **(h) En la fiesta conoció a su pareja actual.**
Persona 6: **(i) La fiesta se celebró en su lugar de trabajo.**
Persona 7: **(a) Se trataba de una fiesta para niños.**
Persona 8: **(b) Había gente que había conocido en el colegio.**

ACTIVIDAD 3

Soluciones: pág. 176

Aquí tiene algunos fragmentos de lo dicho por las personas de los audios. ¿Sabe quién dijo cada cosa? Relacione cada persona con el fragmento que dice. Después, escuche los audios y compruebe sus respuestas.

Persona 1: (j) Fue una reunión familiar.	"... uno de mis compañeros de curso me presentó a su hermana, y, como me pareció muy simpática, me pasé toda la noche hablando con ella..."
Persona 2: (g) Era su aniversario de boda.	"... nunca antes había ido a una reunión de exalumnos de mi escuela, pero tengo que decir que fue una de las mejores fiestas de mi vida..."
Persona 3: (e) Antes no soportaba las fiestas.	"... el sábado pasado fuimos a la fiesta de fin de curso de la guardería a la que va mi hijo. Lo pasamos muy bien..."
Persona 4: (d) No llegó a tiempo a la fiesta.	"... mi prima Carmen celebró una fiesta muy especial con todos los primos. Me gustó mucho; era la primera vez que estábamos todos juntos..."
Persona 5: (h) En la fiesta conoció a su pareja actual.	"... no encontré ningún taxi y llegué cuando la fiesta ya estaba acabando..."
Persona 6: (i) La fiesta se celebró en su lugar de trabajo.	"... antes no solía ir a fiestas; las odiaba. Iba a alguna boda solo por compromiso..."
Persona 7: (a) Se trataba de una fiesta para niños.	"... el verano pasado hicimos una fiesta para celebrar que llevábamos un año casados. No lo pensamos con mucho tiempo..."
Persona 8: (b) Había gente que había conocido en el colegio.	"... era mi último día y salí de casa un poco tarde. Cuando llegué a mi despacho, me encontré una fiesta que no me esperaba..."

2.4.3. La Tarea 3 de CA: manos a la obra

Con lo aprendido en este apartado, escuche el audio de la Tarea 3 de CA en la sección "Manos a la obra" de la Extensión digital del manual siguiendo las instrucciones.

1) Lea las instrucciones para conocer el tema común a todos los audios y saber cuántas y cómo son las escuchas.
2) Lea todos los enunciados y busque sus palabras clave.
3) Realice una primera escucha completa para captar la idea general. Tome notas sobre las ideas clave del audio y, si puede, comience a escoger alguna respuesta.
4) No se precipite: evite seleccionar rápidamente el enunciado al escuchar palabras concretas.
5) Emplee la segunda escucha para completar sus respuestas y comprobar las elegidas.
6) Pase al siguiente audio y trabaje cada uno de forma independiente.
7) Al final, compruebe que ha respondido a todas las preguntas.

Comprensión auditiva

Tarea 1	Tarea 2	Tarea 3	Tarea 4	Tarea 5	Tarea 6

Usted va a escuchar a ocho personas que hablan sobre un espectáculo que han visto. Elija la frase que corresponde a cada persona.

Va a escuchar a cada persona dos veces.
Ahora tiene 30 segundos para leer las frases.

(a) Se fue antes del final. (b) Tuvo un accidente de tráfico. (c) Llegó con retraso. (d) Perdió algo en el espectáculo. (e) La entrada fue muy cara. (f) Fue con uno de sus amigos. (g) Se aburrió mucho. (h) Conoció a alguien allí. (i) Las entradas se habían acabado. (j) Discutió con alguien. (k) El espectáculo empezó tarde.

Persona 1: --Elija--
Persona 2: --Elija--
Persona 3: --Elija--
Persona 4: --Elija--
Persona 5: --Elija--
Persona 6: --Elija--
Persona 7: --Elija--
Persona 8: --Elija--

Soluciones: pág. 176

Sus notas:

2.5. La Tarea 4 de CA
2.5.1. La Tarea 4 de CA: cómo es

La Tarea 4 de la prueba de Comprensión auditiva consiste en escuchar dos veces una entrevista y contestar a ocho preguntas sobre su contenido eligiendo la respuesta correcta entre tres opciones disponibles.

Comprensión auditiva

Tarea 1	Tarea 2	Tarea 3	Tarea 4	Tarea 5	Tarea 6

INSTRUCCIONES: En esta tarea hay una parte de las instrucciones que siempre cambia, porque dice quién es la persona entrevistada.

Usted va a escuchar, en versión locutada, una entrevista a Pablo Moreno, un empresario mexicano. Elija la opción correcta para cada una de las ocho preguntas.

Va a escuchar la entrevista dos veces.

Ahora tiene 45 segundos para leer las preguntas.

AUDICIÓN: En esta tarea se escucha la entrevista dos veces seguidas.

Reproduciendo... 00:04

1. El director de AMPM dice que su empresa...
   - ○ fue muy original cuando apareció.
   - ○ fue la primera de ámbito nacional.
   - ○ es la que más mensajeros tiene del país.
2. La idea de crear la empresa de mensajería AMPM nació cuando el entrevistado...
   - ○ acababa de licenciarse.
   - ○ estudiaba en la universidad.
   - ○ trabajaba en el servicio postal.
3. Según Pablo Moreno, para montar un negocio es esencial...
   - ○ disponer de un buen proyecto.
   - ○ contar con recursos económicos.
   - ○ tener espíritu innovador.
4. El entrevistado dice que AMPM...
   - ○ está administrada por tres ejecutivos.
   - ○ tiene contratadas a unas dos mil personas.
   - ○ atiende a más de diez millones de clientes.
5. Según el entrevistado, uno de los principales problemas de AMPM era...
   - ○ la falta de formación de los trabajadores.
   - ○ el número de bajas por accidentes de moto.
   - ○ los bajos sueldos de los empleados.
6. Pablo Moreno dice que uno de los objetivos de la escuela de mensajeros de AMPM es...
   - ○ reducir las ausencias de personal.
   - ○ identificar a posibles trabajadores.
   - ○ aumentar la actividad de la plantilla.
7. La satisfacción de los trabajadores de AMPM se debe...
   - ○ a la duración del contrato.
   - ○ a la pensión de jubilación.
   - ○ al reparto de los beneficios.
8. Otro de los aspectos que AMPM ofrece a sus trabajadores es...
   - ○ el contacto con el resto de miembros de la compañía.
   - ○ la oportunidad de trabajar en una empresa que mejora cada día.
   - ○ la posibilidad de conseguir un puesto de trabajo mejor.

Siguiente

RESPUESTA: Debe **seleccionar la respuesta correcta** entre las tres opciones.

¡ATENCIÓN! Si pulsa Siguiente sale de la tarea y no puede volver a ella.

En la **Tarea 4** se escucha una entrevista de radio o televisión en la que participan un hombre y una mujer.

Los **temas** de los que habla la entrevista normalmente son:

- académicos (lengua y literatura; ciencia y tecnología; geografía y naturaleza...);
- profesionales (trabajo, economía e industria; política y sociedad; ocio y tiempo libre; viajes y transportes).

Los textos de esta tarea pertenecen a **diferentes variedades lingüísticas** del mundo hispánico.

En la **Tarea 4** debe **contestar a ocho preguntas** eligiendo la respuesta correcta entre tres opciones posibles.

2.5.2. La Tarea 4 de CA: cómo se resuelve

Soluciones: pág. 176

ACTIVIDAD 1

En las instrucciones de esta tarea siempre se presenta a la persona entrevistada. Conocer esta información puede ser útil para imaginar o anticipar qué contenidos pueden aparecer en el audio. A continuación, lea las instrucciones de la Tarea 4 en la siguiente actividad y conteste:

- ¿Quién es la persona entrevistada? ¿A qué se dedica?
- ¿Cuáles cree usted que van a ser los temas de los que hable en la entrevista?
- ¿Qué vocabulario piensa que puede aparecer en el audio?

Soluciones: pág. 176

ACTIVIDAD 2

El audio de la Tarea 4 es una entrevista extensa en la que se da la información para responder a las ocho preguntas de la tarea. Las preguntas siguen el orden en el que aparece la información en el audio. A continuación, tiene las preguntas de la tarea desordenadas. Escuche la entrevista en la sección "Cómo se resuelve" de la Extensión digital del manual e indique el orden de las preguntas escribiendo a la izquierda de cada pregunta el número del 1 al 8 que corresponda.

Usted va a escuchar, en versión locutada, una entrevista a Laura de la Uz, una actriz cubana. Elija la opción correcta para cada una de las ocho preguntas

Va a escuchar la entrevista dos veces.
Ahora tiene 45 segundos para leer las preguntas.

___ a) La actriz desea que la película *Vestido de novia*...
- ○ le guste al público del festival de cine.
- ○ se proyecte en otras ciudades de Andalucía.
- ● **gane un premio en el Festival de Málaga.**

___ b) La entrevistada explica que la película *Vestido de novia*...
- ○ presenta un acontecimiento histórico.
- ● **está basada en hechos reales.**
- ○ cuenta la historia de varias mujeres.

___ c) Con respecto a su carrera como actriz, la entrevistada comenta que...
- ● **ha tenido mucha suerte.**
- ○ los premios le importan poco.
- ○ actuar le resulta un trabajo sencillo.

___ d) En cuanto a su última película, *Espejuelos oscuros*, la actriz dice que...
- ○ se empezará a rodar dentro de poco tiempo.
- ○ está protagonizada por Jessica Rodríguez.
- ● **le gustaría que participara en el Festival de Málaga.**

___ e) Sobre su actuación en la película *Vestido de novia*, la actriz cuenta que...
- ● **tuvo que prepararse mucho.**
- ○ pidió ayuda a dos actores famosos.
- ○ ya había trabajado con sus compañeros.

_1_ f) La actriz comienza la entrevista diciendo que...
- ● **había visitado Málaga por motivos personales.**
- ○ había participado en otras ediciones del Festival.
- ○ tenía muchas ganas de rodar en Andalucía.

___ g) Según la actriz, la nueva ley del cine de Cuba...
- ○ tiene en contra a algunos directores.
- ● **ayudará al cine independiente.**
- ○ ha sido aprobada recientemente.

___ h) La actriz cuenta que Marilyn Solaya...
- ○ fue la primera mujer directora de cine en Cuba.
- ○ ha animado a otras mujeres a hacer cine.
- ● **cuenta con una sola película en el mercado.**

Aquí se ha presentado la Tarea 4 resuelta: escuche, de nuevo, el audio y observe las respuestas.

CÓMO RESOLVER LA TAREA

- Lea las instrucciones y descubra quién es la **persona entrevistada**. ¿Qué espera escuchar?
- Lea las preguntas y las opciones de respuesta. Busque las **palabras clave**. ¿Puede predecir algo sobre la respuesta?
- Escuche y trate de obtener la información para cada pregunta. Puede **tomar notas** sobre las principales ideas que escucha para después comparar con las opciones de respuesta.
- Recuerde que las preguntas siguen el **orden** de la información en el audio. Si no descubre la respuesta a una pregunta, siga escuchando y trate de obtener la información para la siguiente. Tiene una nueva oportunidad en la segunda escucha.
- Puede no escuchar la información necesaria para seleccionar la opción correcta, pero sí encontrar claves que le permitan **descartar las falsas**.
- Emplee la **segunda escucha** para comprobar sus respuestas y completar las que faltan.
- **Compruebe** que ha respondido a cada pregunta.

Soluciones: pág. 176

ACTIVIDAD 3

En cada una de sus respuestas, la actriz Laura de la Uz habla sobre un tema planteado en la pregunta. ¿Qué dice sobre cada uno de ellos? Vuelva a escuchar el audio y escriba en los recuadros lo que dice Laura.

Andalucía:

- Ya la conocía porque su pareja es de Andalucía.
- Es la primera vez que viene a presentar una película.
- Es la primera vez que la entrevistan en Andalucía.

Premios:

Película *Vestido de novia*:

Argumento *Vestido de novia*:

Directora Marilyn Solaya:

Acogida del público:

Ley de cine en Cuba:

Nuevos proyectos:

Prepárese para el SIELE | Comprensión auditiva | Tarea 4

2.5.3. La Tarea 4 de CA: manos a la obra

Con lo aprendido en este apartado, escuche el audio de la Tarea 4 de CA en la sección "Manos a la obra" de la Extensión digital del manual siguiendo las instrucciones.

Soluciones: pág. 176

1) Lea las instrucciones y descubra la identidad de la persona entrevistada.
2) Lea las preguntas y opciones de respuesta. Busque las palabras clave.
3) Durante la primera escucha trate de localizar la información que responde a cada pregunta. Tome notas.
4) Elija la opción de respuesta correcta según las ideas y notas o descarte las falsas.
5) Emplee la segunda escucha para comprobar sus respuestas y completar las que faltan.
6) Compruebe que ha respondido a todas las preguntas.

Comprensión auditiva

Tarea 1	Tarea 2	Tarea 3	Tarea 4	Tarea 5	Tarea 6

Usted va a escuchar, en versión locutada, una entrevista a Dolores Avendaño, una dibujante y atleta argentina. Elija la opción correcta para cada una de las ocho preguntas.

Va a escuchar la entrevista dos veces.

Ahora tiene 45 segundos para leer las preguntas.

1. Cuando era niña, Dolores Avendaño...

a) era muy introvertida. b) estaba acomplejada. c) tenía poco carácter.

2. La entrevistada dice que de pequeña...

a) no sabía a qué se dedicaría de adulta. b) pasaba muchas horas observando dibujos. c) se fijaba poco en la parte escrita de los libros.

3. Según la artista, cuando era adolescente...

a) cambiaba de amistades con cierta frecuencia. b) tenía dificultades para integrarse en los grupos. c) se dio cuenta de que quería dedicarse a la enseñanza.

4. Dolores Avendaño es aficionada a las maratones porque...

a) en su instituto esta práctica era popular. b) su universidad contaba con un equipo. c) vivió cerca de lugares con tradición atlética.

5. La entrevistada vivió un momento difícil en la universidad porque...

a) un maestro le recomendó cambiar de carrera. b) perdió la ilusión y la pasión por el dibujo. c) comprendió que su nivel no era suficiente para aprobar.

6. Según la artista, para realizar los dibujos de un libro es importante...

a) conocer el tema del libro y recoger datos. b) ponerse en el lugar de los personajes. c) visitar los lugares que aparecen en el libro.

7. Como profesora de universidad, Dolores Avendaño...

a) da mucha importancia a la motivación de los alumnos. b) suele contar con grupos de estudiantes homogéneos. c) analiza los aspectos negativos de sus estudiantes.

8. Según la audición, la entrevistada tiene éxito porque...

a) ha desarrollado una carrera estable. b) confía por completo en sus capacidades. c) se ha enfrentado a pocos problemas.

Sus notas:

2.6. La Tarea 5 de CA
2.6.1. La Tarea 5 de CA: cómo es

La Tarea 5 de la prueba de Comprensión auditiva consiste en escuchar dos veces una conferencia dividida en seis fragmentos y elegir para cada fragmento el enunciado que contiene una idea mencionada en el audio.

Comprensión auditiva

Tarea 1	Tarea 2	Tarea 3	Tarea 4	Tarea 5	Tarea 6

INSTRUCCIONES: En esta tarea hay una parte de las instrucciones que siempre cambia, porque dice quién es el conferenciante y cuál es el tema de la conferencia.

Usted va a escuchar, en versión locutada, seis fragmentos de una conferencia del filósofo argentino Néstor García Canclini titulada *La radio aclara ciertas dudas*. Va a escuchar los fragmentos de la conferencia dos veces. Elija, para cada fragmento, la opción que contenga una de las ideas mencionadas.

Ahora tiene 45 segundos para leer las preguntas.

AUDICIÓN: Va a escuchar los audios dos veces. En esta tarea escuchará todos los fragmentos (del 1 al 6) seguidos para tener una idea de la conferencia completa.

Reproduciendo... 00:04

Fragmento 1

- O Los medios de comunicación acaban suplantándose los unos a los otros.
- O Los avances tecnológicos tienen una gran influencia en las artes visuales.
- O Los antiguos medios perviven pese a la irrupción de los más nuevos.

Fragmento 2

Fragmento 3

Fragmento 4

Fragmento 5

- O Parece que el ser humano requiere escuchar a otras personas.
- O La cultura visual ha sido el motor de todo tipo de cambios.
- O La literatura también ha sufrido el impacto de los medios visuales.

RESPUESTA: Debe seleccionar la respuesta correcta entre las tres opciones.

Fragmento 6

- O La radio digital será determinante en un futuro no muy lejano.
- O La radio se adapta bien a diversos entornos y funciones.
- O Varios expertos coinciden en su percepción negativa sobre la radio .

Siguiente

¡ATENCIÓN! Si pulsa Siguiente, sale de la tarea y no puede volver a ella.

En la **Tarea 5** se escuchan conferencias, discursos o presentaciones realizadas por una persona sobre un tema especializado.

Los **temas** pueden ser:

- académicos (lengua y literatura; ciencia y tecnología; geografía y naturaleza...);
- profesionales (trabajo, economía e industria; política y sociedad...).

Los textos de esta tarea pertenecen a **diferentes variedades lingüísticas** del mundo hispánico.

En la **Tarea 5** debe **seleccionar un enunciado** que contiene una de las ideas mencionadas en el audio entre tres opciones posibles para cada fragmento.

2.6.2. La Tarea 5 de CA: cómo se resuelve

ACTIVIDAD 1

Soluciones: pág. 177

A continuación tiene una Tarea 5 desordenada. Lea las instrucciones y los enunciados, y familiarícese con sus contenidos. Después, escuche el audio en la sección "Cómo se resuelve" de la Extensión digital del manual. ¿Sabe a qué fragmento corresponden los enunciados? Escriba el número del fragmento (1-6) junto a los enunciados que le corresponden.

Usted va a escuchar, en versión locutada, seis fragmentos de una conferencia del físico y divulgador científico español Manuel Toharia sobre las estrellas y su influencia en el comportamiento del hombre. Elija, para cada fragmento, la opción que contenga una de las ideas mencionadas.

Va a escuchar los fragmentos de la charla dos veces.

Ahora tiene 45 segundos para leer las opciones.

Fragmento ___	● **Aún en nuestros días, la inocencia sigue caracterizando a las creencias astrológicas.** ○ Los hechos en nuestra vida están causados por nuestros comportamientos. ○ Tendemos a consultar e interpretar los signos del zodiaco para conocer el porvenir.
Fragmento 1	○ En los últimos años parece que la astrología ha perdido popularidad. ○ La astronomía y la astrología se originaron en épocas históricas distintas. ● **El concepto de astrología se ha ido modificando desde sus orígenes hasta la actualidad.**
Fragmento ___	● **El hombre se despreocupa de encontrar razones objetivas para los acontecimientos de su vida.** ○ Conocer el futuro a través de los astros puede anticipar la toma de decisiones. ○ Las explicaciones astrológicas suelen construirse a partir de acontecimientos pasados en nuestras vidas.
Fragmento ___	○ Es frecuente confundir unas constelaciones con otras al contemplar el cielo. ● **La predicción del futuro es percibida con desconfianza por el conferenciante.** ○ Aún hay quien confía en astrólogos cuando ha de tomar ciertas decisiones en su vida.
Fragmento ___	○ En Mesopotamia los astrólogos que fallaban en sus predicciones eran castigados. ○ Los astrólogos mesopotámicos acompañaban a los reyes durante las batallas. ● **La astrología en Mesopotamia tenía reconocimiento sobre todo entre los poderosos.**
Fragmento ___	○ Los eclipses eran fenómenos que ayudaban a los astrólogos a predecir el futuro. ○ El resultado de los acontecimientos históricos dependía de fenómenos astrológicos. ● **La astrología y la astronomía mesopotámicas cumplían funciones idénticas.**

Aquí se ha presentado la Tarea 5 resuelta: escuche de nuevo el audio y observe las respuestas correctas.

CÓMO RESOLVER LA TAREA

- Lea las instrucciones y fíjese en el título de la conferencia y en **quién es el conferenciante**. ¿Qué sabe usted sobre el tema?
- Lea los **enunciados** correspondientes a cada fragmento y fíjese en las **palabras clave**. ¿Cuáles son las diferencias entre las tres ideas?
- Recuerde que en esta tarea va a escuchar todos los fragmentos una vez y después se repetirán todos de nuevo. Esto le ayuda a obtener una **idea general** del contenido de la conferencia. Sin embargo, cada fragmento contiene la información necesaria para seleccionar el enunciado correcto: concéntrese en las ideas de cada fragmento.
- Recuerde que los tres enunciados contienen ideas similares a las expresadas en el audio, pero solo una es la respuesta correcta. Puede **tomar notas** sobre lo que comprende y usarlas para descartar los enunciados incorrectos.
- Durante la primera escucha de cada fragmento, trate de comprender de una manera más general. Tome notas y si es posible **localice el enunciado correcto**.
- Emplee la **segunda escucha** para completar sus elecciones y comprobar sus respuestas. Intente descartar los otros enunciados.
- Compruebe que ha respondido a todos los fragmentos.

Soluciones: pág. 177

ACTIVIDAD 2

Aquí tiene los enunciados correctos de cada fragmento de la Tarea 5. ¿Sabe por qué son los correctos? Vuelva a escuchar el audio y escriba lo que dice el conferenciante en cada fragmento. ¿Cómo se relaciona con el enunciado correcto?

FRAGMENTO	RESPUESTA CORRECTA	PALABRAS DEL AUDIO
1	• El concepto de astrología se ha ido modificando desde sus orígenes hasta la actualidad.	"astro", y "logos" o "gnomos" en griego, 'leyes, normas' (...) hoy tienen un sentido bastante diferente del que tenían en Mesopotamia.
2	• La astrología y la astronomía mesopotámicas cumplían funciones idénticas.	
3	• La astrología en Mesopotamia tenía reconocimiento sobre todo entre los poderosos.	
4	• Aún en nuestros días, la inocencia sigue caracterizando a las creencias astrológicas.	
5	• El hombre se despreocupa de encontrar razones objetivas para los acontecimientos de su vida.	
6	• La predicción del futuro es percibida con desconfianza por el conferenciante.	

Soluciones: pág. 177

ACTIVIDAD 3

Para resolver la Tarea 5 hay que identificar los enunciados que expresan las mismas ideas que los audios, es decir, los que dicen lo mismo de forma diferente. Por ello, puede ser muy útil trabajar con palabras y expresiones similares que pueden emplearse para expresar la misma idea. A continuación tiene algunas ideas como las que aparecen en la Tarea 5. ¿Puede expresarlas con otras palabras? Utilice las palabras propuestas en la columna central para reescribir las ideas de los enunciados.

La astronomía y la astrología se originaron en épocas históricas distintas.	**compartir**	La astronomía y la astrología no comparten el mismo origen.
El resultado de los acontecimientos históricos dependía de fenómenos astrológicos.	**determinar**	
En Mesopotamia los astrólogos que fallaban en sus predicciones eran castigados.	**penalización**	
Los hechos en nuestra vida están causados por nuestros comportamientos.	**consecuencia**	
Las explicaciones astrológicas garantizan la comprobación de los hechos pasados.	**posible**	
Sobre interpretación astrológica existe gran curiosidad por los entendidos en astrología.	**interesar**	

2.6.3. La Tarea 5 de CA: manos a la obra

Con lo aprendido en este apartado, escuche el audio de la Tarea 5 de CA en la sección "Manos a la obra" de la Extensión digital del manual siguiendo las instrucciones.

Soluciones: pág. 177

1) Lea las instrucciones y descubra el título de la conferencia y la identidad del conferenciante.
2) Lea los enunciados, busque las palabras clave y reflexione sobre las diferencias existentes entre ellos.
3) Durante la primera escucha trate de comprender la información de cada fragmento y tome notas.
4) Elija la opción de respuesta correcta según las ideas y notas, o descarte las falsas.
5) Emplee la segunda escucha para comprobar sus respuestas y completar las que faltan.
6) Compruebe que ha respondido a todos los fragmentos.

Con lo aprendido en esta sección, responda a la Tarea 5 de CA del SIELE siguiendo las instrucciones.

Comprensión auditiva					
Tarea 1	Tarea 2	Tarea 3	Tarea 4	Tarea 5	Tarea 6

Usted va a escuchar, en versión locutada, seis fragmentos de una charla de la profesora y directora artística cubana Graciela Chao sobre los orígenes y el desarrollo del son cubano. Elija, para cada fragmento, la opción que contenga una de las ideas mencionadas.

Va a escuchar los fragmentos de la charla dos veces.
Ahora tiene 45 segundos para leer las opciones.

Fragmento 1

a) Los estudios sobre el son cubano se centran en la composición de sus movimientos.
b) El son cubano en sus raíces comparte rasgos con otras manifestaciones musicales.
c) Este baile cubano se originó en la capital entre las clases más desfavorecidas.

Fragmento 2

a) El baile de moda entre la burguesía de la época era el vals.
b) Los bailes de origen africano eran populares por la libertad de sus movimientos.
c) Las convenciones sociales del momento impedían realizar ciertos movimientos en el son.

Fragmento 3

a) Existen diversas modalidades de baile distribuidas en diferentes partes del país.
b) Los expertos no logran ponerse de acuerdo sobre el estilo de las variedades geográficas del son.
c) En función de la técnica de baile usada, existen diferentes tipos de son.

Fragmento 4

a) La coreografía de algunos tipos de son refleja el contenido de las canciones.
b) El son de imitación se bailaba en celebraciones propias del ámbito rural.
c) Los sones imitativos conservan los ritmos de un antiguo baile que aún pervive.

Fragmento 5

a) El cambio de parejas es una modalidad del son urbano para integrar al público.
b) La creación de composiciones rítmicas impidió a los trabajadores del campo bailar.
c) Para una mayor rentabilidad, las compañías idearon composiciones más elaboradas en los espectáculos.

Fragmento 6

a) Algunos expertos coinciden en que el son es únicamente un producto representativo de Cuba.
b) Algunas características del son cubano pueden apreciarse en otros bailes caribeños.
c) La llegada de los españoles favoreció la transmisión del son por la zona del Caribe.

Sus notas:

2.7. La Tarea 6 de CA
2.7.1. La Tarea 6 de CA: cómo es

La Tarea 6 de la prueba de Comprensión auditiva consiste en escuchar dos veces una conferencia y seleccionar seis enunciados que contienen seis ideas expresadas en el audio entre un total de 12 enunciados disponibles.

Comprensión auditiva

Tarea 1	Tarea 2	Tarea 3	Tarea 4	Tarea 5	Tarea 6

INSTRUCCIONES: En esta tarea hay una parte de las instrucciones que siempre cambia, porque dice quién es el conferenciante y cuál es el tema de la conferencia.

Usted va a escuchar, en versión locutada, un fragmento de una conferencia de Victoria Camps sobre las emociones morales. En ella se mencionan seis de las doce ideas que aparecen a continuación. Elija las seis que corresponden a esta conferencia. Para cambiar una opción seleccionada, pulse de nuevo sobre ella.

Va a escuchar la conferencia dos veces.

Ahora tiene 50 segundos para leer las opciones.

AUDICIÓN: En esta tarea se escucha la conferencia dos veces seguidas.

Reproduciendo... 00:04

- ○ El término *emoción*, como tal, no ha gozado de mucha popularidad en tratados filosóficos.
- ○ Los conceptos de "emoción" y "pasión" son considerablemente distintos.
- ○ Para la conferenciante, los conceptos que van a tratarse pueden considerarse equivalentes.
- ○ La ética actual se diferencia de la antigua en que parte de la idea de razón.
- ○ La ética de la razón y la de la emoción son incompatibles.
- ○ La ética se ha basado tradicionalmente en aquello que debemos hacer.
- ○ Aristóteles fue el primer filósofo que se refirió a la ética de los sentimientos.
- ○ La ética de Aristóteles se caracterizó por superar el plano teórico.
- ○ En la ética aristotélica hay cierta resistencia a definir el término de *virtud*.
- ○ Spinoza considera que la ética está unida a los afectos.
- ○ Para Spinoza, el equilibrio emocional es el secreto para vivir en libertad.
- ○ Según las ideas de Hume, la pasión domina y guía la razón.

RESPUESTA: Debe seleccionar seis respuestas entre las 12 opciones disponibles.

Siguiente

En la **Tarea 6** se escuchan **conferencias, discursos o presentaciones** realizadas por una persona sobre un tema especializado.

Los **temas** pueden ser:
- académicos (lengua y literatura; ciencia y tecnología; geografía y naturaleza...);
- profesionales (trabajo, economía e industria; política y sociedad...).

Los textos de esta tarea pertenecen a **diferentes variedades lingüísticas** del mundo hispánico.

¡ATENCIÓN! Si pulsa Siguiente, sale de la tarea y no puede volver a ella.

En la **Tarea 6** debe **seleccionar seis enunciados** que contienen seis ideas expresadas en el audio de un total de 12 opciones disponibles.

2.7.2. La Tarea 6 de CA: cómo se resuelve

ACTIVIDAD 1

Soluciones: pág. 177

En la Tarea 6 va a escuchar una conferencia sobre un tema especializado, en este caso, el juego del ajedrez. Escuche la audición en la sección "Cómo se resuelve" de la Extensión digital del manual y escoja entre los tres perfiles que se le proporcionan el que cree que se corresponde con la conferenciante.

Perfil número ______

ACTIVIDAD 2

Soluciones: págs. 177-178

En la Tarea 6 se escucha una conferencia para reconocer las ideas expresadas en ella. A continuación tiene las principales ideas y palabras clave de la conferencia de la Tarea 6. Escuche la audición e indique el orden en el que escucha las ideas. Escriba junto a cada recuadro el número correspondiente (1-6).

☐ **Nueva visión del ajedrez:** juego de equipo/juego de oportunidades.	1 **Formación como ajedrecista:** 3 olimpiadas + 1 mundial ⟶ modelo de comportamiento.	☐ **Para la competición:** es importante separar cuerpo y emoción.
☐ **Aportes del ajedrez:** mejor atención, mayor concentración y toma de decisiones.	☐ **Necesidad de cambio:** nuevo enfoque = ajedrez para la paz.	☐ **El ajedrez:** camino hacia lo personal, lo humano.
☐ **Dificultad:** los ajedrecistas no logran trasladar sus aprendizajes a su vida cotidiana.	☐ **Nuevos retos:** enseñar hábitos de pensamiento, enseñar a disfrutar del ajedrez.	☐ **El ajedrecista:** alguien con emociones, que piensa, que siente.

CÓMO RESOLVER LA TAREA

- Lea las instrucciones y descubra a quién va a escuchar y **sobre qué habla**.
- Lea los enunciados y busque las palabras clave. Piense en las **ideas clave** y en palabras o expresiones sobre el tema del audio.
- Durante la primera escucha trate de obtener una **idea general** del audio y sus contenidos. ¿Cómo se desarrolla la información? ¿Cuáles son las ideas clave? Tome notas de lo que escucha.
- **Compare** sus notas con los enunciados y seleccione aquellos que coinciden con lo que ha escuchado.
- Emplee la segunda escucha para **comprobar sus elecciones**. Recuerde que las ideas de los enunciados siguen el orden de la información en el audio. Esto puede ayudarle para descartar algunos enunciados incorrectos.
- Al final, **compruebe** que ha seleccionado el número correcto de enunciados.

Aquí tiene la Tarea 6 resuelta: escuche, de nuevo, el audio y observe las respuestas correctas.

Usted va a escuchar, en versión locutada, un fragmento de una conferencia de la jugadora y profesora de ajedrez argentina Marina Rizzo titulada *Ajedrez para la vida*. En ella se mencionan seis de las doce opciones que aparecen a continuación. Elija las seis opciones que corresponden a esta conferencia. Para cambiar una opción seleccionada pulse de nuevo sobre ella.

Va a escuchar la conferencia dos veces.
Ahora tiene 50 segundos para leer las opciones.

- ● **El concepto de "disputa" del ajedrez marcó la educación y el crecimiento personal de la conferenciante.**[1]
- ○ La conferenciante afirma que su dedicación profesional al juego le abrió interesantes oportunidades en su vida.
- ○ Para ser un buen jugador de ajedrez se requieren habilidades mentales extraordinarias.
- ● **Los ajedrecistas prescinden de aplicar los aprendizajes del juego a su vida diaria.**[2]
- ○ La ajedrecista cambió su visión del ajedrez porque los jugadores solo se interesaban por el enfrentamiento.
- ● **La conferenciante descubrió fascinada que los movimientos en el ajedrez eran algo más que una decisión individual.**[3]
- ○ Según la conferenciante, en el ajedrez competitivo las emociones dejan de ser decisivas en el resultado final.
- ● **La eficacia en el desarrollo del juego se basa en centrarse en uno mismo ignorando la presencia del rival.**[4]
- ○ Las máquinas que juegan al ajedrez están dotadas de las mismas cualidades que las personas.
- ● **El reto del ajedrez consiste en buscar relaciones con la parte más emocional del ser humano.**[5]
- ● **La intención de la conferenciante es popularizar el ajedrez como herramienta para desarrollar estrategias de pensamiento.**[6]
- ○ El nivel de madurez intelectual que requiere el juego del ajedrez hace que sea más adecuado para adultos.

ACTIVIDAD 3

Soluciones: pág. 178

Lea la tarea resuelta y fíjese en los enunciados verdaderos (1-6). Ahora busque en la transcripción de la conferencia de Marina Rizzo por qué son correctos y subraye en el texto la información que permite seleccionarlos (como en el ejemplo).

Aprendí a jugar al ajedrez a los cinco años y crecí y me formé bajo esta disciplina; este riguroso pasatiempo en que se odian dos colores. Sin embargo, después de jugar tres olimpiadas, un mundial y vivir un año en Europa compitiendo, este modelo de comportamiento se rompió dentro de mí. Y a los veintitrés, cuando decido dejar la competencia fuerte, digo: "Bueno, ¿qué puedo tomar de este juego al que le he dedicado casi veinte años de mi vida?". Porque estaba segura de que el ajedrez es un juego maravilloso que ayuda a la gente a tener una atención mejor, concentración, mejores tomas de decisiones y tantas cosas más. Pero, también, era consciente de que muchas veces los ajedrecistas y la gente que lo practica no logra llevar a su vida cotidiana estas profundas enseñanzas que el juego nos regala. Para entenderlo de otra manera, debía encontrar otra alternativa, otra correspondencia; quizás, pasar la correspondencia del ajedrez para la guerra al ajedrez para la paz. Y con esta nueva mirada, empezaron a pasar un montón de cosas.
Empecé a verlo como un mágico espacio en el que las piezas son integrantes de dos equipos asombrosos y cada jugada puede llegar a ser una oportunidad para abrir o cerrar posibilidades futuras al resto del grupo. Son dos equipos de piezas y yo me convertía en el líder de ese equipo. De pronto, mi mirada dejó de estar en el otro, dejó de estar en el resultado, y pasó hacia mí, hacia ese ser que piensa, que siente, que tiene emociones y un cuerpo. En el ajedrez competitivo nunca me habían enseñado qué hacer con mis emociones y con mi cuerpo cuando jugaba, de qué manera podían llegar a ser aliados o dificultar totalmente mi toma de decisiones. Fue extraordinario lo que empecé a comprender... Lo que ese juego me quería decir, no era lo más importante ganarle al otro. Y también comprendí que para competir a cualquier cosa fuertemente, de alguna manera necesitamos separar la cabeza del cuerpo y de las emociones.
Desde hace muchos años en el mundo la mejor computadora le gana al campeón mundial; pero ¿vamos a rendirnos ante las máquinas?... Porque el desafío que este hermoso juego nos propone es ir más allá de esta aparente enemistad, de esta... rivalidad. Lo que de verdad nos propone el ajedrez es un camino para acercarnos a lo que nos hace más humanos, que es el amor, la capacidad de crear, de soñar y de hacer realidad nuestros sueños. Y el mío es llegar a millones de hogares para enseñar hábitos de pensamiento. Para que la gente disfrute pensando, reflexionando, decidiendo. Y los invito: siéntense a jugar con sus hijos, amigos, hermanos, padres... No ya para ganarle a otro. Siéntense para disfrutar, para jugar, para tomar mejores decisiones, para entrenar su mente, su cuerpo, su corazón en beneficio de ustedes mismos y de los demás.

2.7.3. La Tarea 6 de CA: manos a la obra

Con lo aprendido en este apartado, escuche el audio de la Tarea 6 de CA en la sección "Manos a la obra" de la Extensión digital del manual siguiendo las instrucciones.

Soluciones: pág. 178

1) Lea las instrucciones y descubra a quién va a escuchar y sobre qué va a hablar.
2) Lea los posibles enunciados, busque las palabras clave y reflexione sobre las posibles palabras equivalentes que aparecerían en el audio.
3) Durante la primera escucha trate de comprender la información del audio y tome notas.
4) Elija la opción de respuesta correcta según las ideas y notas o descarte las falsas.
5) Emplee la segunda escucha para comprobar sus respuestas y completar las que faltan. Ayúdese del orden de las ideas.
6) Compruebe que ha seleccionado el número adecuado de enunciados.

Comprensión de lectura

Tarea 1	Tarea 2	Tarea 3	Tarea 4	Tarea 5	Tarea 6

Usted va a escuchar, en versión locutada, un fragmento de una conferencia de la investigadora venezolana Elisa Quijano sobre el desarrollo de la arquitectura moderna en Maracaibo. En ella se mencionan seis de las doce opciones que aparecen a continuación. Elija las seis opciones que corresponden a esta conferencia. Para cambiar una opción seleccionada pulse de nuevo sobre ella.

Va a escuchar la conferencia dos veces.

Ahora tiene 50 segundos para leer las opciones.

a) El valor de la arquitectura moderna venezolana reside en su buen estado de conservación.

b) El crecimiento territorial de Maracaibo respeta el patrón urbanístico de desarrollo de la mayoría de las ciudades.

c) Debido a que el centro histórico estaba abarrotado, la población huyó hacia la periferia.

d) El diseño de las primeras viviendas de la periferia preserva elementos arquitectónicos convencionales.

e) La salida del casco urbano fomentó la edificación en los alrededores de las explotaciones petroleras.

f) Los primeros bloques de viviendas modernos tardarán en adaptarse a la nueva estética.

g) El *art déco* se aplicó en Maracaibo en las residencias de ciudadanos con gran patrimonio.

h) Los lugares de ocio y entretenimiento representan los rasgos más creativos del *art déco*.

i) Las construcciones modernas en Maracaibo se caracterizan por la búsqueda de espacios sin obstáculos.

j) En la tercera etapa, la intervención del Gobierno es decisiva en el diseño de la ciudad.

k) En la fase final de la modernidad, las empresas privadas definen los modelos arquitectónicos.

l) En los años setenta surge un nuevo concepto de edificio en bloques de viviendas.

Sus notas:

2.8. Dé el salto

Ahora que ya conoce y ha practicado todas las tareas de la prueba de Comprensión auditiva del examen SIELE, compruebe y ponga en práctica lo que ha aprendido.

- Primero, repase cómo son las diferentes tareas de la prueba.
- Después, realice una prueba de Comprensión auditiva.
- Por último, reflexione sobre cómo la ha hecho y cuáles han sido sus resultados.

REPASE ANTES DE LA PRUEBA

A continuación, tiene un cuestionario sobre las **diferentes tareas** de la prueba de Comprensión auditiva. Reflexione sobre lo aprendido en esta unidad y responda a las preguntas.

1. En la Tarea 1...
   a. las instrucciones son siempre iguales.
   b. se escucha una conversación entre dos personas.
   c. hay que contestar a cinco preguntas sobre el audio.

2. La Tarea 2...
   a. tiene siempre las mismas instrucciones.
   b. es sobre una entrevista de radio.
   c. se completa eligiendo el enunciado correspondiente.

3. En la Tarea 3...
   a. se habla sobre el tema presentado en las instrucciones.
   b. se escuchan conversaciones entre dos personas.
   c. hay que completar ocho huecos con la información del audio.

4. En la Tarea 4...
   a. las instrucciones son siempre iguales.
   b. se escucha a cuatro hombres y cuatro mujeres.
   c. las preguntas siguen el orden de la información en el audio.

5. En la Tarea 5...
   a. las instrucciones contienen siempre la misma información.
   b. se repite cada fragmento de la conferencia dos veces seguidas.
   c. hay que escoger el enunciado adecuado para cada fragmento.

6. En la Tarea 6...
   a. las instrucciones son siempre iguales.
   b. se escucha una conferencia locutada.
   c. hay una respuesta correcta para cada pregunta.

Soluciones: pág. 178

HAGA LA PRUEBA

Ahora va a poder practicar con **una prueba completa de Comprensión auditiva** como en el examen. Para ello acceda a la prueba de Comprensión auditiva en la sección "Dé el salto" de la Extensión digital del manual.

RECORDAMOS

- Para realizar la prueba de Comprensión auditiva solo necesita su ordenador o computadora y conexión a internet.
- Seleccione las respuestas usando el ratón, y no las flechas del teclado, para evitar cambios indeseados.
- Debe hacer la prueba de sonido.
- Una vez comenzada la prueba, no puede parar el tiempo. Los audios se reproducen de forma automática y la duración de la prueba es de 55 minutos.
- Para terminar la prueba tiene que pasar por todas las tareas. Si no sabe o no quiere hacer alguna de las tareas, pulse el botón **Siguiente** hasta llegar a la pantalla final (Cierre).

¿CÓMO HA HECHO LA PRUEBA?

Después de hacer la prueba, llega el momento de reflexionar. Piense en cómo ha realizado la prueba y conteste a las preguntas de la tabla. ¿Hay algo que deba mejorar?

Tareas	¿Ha hecho todas las tareas?	**SÍ**	**NO**
	¿Recordaba el orden y las características de las tareas?	**SÍ**	**NO**
	¿Y las instrucciones de cada una?	**SÍ**	**NO**
	¿Ha sido capaz de comprender la información útil para resolver la tarea?	**SÍ**	**NO**
Comprensión	¿Recordaba los tipos de audios que aparecen en cada tarea?	**SÍ**	**NO**
	¿Ha escuchado todos los audios de la misma manera?	**SÍ**	**NO**
	¿Ha necesitado escuchar todos los audios dos veces?	**SÍ**	**NO**
	¿Ha tomado notas durante las escuchas?	**SÍ**	**NO**
	¿Ha necesitado comprender todas las palabras de cada audio?	**SÍ**	**NO**
	¿Ha sido capaz de hacer hipótesis sobre palabras que no comprendía?	**SÍ**	**NO**
	¿Ha escuchado alguna variedad lingüística que no le era familiar?	**SÍ**	**NO**
Respuestas	¿Recordaba el número y el tipo de respuestas de cada tarea?	**SÍ**	**NO**
	¿Ha respondido a todas las preguntas?	**SÍ**	**NO**
	¿Lo ha hecho en orden?	**SÍ**	**NO**
	¿Le han ayudado las notas que tomó durante las escuchas?	**SÍ**	**NO**
	¿Ha podido contestar a todas las tareas en el tiempo fijado?	**SÍ**	**NO**

¡CONOZCA SU NIVEL!

¿Cuál fue su puntuación en la prueba de Comprensión auditiva? Puede comprobar su nivel en la siguiente tabla.

	ACIERTOS	CALIFICACIÓN	NIVEL
¿CUÁL HA SIDO SU PUNTACIÓN? _____/250	0 – 4	0 – 32,99	**< A1**
	5 – 9	33 – 65,99	**A1**
	10 – 17	66 – 111,99	**A2**
	18 – 26	112 – 163,99	**B1**
	27 – 32	164 – 210,99	**B2**
	33 – 38	211 – 250	**C1**

Tengo que mejorar...

SERVICIO INTERNACIONAL DE EVALUACIÓN DE LA LENGUA ESPAÑOLA

UNIDAD 3
LA PRUEBA DE EXPRESIÓN E INTERACCIÓN ESCRITAS

La prueba de Expresión e interacción escritas está formada por **dos tareas**.

Es importante conocer la estructura de la prueba, qué tareas la componen y qué hay que hacer en cada una de ellas.

En esta unidad va a conocer:

- cómo es **la prueba** en general;
- cómo es cada una de **las dos tareas**.

Va a aprender cómo son, cómo se resuelven y cómo se califican, y va a practicar cada una de ellas.

Al final de la unidad, hay **una prueba completa** de Expresión e interacción escritas.

3.1. Cómo es la prueba de Expresión e interacción escritas

- La prueba de Expresión e interacción escritas mide las habilidades de los candidatos para expresar información a través de textos escritos.
- En las distintas tareas, los candidatos tendrán que leer textos y, de acuerdo a la información contenida en ellos, escribir los suyos propios.
- En la siguiente tabla se resumen las características principales de las dos tareas:

Tarea y nivel	¿Qué hay que leer?	¿Qué hay que hacer?	¿Para qué?
Tarea 1 A1-B1	- Instrucciones y pautas que explican los puntos que hay que desarrollar para realizar la tarea. - Carta o mensaje de correo electrónico o entrada de foro o blog (30-50 palabras).	Escribir la respuesta a una carta o un mensaje de correo electrónico, foro o blog.	Informar, describir y contar algo en un texto sencillo y cohesionado.
Tarea 2 B2-C1	- Instrucciones y pautas que explican los puntos que hay que desarrollar para realizar la tarea. - Texto breve basado en un artículo de periódico, reseña o informe (50-70 palabras).	Debe escoger entre dos opciones: - Escribir un artículo de opinión. - Escribir una carta a la redacción de un periódico.	Exponer de manera clara, detallada y bien estructurada ideas, argumentos, opiniones y valoraciones, en un texto con las características habituales de los artículos o las cartas al periódico.

CÓMO ES LA PANTALLA DEL SIELE

Tiempo prueba: **00:50:00**

Tarea 1 | Tarea 2

TAREA: En la parte superior izquierda puede ver qué tarea está haciendo.

UTILICE SIEMPRE EL RATÓN para desplazarse por las pruebas y tareas. El teclado puede cambiar sus respuestas.

TIEMPO: Siempre tiene en la parte superior derecha información sobre el tiempo disponible.

En esta prueba **SÍ** PUEDE NAVEGAR ENTRE TAREAS.

TECLADO: En la parte inferior de la pantalla tiene el botón **Teclado español**. Puede pulsarlo para escribir las letras y símbolos propios del español cuando escriba en un teclado de otra lengua.

Número de palabras escritas: 0

NÚMERO DE PALABRAS: En la parte inferior izquierda hay un contador de palabras que le indica cuántas palabras lleva escritas en cada momento.

Teclado español

Á á É é Í í Ó ó Ú ú
Ü ü Ñ ñ ¡ ¿

ANTES DE REALIZAR LA PRUEBA DE EXPRESIÓN E INTERACCIÓN ESCRITAS

Para realizar con éxito la prueba, es importante conocer las tareas, saber planificar y responder, administrar el tiempo y conocer el sistema de calificación.

Conocer la prueba	Saber cómo responder	Administrar el tiempo	Saber cómo se califica

¿Sobre qué temas?	¿En cuántas palabras?	¿En cuánto tiempo?
- Personales (vida cotidiana, relaciones con otras personas). - Públicos (servicios, vivienda, sociedad, viajes, alojamientos y transportes).	100-150 palabras (recomendadas)	50 minutos en total
- Públicos (relaciones con otras personas, servicios, vivienda, información meteorológica, deportiva y cultural, ciencia y tecnología, geografía y naturaleza). - Académicos (lengua y literatura, ciencia y tecnología, geografía y naturaleza...). - Profesionales (trabajo, economía e industria, política y sociedad, ocio y tiempo libre, viajes, alojamientos y transportes).	250-300 palabras (recomendadas)	

CONOCER LA PRUEBA

La prueba de Expresión e interacción escritas tiene dos tareas que miden la capacidad de los candidatos para expresarse por escrito. En la primera tarea habrá que contestar a un mensaje. En la segunda tarea, se deberá expresar la opinión ante una noticia. Todos los textos de entrada están adaptados o basados en noticias de prensa escrita, reseñas o informes.

Las dos tareas de la prueba tienen **tres partes** fundamentales: instrucciones, pautas y texto de entrada.

- Las **instrucciones** siempre aparecen escritas en español y son breves, sencillas y claras. Hacen referencia al texto de entrada y al rol que los candidatos deben adoptar al escribir su texto.
- Las **pautas** son breves y dan instrucciones claras sobre qué deben hacer los candidatos en su texto.
- Los **textos de entrada** son diferentes en cada tarea. En la primera tarea se encontrarán mensajes de tipo personal o público. En la segunda, noticias o textos profesionales o académicos sobre una amplia variedad de temas, escritos en alguna de las variedades lingüísticas del español.

REFLEXIÓN PARA LOS CANDIDATOS: ¿Qué tipo de textos puede leer para prepararse para esta prueba?

Elija una de las dos opciones que se le ofrecen a continuación:

Tiempo para elegir la opción: 01:00

Escribir un texto de opinión:
Solidaridad ante los desastres naturales
Opción 1

Escribir una carta a la redacción de un periódico:
Cierre del café Olímpico
Opción 2

Tenga en cuenta que antes de comenzar la segunda tarea, debe **ELEGIR UNA DE LAS DOS OPCIONES** propuestas. Tiene un minuto para hacer la selección. Después de un minuto la plataforma elegirá una de las dos opciones de manera automática.

Anterior | Siguiente

Utilice los botones **ANTERIOR** y **SIGUIENTE** para pasar de una tarea a otra.

SABER CÓMO RESPONDER

- Para hacer esta prueba, el Personal de Apoyo le va a dar dos hojas de papel para anotar ideas y esquemas. El contenido escrito en este material no es evaluable y se va a destruir al final del examen.
- Utilice el botón **Teclado español** si su teclado no contiene todas las letras y símbolos necesarios para escribir en español.
- Responda siempre a lo que se le pide porque en la evaluación se va a valorar si usted ha seguido o no las instrucciones y pautas de la tarea.
- Siga un orden lógico en el desarrollo del texto y responda a todos los puntos.
- Recuerde que el número de palabras que usted debe escribir en cada tarea es orientativo. Es decir, no se valora ni positiva ni negativamente en la puntuación final.

ADMINISTRAR EL TIEMPO: Puede navegar de una tarea a otra durante los 50 minutos de duración de la prueba.

REFLEXIÓN PARA LOS CANDIDATOS: ¿Cuánto tiempo cree que le llevará cada tarea?

SABER CÓMO SE CALIFICA

La prueba de Expresión e interacción escritas la califican expertos en evaluación que utilizan las escalas de calificación del SIELE. Puede ver las escalas en las páginas 144-146.

Estas escalas evalúan, por una parte, el **Uso de la lengua**: cohesión, corrección y alcance; y por otra, el **Cumplimiento de la tarea**: instrucciones, pautas y adecuación al estímulo. Los valores de cada una de las categorías respecto al total son: cohesión **22 %**, corrección **22 %**, alcance **22 %** y cumplimiento **34 %**. La puntuación total de la prueba es de 250 puntos y cada tarea se evalúa sobre 125 puntos. Tenga en cuenta que se aceptará **cualquier variedad del español** y se aplicarán los mismos criterios de calificación sea cual sea la que empleen los candidatos.

Soluciones: pág. 179

ACTIVIDAD: CATEGORÍAS DE LAS ESCALAS

Para realizar con éxito la prueba de Expresión e interacción escritas es muy importante conocer cómo se evalúa. Puede ver las escalas de calificación en las páginas 144-146. ¿Qué se evalúa en cada una de las categorías de las escalas? Relacione cada categoría con su descripción.

Categorías evaluadas en la prueba de EIE del SIELE			
☐ Cohesión	☐ Corrección	☐ Alcance	☐ Cumplimiento

1

- La información del texto responde a lo que se pide en las instrucciones de la tarea.
- El texto es adecuado para la situación que se plantea en la tarea, el género que se pide y el texto que sirve de inspiración.

2

- Uso de conectores, organizadores de la información y de recursos de referencia (marcadores, deícticos, etc.).
- Tipo y extensión de las frases.
- Uso de las reglas de puntuación.
- Coherencia en la organización de la información: relaciones ógicas, progresión temática, etc.

3

- Proporción de modelos de oraciones memorizados, frente al uso creativo de reglas gramaticales.
- Presencia o ausencia de errores gramaticales, léxicos o de ortografía.
- Importancia de los errores gramaticales, léxicos y de ortografía en la comunicación.

4

- Vocabulario utilizado: cantidad, precisión y variedad.
- Recursos (expresiones idiomáticas, contactos sociales, etc.) que se utilizan y adecuación de los mismos a las tareas.
- Relación entre la capacidad de expresión y el grado de familiaridad, previsibilidad o complejidad de las tareas.

3.2. La Tarea 1 de EIE

3.2.1. La Tarea 1 de EIE: cómo es

En la Tarea 1 de la prueba de Expresión e interacción escritas hay que escribir la respuesta a un correo o mensaje siguiendo las instrucciones y pautas que se indican.

INSTRUCCIONES: En esta tarea hay una parte de las instrucciones que puede cambiar. En ella se da información sobre el remitente del mensaje.

Expresión e interacción escritas

Tarea 1 | Tarea 2

Tiempo prueba: **00:50:00**

Usted ha recibido un mensaje de una amiga y va a responderlo. En el mensaje a su amiga usted debe:

- saludarla;
- decir cómo es su casa en Granada, qué medios de transporte hay y cómo es la zona donde está;
- decir qué cosas le gustan y qué cosas no le gustan de su nueva vida;
- contar qué cosas ha hecho en el extranjero durante estos años;
- despedirse.

PAUTAS: Debe escribir la respuesta al texto de entrada teniendo en cuenta las pautas indicadas. Estas pautas pueden variar, pero la primera y la última (saludo y despedida) suelen ser fijas.

CORREO ELECTRÓNICO

CORREO | CALENDARIO | CONTACTOS | AGENDA

Hola, ¿qué tal?
Me ha dicho Miguel que estás viviendo en Granada porque has encontrado un trabajo aquí. ¡Qué bien! ¿En qué zona estás? ¿Cómo es tu casa? ¿Te gusta la ciudad? Dice también que has estado en el extranjero. ¿Qué has hecho allí? ¿Cómo te ha ido?

Escríbeme y cuéntame todo.
Nuria

TEXTO: En esta tarea debe leer un correo o mensaje que sirve como estímulo.

Número de palabras recomendado: entre 100 y 150

Escriba aquí

Teclado español

Siguiente

Los **textos** de la **Tarea 1** pueden ser:

- mensajes y correos electrónicos;
- mensajes en blogs y foros.

Los **temas** de los textos pueden ser:

- personales (vida cotidiana, relaciones con otras personas...);
- públicos (servicios, vivienda, sociedad, viajes, alojamiento y transporte...).

Una respuesta satisfactoria a la Tarea 1 debería tener entre 100 y 150 palabras.

REFLEXIÓN PARA LOS CANDIDATOS: ¿Conoce la estructura habitual del tipo de texto que usted debe escribir en esta tarea: correos y mensajes?

La Tarea 1 evalúa la capacidad del candidato para expresarse por escrito **desde el nivel A1 hasta el B1** y su puntuación representa el 50 % del valor total de la prueba (250 puntos SIELE); por lo tanto, su valor máximo es de 125 puntos. Todos los candidatos, incluidos aquellos que busquen o esperen alcanzar una puntuación superior al B1, deben realizar esta tarea.

3.2.2. La Tarea 1 de EIE: cómo se resuelve

CÓMO RESOLVER LA TAREA: PASO 1

Lea y planifique.

- Lea las **instrucciones.** ¿Quién ha escrito el mensaje?
- Lea las **pautas.** ¿Comprende todo lo que tiene que hacer?
- Lea el **texto de entrada.** ¿Entiende el texto? Si no entiende alguna palabra, ayúdese del contexto para intentar saber su significado. Lo importante es comprender la idea general del mensaje y la intención del remitente: pedir un favor, dar una noticia, pedir información, etc.
- Vuelva a leer las pautas y **tome notas.** Haga un esquema detallando las partes que debe tener su texto. Este esquema se debe basar en las pautas de la tarea y se debe completar con palabras, expresiones y frases que conoce y que puede usar para escribir su mensaje. Fíjese en los tiempos verbales y en las estructuras que debe utilizar, la clave está en las pautas de la tarea.
- Tenga en cuenta la **administración del tiempo**.

Soluciones: pág. 179

ACTIVIDAD 1

Lea las instrucciones, las pautas y el texto de entrada de la Actividad 2 de la página 79 y complete el siguiente esquema con las notas que ha tomado un estudiante de español.

- saludar;

Hola ~~¿qué tal estás?~~ a todos. Me llamo Jon. Soy de Cuiabá. Estudio español. Quiero participar.

- decir dónde estudia español, desde cuándo y por qué;
- contar algo interesante que hizo relacionado con el español (un viaje, un curso, conocer a alguien);
- dar consejos a otras personas para aprender mejor un idioma;
- despedirse.

- Viaje de fin de curso con mi clase. Viajamos por España durante una semana...
- Yo también quiero saber vuestras experiencias y consejos. ¡Hasta pronto!
- Lo mejor es viajar a un país hispano. Leer, escuchar música...
- ~~Hola ¿qué tal estás? a todos. Me llamo Jon. Soy de Cuiabá. Estudio español. Quiero participar.~~
- Hace cinco años en el instituto. En una academia hace dos años. Vivir en España.

CÓMO RESOLVER LA TAREA: PASO 2

Escriba el texto en el ordenador.

- Escriba su texto directamente en el ordenador y no en las hojas de papel para evitar perder tiempo. En el ordenador, podrá borrar, mover partes del texto y salir y volver a la tarea todas las veces que quiera durante los 50 minutos que dura la prueba.
- Siga el esquema que ha elaborado. El orden para responder a las pautas no es importante, aunque sí facilita tanto la redacción del texto como la corrección del examen. En cualquier caso, lo más importante es responder a todos los puntos y escribir un texto coherente.
- Separe la información en párrafos y use los signos de puntuación.
- No escriba frases demasiado cortas. Utilice organizadores de la información (*primero, luego, después*), conectores (*también, entonces, porque, así que, además, aunque, sin embargo...*), relativos (*donde, cuando...*), subordinadas (*creo que...*) u otros mecanismos de cohesión.
- No olvide saludar y despedirse en su mensaje.

ACTIVIDAD 2

Soluciones: pág. 179

Complete este texto que ha escrito un estudiante de español seleccionando la opción correcta de entre las que aparecen en el siguiente recuadro.

Al principio	pero	dentro de	después	para	Además
también	y	por eso	Antes de	ahora	porque

Después, redacte uno basado en su propia experiencia como estudiante de español.

> Hola a todos:
> Me llamo Jon, soy de Cuiabá y yo también estudio español; ______ quiero participar en este blog.
> Estudié español en el instituto y ______ voy a una academia desde hace dos años. ______ lo estudiaba porque era obligatorio en mi instituto, ______ después empezó a gustarme más. Necesito aprender mucho español ______ me gustaría vivir en España ______ unos años.
> Una experiencia interesante fue un viaje que hice a España el último año del instituto. Pasamos allí una semana: primero visitamos Barcelona y, ______ , pasamos unos días en Madrid y Granada. ______ volver a mi país, ya estaba enamorado de España. ¡Fue fantástico! ______, hice algunos amigos españoles.
> Yo creo que lo mejor ______ aprender español es hablar con nativos: puedes buscar intercambios en tu ciudad, en internet o viajar a algún país donde se hable español.
> Yo ______ quiero saber vuestras experiencias ______ consejos para aprender más. ¡Hasta pronto!
>
> Jon

Teclado español

Número de palabras escritas: 158

Prepárese para el SIELE
Expresión e interacción escritas
Tarea 1

CÓMO RESOLVER LA TAREA: PASO 3

Revise el texto. Deberá fijarse en los aspectos que van a ser evaluados. Nuestro consejo es que siga este orden:

- **Cumplimiento.** ¿Ha contestado a lo que se le pedía? ¿Ha tenido en cuenta todas las pautas? ¿Su texto tiene relación con el texto de entrada?
- **Corrección.** Revise los contenidos gramaticales y léxicos de su texto. Puede fijarse en: los tiempos verbales y concordancias sujeto-verbo, género y número, usos de *ser* y *estar*, usos del indicativo y el subjuntivo.
- **Cohesión.** Lea todo el texto para comprobar que tiene sentido. ¿Ha hecho un uso adecuado de los mecanismos de cohesión? ¿La distribución del texto en párrafos y el uso de los signos de puntuación es correcto?
- **Alcance.** Reflexione después de la última lectura: ¿la lengua que ha utilizado es adecuada para el tema y el tipo de texto?

ACTIVIDAD 3

Soluciones: pág. 179

Revise el texto que ha escrito otro estudiante de español teniendo en cuenta los aspectos que van a ser evaluados en el SIELE. Señale qué tipo de errores ha encontrado y corríjalos. Después, haga lo mismo con el texto que usted ha escrito en la actividad 2.

> Hola!
>
> ¿Cómo estás, tío? Estudio español en mi universidad, aunque en realidad empecé a estudiarlo hace ocho años, en el instituto. Una historia interesante relacionada con el español está el año que pasé en Salamanca (España) con una Beca Erasmus. Aprendé muchas cosas sobre la cultura española y conocí a personas de muchos país, pero lo mejor de todo es que allí conocí a mi novia Bimba. Mi novia es española y ahora vivimos juntos. Es muy fácil aprender un idioma si tu pareja habla esa idioma. Bueno, espero leer vuestros mensajes.
>
> Un cordial saludo.

Teclado español

Número de palabras escritas: 95

3.2.3. La Tarea 1 de EIE: cómo se califica

CÓMO SE CALIFICA

La **Tarea 1** de la prueba de Expresión e interacción escritas la califican expertos en evaluación que utilizan las escalas de calificación estandarizadas del SIELE.

La escala para calificar esta tarea consta de cuatro categorías: **Corrección**, **Cohesión** y **Alcance**, que tienen que ver con aspectos de uso de la lengua, y **Cumplimiento de la tarea**.

Las tres primeras están relacionadas con el uso de la lengua y la última tiene en cuenta si hace la tarea según las pautas, se adecúa a la situación planteada y usa el estímulo facilitado en el enunciado.

La escala tiene 6 puntos que van de 0 a 5. Puede ver la escala en las páginas 144-146.

Soluciones: págs. 179-180

ACTIVIDAD 1

Lea estas respuestas a la Tarea 1 e identifique los errores del texto. ¿Sabría decir cómo calificaron los expertos cada texto? Elija una de las opciones (A, B o C) según la información de las escalas de calificación, en las páginas 144-146. Después, lea el informe de calificación en las páginas 179 y 180.

Texto 1. Tarea 1.

Yo estudia espanol en mi escuela hace dos anos. Conoce mi profesora se llama Cristina. Ella es muy guapa y simpática, ella es la clase divertida y aprendermos mucha palabra. Tu tienes estudiar espanol con mi profesora! Adiós.

A) cohesión: 1; corrección: 2; alcance: 2; cumplimiento: 2

B) cohesión: 2; corrección: 2; alcance: 2; cumplimiento: 3

C) cohesión: 1; corrección: 1; alcance: 1; cumplimiento: 1

Texto 2. Tarea 1.

Hola mi nombre es Albert y ha estudiado español por tres años en el instituto de la ciudad donde vivo. Español no es un clase obligatorio, pero me gusta más que Informática. Además, estudiar idiomas es interesante porque puedes viajar por todo el mundo y comunicar con otras personas.

El verano pasado viajé con mi familia por España y yo tenía que traducir todas veces que decían a mis padres porque ellos no entienden español. Yo estaba muy contento porque podía hablar todo lo que aprendía en clase. Después de este viaje me gustaría aprender más y por eso ahora estudio en una academia por las tardes. Además, creo que para aprender español también es bueno leer periódicos o charlar con otras personas que hablan español.

¡Hasta luego!

A) cohesión: 5; corrección: 5; alcance: 5; cumplimiento: 5

B) cohesión: 4; corrección: 4; alcance: 4; cumplimiento: 5

C) cohesión: 3; corrección: 3; alcance: 3; cumplimiento: 4

3.2.4. La Tarea 1 de EIE: manos a la obra

Con lo aprendido en esta sección, responda a la Tarea 1 de EIE del SIELE siguiendo las instrucciones.

1) Lea las instrucciones de la tarea.
2) Lea las pautas.
3) Lea el texto de entrada.
4) Haga un esquema en sus hojas de papel siguiendo las pautas.
5) Complete el esquema con palabras y expresiones útiles.
6) Escriba su texto en el ordenador.
7) Revise el texto.
8) Calcule cuánto tiempo ha tardado en realizar esta tarea.

CONSEJOS PARA PRACTICAR

Le aconsejamos que practique escribiendo textos en el ordenador para lograr una experiencia más parecida a la del día del examen. Intente redactar la tarea desactivando el corrector automático, ya que no va a tener uno el día del examen. No olvide calcular el tiempo que tarda en completar la tarea.

Expresión e interacción escritas

Tarea 1 | **Tarea 2**

Usted ha leído un mensaje en un blog donde la gente habla sobre lugares que le gustan y va a responderlo.
En el mensaje usted debe:

- saludar;
- decir cuál es su lugar favorito y dónde está;
- explicar cómo es, qué se hace allí y por qué es su lugar favorito;
- contar algo especial que le pasó en ese lugar;
- despedirse.

BLOG: UN LUGAR ESPECIAL

¡Hola!

Todos tenemos un lugar especial. Puede ser la casa del pueblo, un parque cerca del río, una ciudad junto al mar...
Si tienes un lugar especial es porque allí has vivido momentos bonitos con tu familia y tus amigos.

¿Cuál es tu lugar favorito? ¡Compártelo con nosotros!

Número de palabras recomendado: entre 100 y 150

Sus notas:

3.3. La Tarea 2 de EIE

3.3.1. La Tarea 2 de EIE: cómo es

En la Tarea 2 de la prueba de Expresión e interacción escritas hay que escribir un texto en respuesta a una noticia, reseña o informe siguiendo las instrucciones y pautas indicadas. Antes de comenzar la tarea, usted puede elegir entre dos opciones.

Expresión e interacción escritas

Tarea 1 | **Tarea 2**

Tiempo prueba: 00:35:00

Elija una de las dos opciones que se le ofrecen a continuación:

TIEMPO: Usted dispone de 1 minuto para elegir una de las dos opciones. Si no lo hace en ese tiempo, el sistema selecciona una.

Tiempo para elegir la opción: 01:00

Escribir un texto de opinión:
Las bolsas de plástico: una amenaza para el planeta

Opción 1

Escribir una carta a la redacción de un periódico:
Cierre en estaciones de metro

Opción 2

OPCIONES: En cada una de las opciones se indica el tipo de texto que tiene que escribir y el tema que trata la noticia o artículo del texto de entrada.

Los **textos** de la **Tarea 2** pueden ser:

- artículos de periódicos;
- reseñas;
- informes.

Los **temas** de la **Tarea 2** pueden ser:

- públicos (relaciones con otras personas, servicios, vivienda, información meteorológica, deportiva y cultural, ciencia y tecnología, geografía y naturaleza...);
- académicos (lengua y literatura, ciencia y tecnología, geografía y naturaleza...);
- profesionales (trabajo, economía e industria, política y sociedad, ocio y tiempo libre, viajes, alojamientos y transportes).

Una respuesta satisfactoria a la Tarea 2 debería tener entre 250 y 300 palabras.

REFLEXIÓN PARA LOS CANDIDATOS: ¿Cuánto tiempo va a dedicar a esta tarea?

REFLEXIÓN PARA LOS CANDIDATOS: ¿Conoce la estructura habitual del tipo de texto que usted debe escribir en esta tarea: carta al director y artículo de opinión?

La Tarea 2 evalúa la capacidad del candidato para expresarse por escrito **desde el nivel B2 hasta el C1** y su puntuación representa el 50 % del valor total de la prueba (250 puntos SIELE); por lo tanto, su valor máximo es de 125 puntos. Se recomienda a todos los candidatos que la realicen, sobre todo a aquellos que busquen o esperen alcanzar una puntuación igual al B2 o superior.

ELEGIR UNA DE LAS DOS OPCIONES

Solo puede leer el título de cada una de las dos opciones antes de seleccionar una. Tiene un minuto para tomar esta decisión. Si pasado un minuto usted no ha seleccionado ninguna opción, la plataforma selecciona una de las dos de manera aleatoria.

Cómo elegir una de las dos opciones de tarea

Lea los títulos de las dos opciones y piense en el tipo de texto que tiene que escribir para cada una. ¿Hay un tema que le gusta más que el otro? Normalmente será más fácil contestar a una tarea si el tema es interesante para usted. Hablar de algo que conoce bien le va a dar seguridad.

En la **Opción 1** encontrará:

Expresión e interacción escritas

INSTRUCCIONES: En esta tarea hay una parte de las instrucciones que puede cambiar. En ella se da información sobre el tema que trata el texto.

Tarea 1 | Tarea 2

Tiempo prueba: **00:35:00**

Opción 1. Escribir un texto de opinión

Lea la siguiente noticia y escriba un texto de opinión sobre el uso excesivo de las bolsas de plástico en nuestra sociedad. En él deberá:

- presentar el tema;
- expresar su opinión al respecto;
- exponer argumentos que apoyen esa opinión;
- elaborar una conclusión.

PAUTAS: Debe escribir la respuesta al texto teniendo en cuenta las pautas indicadas. Las pautas de la Opción 1 normalmente son fijas.

MUNDO Ñ

www.mundoeñe.com — NOTICIAS DEL MUNDO HISPANO — Desde 2015

Internacional | Opinión | Nacional | Economía | Tecnología | Ciencia | Cultura — Buscar... Buscar

LAS BOLSAS DE PLÁSTICO: UNA AMENAZA PARA EL PLANETA

Las bolsas de plástico están en todas partes. Tenemos la costumbre de pedirlas incluso cuando compramos una chocolatina. Sin embargo, el plástico hoy amenaza el planeta por los altos niveles de contaminación que causa. Por ello, algunos Gobiernos, como el colombiano, han iniciado campañas nacionales para crear conciencia sobre el uso inadecuado de este material.

(Basado en *www.eltiempo.com/estilo-de-vida/ciencia/colombia-reduccion-del-consumo-de-bolsas-plasticas/16565569.* **Colombia)**

TEXTO: En esta tarea debe leer un artículo o noticia que puede tratar una amplia variedad de temas abstractos que sirve como estímulo.

Número de palabras recomendado: entre 250 y 300

Escriba aquí

Teclado español

Número de palabras escritas: 0

Anterior | Siguiente

En la **Opción 2** encontrará:

Expresión e interacción escritas

INSTRUCCIONES: En esta tarea hay una parte de las instrucciones que puede cambiar. En ella se da información sobre el tema que trata el texto y cuál debe ser su posición al respecto.

Tarea 1 | Tarea 2

Tiempo prueba: **00:34:00**

Opción 2. Escribir una carta a la redacción de un periódico

Usted es un usuario habitual del metro y no está de acuerdo con el cierre de algunas de sus estaciones debido a la huelga de sus trabajadores. Lea la siguiente noticia y escriba una carta dirigida a la redacción del periódico *Mundo Ñ* en la que exponga:

- las causas de su malestar con el cierre de las estaciones;
- cuáles son las alternativas que sugiere;
- qué otros problemas pueden producirse con la huelga;
- la respuesta que espera de las autoridades;

PAUTAS: Debe escribir la respuesta al texto teniendo en cuenta las pautas indicadas. Las pautas de la Opción 2 varían en función del texto, aunque usted casi siempre debe:

- Mostrarse a favor o en contra de la noticia.
- Dar ejemplos.
- Proponer soluciones.
- Exigir una respuesta.

MUNDO Ñ

www.mundoeñe.com — NOTICIAS DEL MUNDO HISPANO — Desde 2015

Internacional | Opinión | Nacional | Economía | Tecnología | Ciencia | Cultura — Buscar... Buscar

CIERRES EN ESTACIONES DE METRO

La compañía de metro informó ayer de que, a causa de la huelga programada para el próximo día 13, se van a cerrar algunas de sus estaciones y otras tendrán un horario de cierre temporal. De acuerdo con el calendario, el viernes serán cerradas las estaciones Boulevard y Hangares, mientras que las estaciones Eje Central y Lázaro Cárdenas se cerrarán únicamente de 8:00 a 16:00.

(Basado en *www.milenio.com/df/cierres_estaciones_metro-visita_papa_cdmx-cierre_estaciones_metro_papa_0_680332246.html*. México)

TEXTO: En esta opción va a encontrar un texto breve basado en un artículo de periódico, reseña o informe que sirve como estímulo.

Número de palabras recomendado: entre 250 y 300

Escriba aquí

Teclado español

Número de palabras escritas: 0

Anterior | Siguiente

3.3.2. La Tarea 2 de EIE: cómo se resuelve

CÓMO RESOLVER LA TAREA: PASO 1

Al igual que en la Tarea 1, usted debe:

Leer y planificar.

- Lea las **instrucciones**. Fíjese en las indicaciones contextuales que se le dan sobre el texto de entrada.
- Lea las **pautas**. ¿Comprende los puntos de desarrollo que debe seguir su texto?
- Lea el **texto de entrada**. Busque y anote las palabras y conceptos clave que pueden ser útiles para escribir su respuesta.
- Vuelva a leer las pautas y **tome notas**. Haga un esquema detallando las partes que debe tener su texto. Este esquema se debe basar en las pautas de la tarea y se debe completar con ideas que después tiene que desarrollar al escribir su respuesta. También le puede hacer un mapa conceptual con el vocabulario que conoce en relación con los conceptos clave de la tarea.
- Tenga en cuenta la **organización del tiempo** al hacer la planificación.

Soluciones: pág. 180

ACTIVIDAD 1

Active el vocabulario que conoce. Lea la Opción 2 de la Tarea 2 e intente completar el siguiente esquema con el vocabulario que se le propone. Cuidado: hay dos intrusos entre todas las palabras. ¿Puede añadir usted otras palabras? Después, haga un esquema similar para la Opción 1 de la Tarea 2.

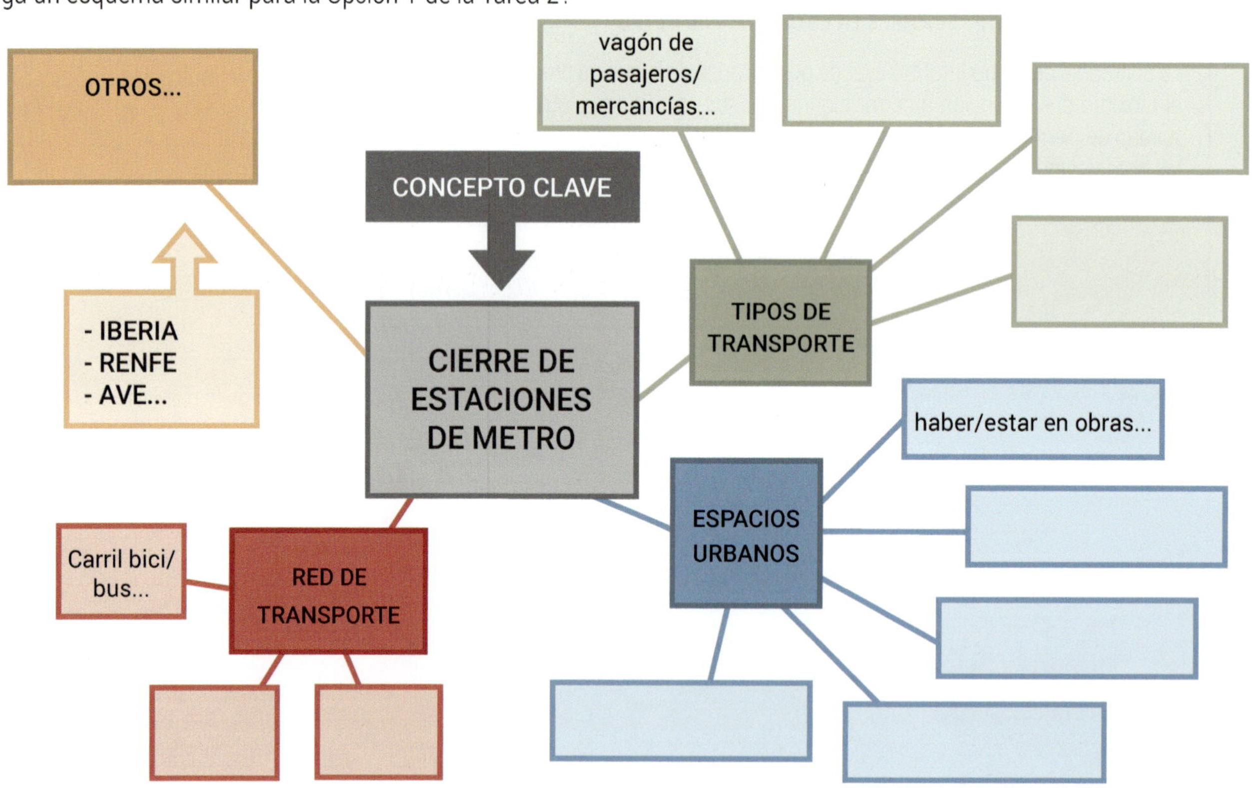

- residente - residir - habitar - peatón	- manzana - cuadra	- autovía - carretera nacional/ secundaria - autopista de peaje	- urbanización - ciudad dormitorio - periferia/alrededores - inmediaciones	- autobús urbano - autobús interurbano
- ciudadano(s) - vecindario	- haber caravana/ un atasco/un embotellamiento	- coche particular/oficial - circular en coche/moto - manejar	- residuos - impacto medioambiental	- tren de cercanías - tren de largo recorrido - tren directo

CÓMO RESOLVER LA TAREA: PASO 2

Al igual que en la Tarea 1, usted debe:

Escribir su texto directamente en el ordenador.

- Escriba su texto directamente en el ordenador para evitar perder tiempo. En el ordenador, puede borrar, mover partes del texto y salir y volver a la tarea todas las veces necesarias durante los 50 minutos que dura la prueba.
- Siga el esquema que ha elaborado. El orden para responder a las pautas no es importante, aunque sí facilita tanto la redacción del texto como la corrección del examen. Lo más importante es responder a todos los puntos y escribir un texto coherente y bien organizado.
- Separe la información en párrafos y use los signos de puntuación.
- No escriba frases demasiado cortas. Utilice distintos mecanismos de cohesión y de organización del texto (conectores, subordinadas sustantivas, adjetivas y adverbiales; recursos de referencia como deícticos, etc.).
- Use expresiones coloquiales, frases hechas o refranes adecuados para lo que usted quiere expresar.

ACTIVIDAD 2

Soluciones: págs. 180-181

Aquí tiene algunos recursos que le pueden ser útiles para resolver la Tarea 2. Relacione cada recurso con su función comunicativa y, con la ayuda de su profesor, aprenda a utilizar estas estructuras y marcadores.

OPINAR	CONTRAARGUMENTAR	CONCLUIR

A mi juicio... | Lo que es evidente / está claro es que... | Me parece horrible / fatal / genial / fenomenal... | Yo no digo que (no)..., pero / sin embargo / ahora bien... | Para finalizar... | Resumiendo... | Quizá(s) / Tal vez... | Por último... | (Yo) estoy de acuerdo... | Sí, pero tampoco se puede / debe olvidar que... | Para acabar... | No dudo (de) que..., pero / no obstante... | Desde luego (que sí / no)... | No estoy en absoluto de acuerdo... | Estoy de acuerdo con mucho / casi todo / gran parte de... | En mi modesta / humilde opinión... | En definitiva... | No tengo (tan) claro que... | En conclusión... | No te falta razón, pero / sin embargo / ahora bien / por el contrario...

ACTIVIDAD 3

Soluciones: pág. 181

El uso de expresiones coloquiales se valora positivamente en la prueba de Expresión e interacción escritas. Si conoce alguna y cree que su uso es adecuado en el contexto de la tarea, utilícela. Ahora puede practicar con algunas que le proponemos: sustituya las partes destacadas del texto por las siguientes expresiones y haga las transformaciones que correspondan cuando sea necesario.

pagar el pato | **estar hasta las narices** | **por *h* o por *b*** | **cada dos por tres**

Los vecinos ya no podemos soportar más esta situación. ¡Estamos cansados! La cosa es que constantemente cierran las estaciones de metro por huelga de sus trabajadores. El Gobierno se ha reunido varias veces con los representantes de los empleados, pero, por algún motivo, no han llegado a un acuerdo. El problema es que al final somos los ciudadanos los que estamos sufriendo las consecuencias.

CÓMO RESOLVER LA TAREA: PASO 3

Al igual que en la Tarea 1, usted debe:

- Revisar el texto. Deberá fijarse en los aspectos que van a ser evaluados. Al igual que en la Tarea 1, nuestro consejo es que siga este orden:

  - **Cumplimiento.** ¿Ha contestado a lo que se le pedía? ¿Ha tenido en cuenta todas las pautas? ¿Su texto tiene relación con el texto de entrada?
  - **Corrección.** Revise los contenidos gramaticales y léxicos de su texto. Puede fijarse en: los tiempos verbales, las oraciones subordinadas, los mecanismos de cohesión (conectores, organizadores de la información, recursos de referencia, etc.) y la ortografía.
  - **Cohesión.** Lea todo el texto para comprobar que tiene sentido. ¿Ha hecho un uso adecuado de los mecanismos de cohesión? ¿La distribución del texto en párrafos y el uso de los signos de puntuación es correcto?
  - **Alcance.** Reflexione después de la última lectura: ¿la lengua que ha utilizado es adecuada para el tema y el tipo de texto?

ACTIVIDAD 4

Soluciones: pág. 181

Revise el texto que ha escrito un estudiante de español teniendo en cuenta los aspectos que van a ser evaluados en el SIELE. Señale qué tipo de errores ha encontrado y corríjalos. Puede volver a leer la tarea en la página 84.

Tarea 2 Opción 1

El plastico está presente en nuestra vida cada día: cafés para llevar, snacks, bolsas del supermercado, etc. En mi opinión los Gobiernos deberían dar los primeros pasos para que los ciudadanos conozcan el problema y además obligar a las empresas que venden plastico inútil que limiten la venta.

El problema es que muchas personas no conocen el daño que hace el plastico en el medio ambiente y deciden usar cada día montones de plastico sin sentido. Para ellos el Gobierno deberían hacer anuncios públicos para enseñar a la gente que no debe usar tantas cosas de plástico porque los daños que se causan al planeta pueden ser terribles para la vida de todos. Cuando los ciudadanos comprenden esto, ellos van a cambiar su forma de consumir. Por la otra parte, deberían hacer una ley para que los supermercados y otras tiendas tengan más opciones que bolsas de plástico, podrían ser bolsas de papel reutilizado o de tela, porque no sabemos que son muchas las bolsas de plástico que cada día se usan en estos lugares y si las personas no tienen otras opciones, no van a usar otros tipos.

Finalmente, comprenderán que en primer lugar hay que enseñar el problema a los ciudadanos y después hay que conseguir que ellos reciclen y separen sus basuras como ya es costumbre en muchos países. Una manera de ayudar esta nueva forma de vida es actuando desde las tiendas y supermercados, otra manera es dar un poco de dinero cada vez que alguien entrega sus basuras separadas y en el lugar correcto. Con todos estos acciones de la gente cuidando del medio ambiente, el planeta estará mejor y podremos disfrutar de vivir sin plasticos y sus efectos.

3.3.3. La Tarea 2 de EIE: cómo se califica

CÓMO SE CALIFICA

La Tarea 2 de la prueba de Expresión e interacción escritas la califican expertos en evaluación que utilizan las escalas de calificación estandarizadas del SIELE.

La escala para calificar esta tarea consta de dos categorías: Uso de la lengua y Cumplimiento de la tarea.

En el uso de la lengua se evalúa la manera de expresarse teniendo en cuenta la cohesión del discurso, la corrección y el alcance.

En el cumplimiento de la tarea se tiene en cuenta si resuelve la tarea según las pautas, se adecúa a la situación planteada, tiene en cuenta el estímulo proporcionado y se ajusta el género requerido.

La escala tiene 6 puntos que van de 0 a 5. Puede ver la escala en las páginas 144-146.

Soluciones: págs. 181-182

ACTIVIDAD 1

Lea esta respuesta a la Opción 2 de la Tarea 2. ¿Sabría decir qué nota dieron los expertos a este texto? Elija una de las opciones (A, B o C). Después, haga lo mismo con el texto de la página anterior y elija entre las opciones D, E y F. Recuerde que puede volver a leer la tarea en la página 85 y los informes de calificación en la 181.

Tarea 2 Opción 2

Estimados señores del *Mundo Ñ*",

Mi nombre es Juan Domínguez y estoy escribiendoles para hablar de un gran problema ahora en mi ciudad, para mí y otros ciudadanos residentes de esta zona. Espero que puedan publicar mi queja en su periódico, porque el malestar con lo que está sucediendo aquí es general entre los comerciantes. En este momento el mes de octubre, un periodo muy intenso de trabajo y colegios funcionando, la compañía de metro decidió de empezar un huelga en las principales estaciones de metro del centro de la ciudad. Es una situación muy difícil para nosotros los que tenemos que movernos por la zona porque, aunque podríamos hacerlo en coche particular, pasaríamos horas atrapados en los atascos del casco antiguo. En consecuencia a lo expuesto estos problemas llegarán también al turismo de la ciudad que no querrá pasear si ven huelgas y los problemas de seguridad que hay en las calles. Nosotros los comerciantes que trabajamos para los turistas ya estamos notando la falta de visitantes en estos momentos y sabemos que no pasarán por nuestra ciudad hasta que no se solucionen los problemas con los empleados del metro.

En mi modesta opinión, llegados a este punto el Ayuntamiento debería programar rutas de autobús urbano que sigan las que hace el metro normalmente. De hacerlo de esta manera, el malestar de los vecinos y turistas sería mínimo en este momento. En cualquier caso, creemos que lo mejor solución para todos sería que el Gobierno haga una reunión con los directivos del metro y escuchen sus necesidades. Los ciudadanos tenemos derecho a vivir tranquilos y con los servicios de transporte funcionando correctamente.

Finalmente me despido confiando en la respuesta positiva de nuestro Gobierno que pueda buscar y encontrar una solución que funcione para todo el mundo afectado por la situación.

Muchas gracias por la oportunidad de escribir y expresar mis pensamientos sobre esta situación.

Atentamente,

Juan Domínguez

Tarea 2 Opción 2:	A) 4 – 4 – 4 – 4	B) 3 – 3 – 3 – 3	C) 5 – 5 – 5 – 5
Tarea 2 Opción 1:	D) 3 – 3 – 3 – 3	E) 4 – 4 – 4 – 4	F) 5 – 5 – 5 – 5

Prepárese para el SIELE | Expresión e interacción escritas | Tarea 2

3.3.4. La Tarea 2 de EIE: manos a la obra

Con lo aprendido en esta sección, responda a la Tarea 2 de EIE del SIELE siguiendo las instrucciones.

1) Seleccione una de las dos opciones.
2) Lea las instrucciones de la tarea.
3) Lea las pautas.
4) Lea el texto de entrada.
5) Haga un esquema en su hoja siguiendo las pautas.
6) Complete el esquema con palabras, expresiones y verbos útiles.
7) Escriba su texto en el ordenador.
8) Revise el texto.
9) Calcule cuánto tiempo ha tardado en realizar esta tarea.

CONSEJOS PARA PRACTICAR

Le aconsejamos que practique escribiendo textos en el ordenador para lograr una experiencia más parecida a la del día del examen. Intente redactar la tarea desactivando el corrector automático, ya que no va a tener uno el día del examen. No olvide calcular el tiempo que tarda en hacer la tarea. Leer prensa escrita en las diferentes variedades del español también le puede ayudar a prepararse para esta tarea.

Expresión e interacción escritas

Tarea 1 | **Tarea 2**

Tiempo prueba: **00:35:00**

Elija una de las dos opciones que se le ofrecen a continuación:

tiempo para elegir la opción: 01:00

Escribir un texto de opinión:
Pasos hacia la integración de personas discapacitadas en la sociedad

Opción 1

Escribir una carta a la redacción de un periódico:
Quejas por la no renovación de los contratos en BM

Opción 2

Sus notas:

Tarea 1 | Tarea 2

Tiempo prueba: 00:34:00

Opción 1. Escribir un texto de opinión

Lea la siguiente noticia y escriba un texto de opinión sobre los pasos que se deben dar para la integración de personas discapacitadas en la sociedad. En él deberá:

- presentar el tema;
- expresar su opinión al respecto;
- exponer argumentos que apoyen esa opinión;
- elaborar una conclusión.

MUNDO Ñ
NOTICIAS DEL MUNDO HISPANO

www.mundoeñe.com — Desde 2015

Internacional | Opinión | Nacional | Economía | Tecnología | Ciencia | Cultura — Buscar... Buscar

PASOS HACIA LA INTEGRACIÓN DE PERSONAS DISCAPACITADAS EN LA SOCIEDAD

En la ciudad de Quitilipi, situada en la provincia del Chaco (Argentina), hay un hotel único en el mundo por el personal que allí trabaja y por el programa laboral que se ha llevado adelante. En él, jóvenes discapacitados son contratados de manera preferente. Se aumentan, así, sus oportunidades de trabajo e integración en la sociedad.

(Basado en *www.lanacion.com.ar/1904218-la-inclusion-hecha-realidad*. Argentina)

Expresión e interacción escritas

Tarea 1 | Tarea 2

Tiempo prueba: 00:34:00

Opción 2. Escribir una carta a la redacción de un periódico

Usted es un trabajador de la empresa de transporte BM indignado por la no renovación de los contratos de sus compañeros. Lea la siguiente noticia y escriba una carta dirigida a la redacción del periódico *Mundo Ñ* en la que exponga:

- las causas de su indignación;
- las consecuencias que tendrá la no renovación de los contratos;
- las alternativas que sugiere para proteger el empleo de esos trabajadores;
- la respuesta que espera de las autoridades.

MUNDO Ñ
NOTICIAS DEL MUNDO HISPANO

www.mundoeñe.com — Desde 2015

Internacional | Opinión | Nacional | Economía | Tecnología | Ciencia | Cultura — Buscar... Buscar

QUEJAS POR LA NO RENOVACIÓN DE LOS CONTRATOS EN BM

Un grupo de trabajadores del servicio de transporte BM ha denunciado a la empresa por no renovar sus contratos. Según los líderes de los sindicatos, los contratos de varios conductores no fueron renovados debido a la disminución en las ganancias anuales de la empresa. Con ello, se ha desobedecido el acuerdo de renovación y estabilidad laboral que la compañía había fijado con el Gobierno.

(Basado en *www.laestrella.com.pa/panama/nacional/quejas-recontrataciones-metrobus/23924961*. Panamá)

3.4. Cómo prepararse para obtener un nivel determinado en la EIE del SIELE

COMPRENDER EL SISTEMA DE CALIFICACIÓN

Si usted se está preparando para obtener un nivel determinado en la prueba de EIE del SIELE debe tener en cuenta las siguientes indicaciones generales para la **Tarea 1**:

Si busca un A1 > **Tarea 1 banda 1**

Si busca un A2 > **Tarea 1 banda 2**

Si busca un B1 > **Tarea 1 banda 3 o superior**

Si busca un B2 o un C1 > **Tarea 1 banda 3 o superior** + **Tarea 2 bandas 4 y 5**

Si usted se está preparando para obtener un **nivel B2 o C1** en la prueba de EIE del SIELE, tenga en cuenta las siguientes indicaciones generales:

- Deberá realizar la **Tarea 1** y obtener, al menos, una puntuación que le sitúe en la **banda 3**.
- En la **Tarea 2**, deberá situarse en la **banda 4** para obtener un **nivel B2** y, en la **banda 5**, para obtener un **nivel C1**.

Si busca un B2 > **Tarea 2 banda 4** + **Tarea 1 banda 3 o superior**

Si busca un C1 > **Tarea 2 banda 5** + **Tarea 1 banda 3 o superior**

Como ya sabe, la Tarea 2 de la EIE del SIELE evalúa los niveles B2 y C1. No obstante, sirve también para verificar el nivel de desempeño que un candidato ha obtenido en la Tarea 1.

3.5. Dé el salto

Ahora que ya conoce y ha practicado las dos tareas de la prueba de Expresión e interacción escritas del examen SIELE, compruebe y ponga en práctica lo que ha aprendido.

- Primero, repase cómo son las dos tareas de la prueba.
- Después, realice una prueba de Expresión e interacción escritas.
- Por último, reflexione sobre cómo la ha hecho y cuáles han sido sus resultados.

REPASE ANTES DE LA PRUEBA

Lea las **características de las diferentes tareas** de EIE en la siguiente tabla e indique a qué tarea(s) corresponden: Tarea 1, Tarea 2 o las dos tareas.

		Tarea 1	Tarea 2	Las dos tareas
1.	Tiene que responder a un mensaje o correo electrónico.			
2.	Puede elegir entre dos opciones.			
3.	Debe escribir aproximadamente unas 100 o 150 palabras.			
4.	Es aconsejable hacer un esquema antes de empezar a escribir.			
5.	Va a encontrar textos de las diferentes variedades del español.			
6.	Puede salir y volver a la tarea durante los 50 minutos que dura la prueba.			

Soluciones: pág. 182

HAGA LA PRUEBA

Ahora va a poder practicar con **una prueba completa de Expresión e interacción escritas** como en el examen. Para ello acceda a la prueba de Expresión e interacción escritas en la sección "Dé el salto" de la Extensión digital del manual.

RECORDAMOS

- Para realizar la prueba de Expresión a interacción escritas solo necesita su ordenador o computadora y conexión a internet.
- En esta prueba puede navegar entre las dos tareas.
- Tiene un minuto para elegir la opción de la Tarea 2 que quiere hacer.
- Una vez comenzada la prueba, no puede parar el tiempo. La duración de la prueba es de 50 minutos.
- Para terminar la prueba tiene que pasar por todas las tareas. Pulse el botón **Siguiente** hasta llegar a la pantalla final.

¿CÓMO HA HECHO LA PRUEBA?

Después de hacer la prueba, llega el momento de reflexionar. Piense en cómo ha realizado la prueba y conteste a las preguntas de la tabla. ¿Hay algo que deba mejorar?

Tareas			
	¿Ha hecho las dos tareas?	SÍ	NO
	¿Recordaba las características de cada una?	SÍ	NO
	¿Comprendió las instrucciones y las pautas?	SÍ	NO
	¿Entendió el texto de entrada?	SÍ	NO
	¿Eligió una de las dos opciones de la Tarea 2?	SÍ	NO

Expresión e interacción			
	¿Ha hecho un esquema y ha tomado notas antes de empezar a escribir?	SÍ	NO
	¿Redactó su texto en el ordenador?	SÍ	NO
	¿Le ha dado tiempo a contestar a las dos tareas?	SÍ	NO
	¿Ha probado el teclado español?	SÍ	NO
	¿El número de palabras que ha escrito se aproxima al recomendado?	SÍ	NO
	¿Ha revisado su texto teniendo en cuenta los aspectos que se evalúan?	SÍ	NO

Tengo que mejorar...

siele
SERVICIO INTERNACIONAL DE EVALUACIÓN DE LA LENGUA ESPAÑOLA

UNIDAD 4
LA PRUEBA DE EXPRESIÓN E INTERACCIÓN ORALES

La prueba de Expresión e interacción orales está formada por **cinco tareas**.

Es importante conocer la estructura de la prueba, qué tareas la componen y qué hay que hacer en cada una de ellas.

En esta unidad va a conocer:

- cómo es la **prueba** en general;
- cómo es cada una de las **cinco tareas**.

Va a aprender cómo son las tareas, cómo se resuelven y cómo se califican, y va a practicar cada una de ellas.

Al final de la unidad, hay **una prueba completa** de Expresión e interacción orales.

4.1. Cómo es la prueba de Expresión e interacción orales

- La prueba de Expresión e interacción orales mide las habilidades de los candidatos para expresar información de forma oral.
- En las distintas tareas, los candidatos tendrán que leer o escuchar diferentes textos y contestar oralmente de acuerdo a lo que se les pida.
- En la siguiente tabla se resumen las características principales de las cinco tareas:

Tarea y nivel	¿Qué voy a encontrar?	¿Qué hay que hacer?	¿Para qué?
Tarea 1 A1-A2	Preguntas de carácter personal o sobre el entorno inmediato, en formato auditivo.	Responder oralmente a cuatro preguntas de carácter personal.	Proporcionar información sobre uno mismo, sus experiencias y su entorno más inmediato.
Tarea 2 A2	Fotografías que reflejan situaciones de la vida cotidiana.	Desarrollar un monólogo breve siguiendo las pautas de la tarea. Se puede elegir entre dos fotografías.	Describir, de manera breve y sencilla, los elementos de una escena de la vida cotidiana.
Tarea 3 B1	Instrucciones y pautas que simulan situaciones del ámbito personal y del ámbito público.	Recrear oralmente dos situaciones siguiendo las pautas: una del ámbito personal y otra del ámbito público. Se puede elegir entre dos opciones para cada situación.	Solicitar y dar información sobre necesidades inmediatas, mediante transacciones o contactos sociales.
Tarea 4 B2	Un texto breve (de 80 a 120 palabras) y tres preguntas relacionadas con la temática del texto.	Leer un texto y responder oralmente a tres preguntas relacionadas con el texto de la tarea. Se puede elegir entre dos temas propuestos.	Expresar opinión, suposición y dar información respondiendo a una serie de preguntas sobre un determinado tema.
Tarea 5 C1	Frases que recogen ideas u opiniones relacionadas con el tema que haya elegido en la Tarea 4.	Desarrollar un monólogo siguiendo las pautas de la tarea. Se puede elegir entre dos frases propuestas.	Argumentar a favor o en contra de una afirmación sobre un determinado tema.

CÓMO ES LA PANTALLA DEL SIELE

Tarea 1	Tarea 2	Tarea 3	Tarea 4	Tarea 5

TAREA: En la parte superior izquierda puede ver qué tarea está haciendo.

UTILICE SIEMPRE EL RATÓN para desplazarse por las pruebas y tareas. El teclado puede cambiar sus respuestas.

En esta prueba **NO ES POSIBLE NAVEGAR ENTRE TAREAS**. Todas las tareas tienen **UNA SOLA PANTALLA**. Si pulsa el botón Siguiente al final de una tarea, no puede volver atrás.

PRUEBA DE SONIDO Y GRABACIÓN: Antes de comenzar la prueba, se realiza una prueba de grabación y sonido para comprobar que el sistema funciona correctamente. Ante cualquier problema técnico, avise al Personal de Apoyo que le acompañará durante el examen.

Grabar

¿El sonido y la grabación son correctos?

○ Sí

○ No

REPRODUCCIÓN AUTOMÁTICA: Los audios de las tareas 1 y 4 se reproducen de manera automática y puede escucharlos hasta dos veces. Haga clic sobre este icono con el texto "Reproducir" en color rojo para volver a escuchar una pregunta.

ANTES DE REALIZAR LA PRUEBA DE EXPRESIÓN E INTERACCIÓN ORALES

Para realizar con éxito la prueba, es importante conocer las tareas, saber planificar y responder, administrar el tiempo y conocer el sistema de calificación.

Conocer la prueba	Saber cómo responder	Administrar el tiempo	Saber cómo se califica

¿Sobre qué temas?	¿En cuánto tiempo?	
Identificación e información personal o del entorno inmediato.	- Sin tiempo de preparación. - 1 minuto 30 segundos para responder a las preguntas (15 segundos para cada una de las dos primeras preguntas y 30 segundos para cada una de las dos últimas).	**Entre 15 y 20 minutos en total**
Situaciones de la vida cotidiana: relaciones entre personas, servicios, sociedad, viajes, alojamientos, transportes, ocio, mundo laboral, etc.	- 2 minutos 30 segundos para la preparación. - 2 minutos para responder a la tarea.	
Situaciones de la vida cotidiana (ámbitos personal y público): relaciones con otras personas, servicios, vivienda, sociedad, viajes, alojamientos y transportes.	- Sin tiempo de preparación. - 1 minuto 30 segundos para responder a cada situación.	
Mayoritariamente abstractos: economía e industria, política, ciencia y tecnología, geografía, naturaleza, cultura y educación.	- Sin tiempo de preparación. - 1 minuto para leer el texto. - 1 minuto para responder a cada pregunta.	
Abstractos: economía e industria, política, ciencia y tecnología, geografía, naturaleza, cultura y educación. El tema de la Tarea 5 siempre es el mismo que el de la Tarea 4.	- 2 minutos para la preparación. - 4 minutos para la exposición oral.	

ESPACIO PARA NOTAS: En la Tarea 2 y en la Tarea 5 tiene un espacio para tomar notas durante la preparación de su exposición. El contenido escrito en este espacio no es evaluable.

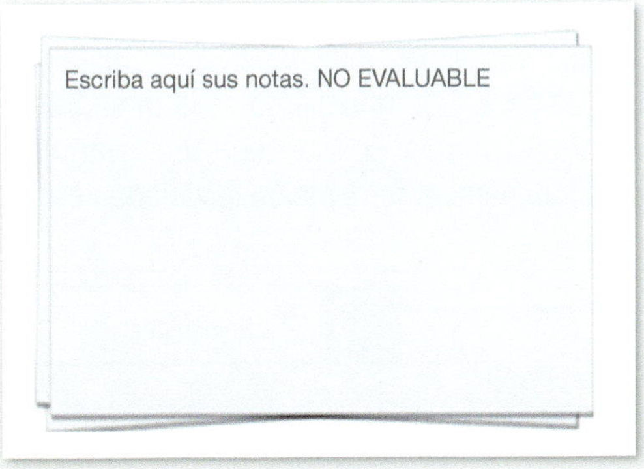

TIEMPO: A diferencia del resto de pruebas, solo tendrá información sobre el tiempo disponible para cada tarea y no del total de la prueba.

GRABACIÓN: La grabación de las respuestas comienza de forma automática, aunque el candidato puede empezar su grabación antes haciendo clic sobre el icono de grabación.

Durante la grabación, podrá ver cuánto tiempo le queda para responder.

Para finalizar la grabación de forma voluntaria puede pulsar "Terminar grabación".

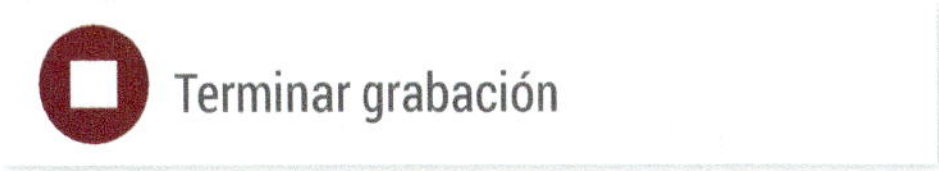

Prepárese para el SIELE

Expresión e interacción orales

Tarea 1

CONOCER LA PRUEBA

La prueba de Expresión e interacción orales tiene cinco tareas que miden la capacidad de los candidatos para expresarse oralmente. En las diferentes tareas, habrá que escuchar audios y leer textos para responder oralmente a las preguntas, pautas o situaciones que se proponen. Los textos de entrada están basados en situaciones de intercambios orales habituales o adaptados de materiales reales.

Antes de comenzar debe realizar una prueba de sonido y grabación. Compruebe que los auriculares y el micrófono funcionan correctamente, que el volumen de su voz es adecuado y que su articulación es comprensible. Las instrucciones de las cinco tareas siempre aparecen escritas en español y son breves, sencillas y claras.

Dependiendo de la tarea podrá encontrar:

- audios con preguntas;
- imágenes de situaciones habituales o cotidianas;
- pautas escritas para realizar la tarea, o
- frases y textos escritos de contenido diverso.

PARA LA PRÁCTICA

No deje sin responder una pregunta por no conocer el funcionamiento de la prueba. Familiarícese con cada una de las tareas y aprenda qué debe hacer, cuándo debe responder y cómo debe ser su respuesta.

SABER CÓMO RESPONDER

- Fíjese en los iconos y responda únicamente cuando la grabación esté activa. Grabación automática en: 00:16 Grabando
- Intente terminar su exposición oral antes de que finalice la grabación. Para ello, fíjese en el tiempo disponible para responder.
- Tenga en cuenta que no podrá escuchar sus respuestas.

ADMINISTRAR EL TIEMPO

Para hacer la prueba de Expresión e interacción orales los candidatos disponen de un tiempo máximo de 20 minutos. El tiempo se gestiona de manera automática y cada tarea tiene tiempo predeterminado. El tiempo total de cada tarea se distribuye entre:

- **La lectura de las instrucciones.** Los candidatos cuentan con unos segundos para leer las instrucciones antes de que comience la tarea.
- **La preparación de la tarea.** En las tareas 2 y 5 se permite que los candidatos planeen su respuesta y tomen notas.
- **La respuesta del candidato.** En cada tarea los candidatos cuentan con un tiempo predeterminado para responder, aunque pueden empezar y terminar su grabación antes haciendo clic sobre los iconos "Grabación automática" y "Terminar grabación" respectivamente.

SABER CÓMO SE CALIFICA

La prueba de Expresión e interacción orales la califican expertos en evaluación que utilizan las escalas de calificación del SIELE. Puede ver las escalas en las páginas 147-148.

Estas escalas evalúan el uso de la lengua (cohesión del discurso, fluidez y pronunciación, corrección y alcance) y el cumplimiento de la tarea (contestar correctamente las preguntas o cumplir las pautas indicadas en las tareas). Los valores de cada una de las categorías respecto al total son: Uso de la lengua **66 %** y Cumplimiento de la tarea **34 %**. La puntuación total de la prueba es de 250 puntos y cada tarea se evalúa sobre 50 puntos. En la prueba se aceptan todas las variedades del español y se aplican los mismos criterios de calificación independientemente de la variedad utilizada por el candidato.

Soluciones: pág. 183

¿VERDADERO O FALSO?

Lea las siguientes frases y diga si son verdaderas o falsas. Explique por qué.

- El profesor que cuida el examen graba las respuestas del candidato.
- En algunas tareas hay tiempo para planificar y tomar notas.
- Es posible elegir qué tarea responder primero.
- Todas las tareas contienen preguntas en formato auditivo.
- El candidato decide cuánto dura cada una de sus respuestas hasta un máximo de 15 minutos.

4.2. La Tarea 1 de EIO
4.2.1. La Tarea 1 de EIO: cómo es

En la Tarea 1 de la prueba de Expresión e interacción orales hay que escuchar cuatro preguntas y responderlas mediante la grabación de audios.

Expresión e interacción orales

INSTRUCCIONES: En esta tarea las instrucciones siempre son iguales.

Tarea 1	Tarea 2	Tarea 3	Tarea 4	Tarea 5

Usted debe contestar a cuatro preguntas de carácter personal. Las preguntas empiezan automáticamente. Si quiere escuchar otra vez una pregunta antes de grabar, pulse en Reproducir (🔊). Después para grabar su respuesta, pulse en Grabadora (🎙) o puede esperar para grabar automáticamente.

- En las preguntas 1 y 2, tiene 15 segundos para grabar cada respuesta.
- En las preguntas 3 y 4, tiene 30 segundos para grabar cada respuesta.

AUDIOS CON PREGUNTAS: Los audios comienzan automáticamente. Puede volver a escucharlos haciendo clic sobre

Reproducir

Pregunta 1

Reproducir — Grabación automática en: 00:06

Pregunta 2

Reproducir — Grabar

Pregunta 3

Reproducir — Grabar

Pregunta 4

Reproducir — Grabar

GRABACIÓN DE LAS RESPUESTAS: La grabación de las respuestas comienza y finaliza de forma automática. Puede empezar y terminar antes haciendo clic sobre los iconos

Grabación automática en: 00:16

Terminar grabación

¡ATENCIÓN! Si pulsa **Siguiente**, sale de la tarea y no puede volver a ella.

Siguiente

La Tarea 1 evalúa la capacidad del candidato para llevar a cabo una **interacción con el sistema** durante un máximo de un minuto y medio. Esta tarea valora **desde el nivel A1 hasta el A2** y su puntuación representa el 20 % del valor total de la prueba (250 puntos SIELE); por lo tanto, su valor máximo es de 50 puntos.

Todos los candidatos, incluidos aquellos que busquen o esperen alcanzar una puntuación superior al A2, deben realizarla.

Las preguntas de la **Tarea 1** tratan **temas**:

- personales (información personal, relaciones con otras personas, vida cotidiana...);
- públicos (lugares y actividades de tiempo libre y de ocio...).

4.2.2. La Tarea 1 de EIO: cómo se resuelve

CÓMO RESOLVER LA TAREA

Lea las **instrucciones**. ¿Qué tiene que hacer y cómo funciona la prueba? Recuerde que en la Tarea 1 las instrucciones no cambian.

Acceda a la Tarea 1 en la sección "Cómo se resuelve" de la Extensión digital del manual y preste atención a las preguntas. Recuerde que en el examen real únicamente puede escuchar cada audio dos veces, siempre antes de comenzar la grabación de la respuesta.

Responda a las preguntas. Espere a que comience la grabación o actívela usted mismo haciendo clic en **Grabar**. Aunque las preguntas le parezcan sencillas, responda lo mejor que sepa teniendo en cuenta el tiempo que tiene para responder a cada pregunta:

- para la pregunta 1, 15 segundos;
- para la pregunta 2, 15 segundos;
- para la pregunta 3, 30 segundos;
- para la pregunta 4, 30 segundos.

Soluciones: pág. 183

ACTIVIDAD 1

Escuche las preguntas de la Tarea 1 haciendo clic en el botón **Reproducir** y relacione cada una con el tema que trata.

	Relaciones personales	Vida cotidiana	Lugares y actividades de tiempo libre y de ocio
Pregunta 1			
Pregunta 2			
Pregunta 3			
Pregunta 4			

Soluciones: pág. 183

ACTIVIDAD 2

Escuche las respuestas de estos estudiantes a las dos primeras preguntas de la Tarea 1 haciendo clic en **Respuesta 1** y **Respuesta 2**: *¿qué deportes practica?* y *¿qué le gusta hacer el fin de semana?*, y relaciónelas con una imagen.

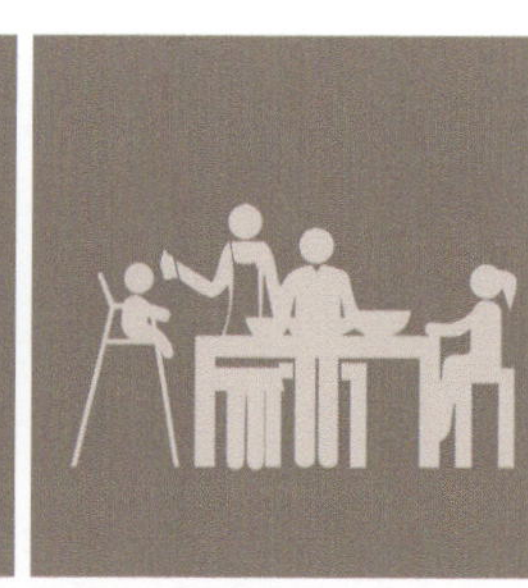

Estudiantes 1 2	Imagen 1	Imagen 2	Imagen 3	Imagen 4
Pregunta 1				
Pregunta 2				

Siempre que sea correcta, una respuesta elaborada puede suponer mayor puntuación. Por eso, trate de desarrollar las respuestas añadiendo información, detalles y ejemplos. En este caso, puede indicar por qué sí o por qué no le gustan los deportes y cuándo los practica, o con qué frecuencia hace actividades, con quién y dónde.

ACTIVIDAD 3

Soluciones: pág. 183

Fíjese en las imágenes. ¿Conoce estos platos? ¿Qué ingredientes llevan?

Tortilla de patata	Alfajores	Guacamole

Ahora responda usted a la Pregunta 3 de la Tarea 1 haciendo clic en **Grabar**: *¿cuál es su receta preferida y qué ingredientes lleva?*

Reproducir Grabando Quedan 00:13 Terminar grabación

ACTIVIDAD 4

Soluciones: pág. 183

En la pregunta 4 de la Tarea 1 se pregunta a los candidatos cómo era su primer profesor de español. Escuche las respuestas de dos candidatos a la cuarta pregunta de la Tarea 1 y relaciónelas con las opciones A y B.

Respuesta 1 **Respuesta 2**

Nombre: M. Rodríguez
Nacionalidad: dominicano
Idiomas: español, francés e inglés
Profesión: profesor de gramática española

Nombre: C. García
Nacionalidad: española
Idiomas: español, catalán e inglés
Profesión: profesora de lengua y cultura españolas

Ahora responda usted, ¿cómo era su primer profesor de español?

Reproducir Grabando Quedan 00:13 Terminar grabación

ACTIVIDAD 5

En las dos últimas preguntas de la Tarea 1 es habitual que se pida hablar de recuerdos o planes de futuro. Observe los siguientes temas y hable de un recuerdo y un plan de futuro relacionados con ellos.

Eventos familiares **Vacaciones** **Tiempo libre**

Trabajo **Deportes** **Viajes** **Estudios**

Música **Ciudades favoritas** **Amigos**

4.2.3. La Tarea 1 de EIO: cómo se califica

CÓMO SE CALIFICA

La **Tarea 1** de la prueba de Expresión e interacción orales la califican expertos en evaluación que utilizan las escalas de calificación estandarizadas del SIELE.

La escala para calificar esta tarea consta de dos categorías: Uso de la lengua y Cumplimiento de la tarea.

En el uso de la lengua se evalúa la manera de expresarse: la cohesión del discurso, la fluidez y pronunciación, la corrección y el alcance.

En el cumplimiento de la tarea se tiene en cuenta si responde de manera adecuada a las preguntas de la Tarea 1.

La escala tiene 6 puntos que van de 0 a 5. Puede ver la escala en las páginas 147-148.

Soluciones: pág. 183

ACTIVIDAD 1

Esta es la respuesta de un candidato a la Tarea 1. Fíjese en la escala y en las puntuaciones que le dieron los expertos. Después, puede leer los informes de calificación en la página 183. Escuche las respuestas del candidato (**Respuesta 1**) a las cuatro preguntas de la Tarea 1 en la sección "Cómo se califica" de la Extensión digital del manual.

Respuesta del usuario

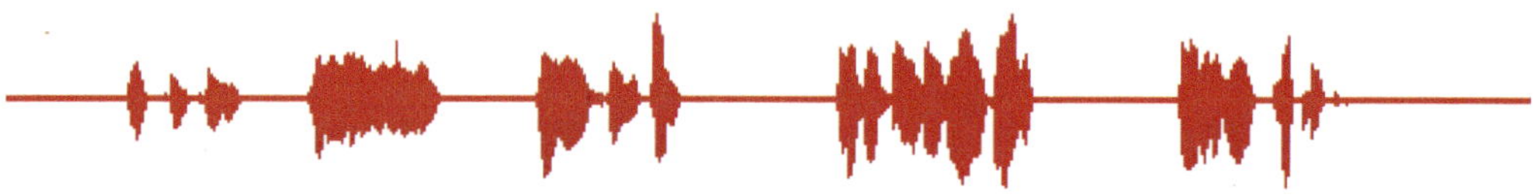

Pausas

Pregunta 1: ***¿Qué deportes practica?***
A ver, practico esquí, practico fútbol, practico, pero fútbol americano. Y a veces practico... eh... la Pues corro.

Pregunta 2: ***¿Qué le gusta hacer el fin de semana?***
El fin de semana me gusta un montón ver amigos, hablar con ellos, leer un poco... ah, pues a veces me gusta también ver un poco la televisión y aprender lo que... [Fin de la grabación]

Errores

Pregunta 3: ***¿Cuál es su receta preferida y qué ingredientes lleva?***
*La-la cosa es que no tengo recetas favoritas, pero... ah...en este momento me gusta *bien comer un poco de tortilla de patata y-la- contiene huevos y patatas, entonces no sé... no sé qué hay de otro. Pues a veces algunas... eh... pues es esto.*

Conectores

Pregunta 4: ***¿Cómo era su primer profesor de español?***
*Mi primer profesor español era... un hombre que, que se llama Martín. Era muy agradable como persona y un buenísimo profesor. Ah... pues... él proviene... él viene de... la América del Sur. No *me recuerdo el país. Y hablaba en francés perfecto.*

Precisión

Calificación

Uso de la lengua: 4 — Cumplimiento de la tarea: 5

Alcance	Cohesión	Fluidez	Corrección	Cumplimiento de la tarea
Su nivel de lengua le permite desenvolverse con cierta precisión.	Su discurso es claro y coherente.	Realiza pausas cuando utiliza palabras o estructuras complejas.	Comete algún error cuando utiliza palabras o estructuras complejas.	Responde a todas las preguntas.

Soluciones: pág. 183

ACTIVIDAD 2

Esta es la respuesta de otro candidato a la Tarea 1. ¿Sabría decir cuál de las dos calificaciones (A o B) le corresponde? Después, puede leer el informe de calificación en la página 183. Escuche las respuestas del candidato (**Respuesta 2**) a las cuatro preguntas de la Tarea 1 en la sección "Cómo se califica" de la Extensión digital del manual.

Respuesta del usuario

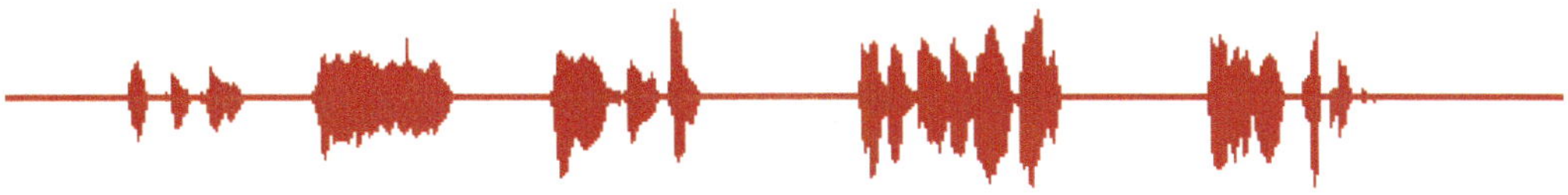

Pregunta 1: ***¿Qué deportes practica?***
Bueno, practicar quizás es una palabra grande porque la verdad es que le dedico solamente una hora y media a la semana el domingo. Pero sí, me dedico al fútbol, que es mi grandísimo deporte preferido y, y esto.

Pregunta 2: ***¿Qué le gusta hacer el fin de semana?***
La prioridad número uno el fin de semana seguramente es descansar la cabeza, lo que yo digo "apagar el cerebro". Porque después de todas esas horas de trabajo pues el fin de semana es descansar y hacer pues lo que sale con los amigos, los planes que salgan.

Pregunta 3: ***¿Cuál es su receta preferida y qué ingredientes lleva?***
Encontrar mi receta favorita pues entre todo el repertorio que tengo de recetas que suelo hacer, puesto que me encanta la cocina, es un poco difícil. Pero sí que me gustaría hablar de la carbonara pues porque habría que romper un mito a todos los españoles. Sobre todo para los españoles que, que piensan que la carbonara pues lleva nata, cebolla, champis y todo lo que pueda entrar. Pues no, la carbonara simplemente lleva huevos y panceta, y es lo más simple del mundo, pero es la carbonara original.

Pregunta 4: ***¿Cómo era su primer profesor de español?***
Me gustaría decir que tengo una imagen borrosa de mi primer profesor de español, pero... Porque así parece que ha pasado mucho tiempo desde mi primera clase, pero no. La verdad es que me acuerdo perfectamente de su de su cara y de su forma de actuar porque fue un profesor fantástico. Digo fue porque ha marcado una etapa en... mi vida. Un hombre alto, pelado pero con muchísimas ganas de enseñar y un acento precioso. Y que gracias a él me he enamorado del español.

Calificación A

Uso de la lengua: 5 — Cumplimiento: 5

Alcance	Cohesión	Fluidez	Corrección	Cumplimiento
Su nivel de lengua le permite desenvolverse con precisión y no restringir lo que quiere decir.	Su discurso está bien cohesionado.	Su discurso es fluido.	No comete apenas errores.	Responde adecuadamente a todas las preguntas.

Calificación B

Uso de la lengua: 2 — Cumplimiento: 2

Alcance	Cohesión	Fluidez	Corrección	Cumplimiento
Su nivel de lengua le permite expresarse de forma limitada.	Su discurso se comprende a veces con dificultad, no relaciona las partes entre sí.	Sus pausas son frecuentes.	Comete errores de manera frecuente.	Responde adecuadamente a dos preguntas.

4.2.4. La Tarea 1 de EIO: manos a la obra

Con lo aprendido en este apartado, responda a la Tarea 1 de EIO en la sección "Manos a la obra" de la Extensión digital del manual siguiendo las instrucciones.

1) Lea las instrucciones de la tarea.
2) Preste atención a las preguntas.
3) Si lo necesita, vuelva a escucharlas una vez más.
4) Responda cuando la grabación esté activa.
5) Calcule cuánto tiempo han durado sus respuestas y tenga en cuenta el tiempo máximo de grabación de respuestas para cada pregunta.

CONSEJOS PARA PRACTICAR

Le aconsejamos practicar grabándose mientras contesta a preguntas cortas sobre su entorno más cercano para lograr una experiencia parecida a la que tendrá el día del examen. No olvide calcular el tiempo que tarda en contestar cada pregunta para poder ajustarse al tiempo establecido.

Expresión e interacción orales

Tarea 1	Tarea 2	Tarea 3	Tarea 4	Tarea 5

Usted debe contestar a cuatro preguntas de carácter personal. Las preguntas empiezan automáticamente. Si quiere escuchar otra vez una pregunta antes de grabar, pulse en Reproducir ( ). Después para grabar su respuesta, pulse en Grabadora ( ) o puede esperar para grabar automáticamente.

- En las preguntas 1 y 2, tiene 15 segundos para grabar cada respuesta.
- En las preguntas 3 y 4, tiene 30 segundos para grabar cada respuesta.

Respuesta 1

Reproducir   Grabando   Quedan 00:09   Terminar grabación

Respuesta 2

Reproducir   Grabar

Respuesta 3

Reproducir   Grabar

Respuesta 4

Reproducir   Grabar

Siguiente

4.3. La Tarea 2 de EIO

4.3.1. La Tarea 2 de EIO: cómo es

En la Tarea 2 de la prueba de Expresión e interacción orales hay que describir oralmente una fotografía siguiendo las pautas que se proponen.

Expresión e interacción orales

Tarea 1	**Tarea 2**	Tarea 3	Tarea 4	Tarea 5

Usted tiene que describir una de estas fotografías. Elija una:

Tiempo para elegir la opción: 00:30

Opción 1

Opción 2

OPCIONES: Usted dispone de 30 segundos para elegir una de las dos opciones. Si no lo hace en ese tiempo, el sistema seleccionará una.

Expresión e interacción orales

Tarea 1	**Tarea 2**	Tarea 3	Tarea 4	Tarea 5

INSTRUCCIONES Y PAUTAS: En esta tarea las instrucciones y las pautas siempre son iguales.

Opción 1

Describa la fotografía. Estos son los aspectos que tiene que comentar:

- Cuántas personas hay y qué relación existe entre ellas.
- Cómo son esas personas y qué ropa llevan.
- Qué están haciendo esas personas y cómo cree que se sienten.
- En qué lugar se encuentran y cómo es.
- Qué objetos hay, cómo son y dónde están.

Tiene dos minutos para preparar la tarea. Si lo desea, puede tomar notas.

Después, grabe su respuesta. La grabación empieza automáticamente. Tiene de uno a dos minutos para realizar la tarea.

FOTOGRAFÍA: Las situaciones que aparecen en las fotografías reflejan momentos cotidianos. En ellas aparecen comportamientos socioculturales básicos y generales, relacionados con los ámbitos personal y público.

Escriba aquí sus notas. NO EVALUABLE

TIEMPO DE PREPARACIÓN Y NOTAS: Tiene 2 minutos y medio para preparar esta tarea. Además, cuenta con un espacio para tomar notas que puede utilizar durante su exposición oral. Este contenido no será evaluado.

Grabación automática en: 02:30

¡ATENCIÓN! Si pulsa Siguiente, sale de la tarea y no puede volver a ella.

Siguiente

TIEMPO PARA RESPONDER: Tiene 2 minutos para responder a todas las pautas de la tarea. Es recomendable emplear entre 1 y 2 minutos.

Las **imágenes** de la **Tarea 2** tratan **temas**:

- personales (relaciones entre personas, vida cotidiana...);
- públicos (servicios, sociedad, viajes, alojamientos, transportes, ocio y mundo laboral...).

La Tarea 2 evalúa la capacidad del candidato para realizar una **breve presentación oral** a partir de una fotografía y una serie de pautas. Esta tarea valora el **nivel A2** y su puntuación representa el 20 % del valor total de la prueba (250 puntos SIELE); por lo tanto, su valor máximo es de 50 puntos.

Todos los candidatos, incluidos aquellos que busquen o esperen alcanzar una puntuación superior al A2, deben hacerla.

4.3.2. La Tarea 2 de EIO: cómo se resuelve

CÓMO RESOLVER LA TAREA: PASO 1

Seleccione una fotografía

▶ **Mire las dos fotografías** y observe algunas de sus características:

- Las personas. De un vistazo, fíjese en cómo son, qué ropa llevan, qué están haciendo, cómo se sienten, etc.
- Las acciones o situaciones. De un vistazo, ¿qué están haciendo las personas de la fotografía?
- El lugar. De un vistazo, ¿dónde se realiza la acción?, ¿cómo es ese lugar?, ¿puede describirlo?
- Los objetos. De un vistazo, ¿conoce los objetos que aparecen en cada una de las fotografías?

▶ **Seleccione una de las dos fotografías.** Elija la fotografía con la que esté más cómodo y con la que puede describir un mayor número de características y utilizar las palabras que conoce.

▶ Recuerde que tiene **30 segundos** para llevar a cabo este paso.

ACTIVIDAD 1

Observe estas dos fotografías y piense en las características principales de cada una. Después, seleccione la que prefiere describir.

Opción 1

Opción 2

Personas

Acciones o situaciones

Objetos

Lugar

CÓMO RESOLVER LA TAREA: PASO 2

Prepare el monólogo

- **Analice la fotografía** teniendo en cuenta las pautas de la tarea y preste atención a los detalles. Aunque en esta tarea puede responder a las pautas en cualquier orden, le recomendamos seguir el orden establecido para no olvidar ningún punto.
- **Tome nota de las palabras** que conoce y quiere utilizar en su monólogo. Puede utilizar también expresiones o referirse a aspectos culturales que estén relacionados con la tarea.
- Recuerde que tiene **2 minutos y medio** para llevar a cabo este paso.
- Para practicar esta tarea en la extensión digital del manual **acceda a la Tarea 2** en la sección "Cómo se resuelve" y grabe su respuesta.

ACTIVIDAD 2

Observe atentamente la fotografía que ha seleccionado y tome nota de todas las características que se indican en las pautas de la tarea.

Escriba aquí sus notas. NO EVALUABLE

Describa la fotografía. Estos son los aspectos que tiene que comentar:

- Cuántas personas hay y qué relación existe entre ellas.
- Cómo son esas personas y qué ropa llevan.
- Qué están haciendo esas personas y cómo cree que se sienten.
- En qué lugar se encuentran y cómo es.
- Qué objetos hay, cómo son y dónde están.

CÓMO RESOLVER LA TAREA: PASO 3

Grabe el monólogo

- Describa la fotografía siguiendo las **pautas** y sus **notas**.
- Tenga en cuenta el tiempo disponible para responder: **2 minutos**.
- Preste atención al **uso de la lengua** que hace (cohesión del discurso, fluidez, corrección, alcance y pronunciación...).

Soluciones: pág. 183

ACTIVIDAD 3

Para hacer la descripción de la fotografía, le será útil utilizar recursos como estos:

fuera de	dentro de	delante de	encima de	debajo de
al fondo de	detrás de	al lado de	enfrente de	entre

Fíjese en las fotografías anteriores y practique seleccionando la opción correcta en estas frases:

- Los futuros papás están *al fondo de/entre* la cocina.
- Hay un señor sentado en un banco *detrás de/enfrente de* la chica de las gafas de sol.
- Los chicos que están en el restaurante se han sentado uno *delante/al lado* del otro.
- Los tomates y las zanahorias están *dentro de/fuera de* la ensalada.
- Los cubiertos están *encima/debajo* de la mesa.

4.3.3. La Tarea 2 de EIO: cómo se califica

CÓMO SE CALIFICA

La Tarea 2 de la prueba de Expresión e interacción orales la califican expertos en evaluación que utilizan las escalas de calificación estandarizadas del SIELE.

La escala para calificar esta tarea consta de dos categorías: Uso de la lengua y Cumplimiento de la tarea.

En el uso de la lengua se evalúa la manera de expresarse: la cohesión del discurso, la fluidez y pronunciación, la corrección y el alcance.

En el cumplimiento de la tarea se tiene en cuenta si responde de manera adecuada a los puntos de desarrollo de la Tarea 2.

La escala tiene 6 puntos que van de 0 a 5. Puede ver la escala en las páginas 147-148.

ACTIVIDAD 1

Soluciones: pág. 184

Escuche las respuestas que dieron dos candidatos a la Opción 2 de la Tarea 2 en la sección "Cómo se califica" de la Extensión digital del manual. Fíjese en los puntos que cumplió el Candidato 1 (Respuesta 1) y señale los que cumplió el Candidato 2 (Respuesta 2) para saber qué calificación le corresponde a cada uno. Después, puede leer los informes de calificación en la página 184.

Describa la fotografía. Estos son los aspectos que tiene que comentar:

- Cuántas personas hay y qué relación existe entre ellas.
- Cómo son esas personas y qué ropa llevan.
- Qué están haciendo esas personas y cómo cree que se sienten.
- En qué lugar se encuentran y cómo es.
- Qué objetos hay, cómo son y dónde están.

Candidato 1 (Respuesta 1)

Respuesta del usuario

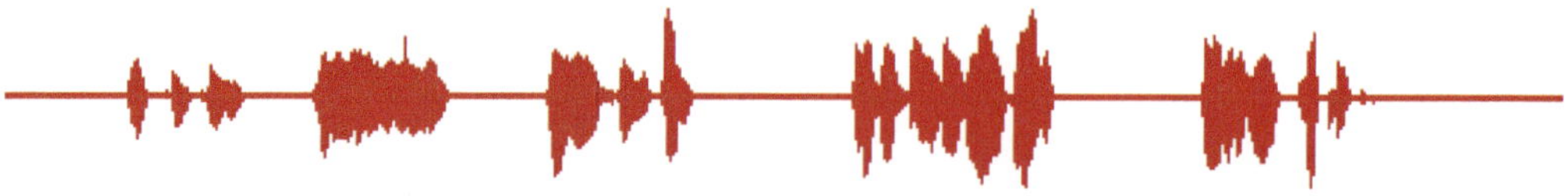

*En este fotograma am... hay dos personas y son novios y viven en Madrid, creo am... Esas personas son muy *simpáticos y tienen una relación... muy fuerte y con am mucha pasión am... La ropa que llevan es muy casual y muy *cómodo para ellos, am... También están preparando la comida porque am... la familia de ellos están... viniendo a su casa am... Y también eh... los dos son muy simpáticos eh, los dos *son muy contentos porque am... ella está embarazada *con su primer bebé. Am... están en la cocina y la cocina es muy limpia y tiene *mucha-mucho color am... como rojo en la pared y *los-las luces azules. También ah... hay mucha comida en la cocina am... como ensalada y tomates y zanahorias y también galletas am... porque están preparando la comida para su familia. Y... am... también ah... el hombre está poniendo *sus manos en am... el estómago de su esposa porque... ella está embarazada y él está muy contento am... porque los dos *crean que es un... am... varón o hijo.*

Candidato 2 (Respuesta 2)

Respuesta del usuario

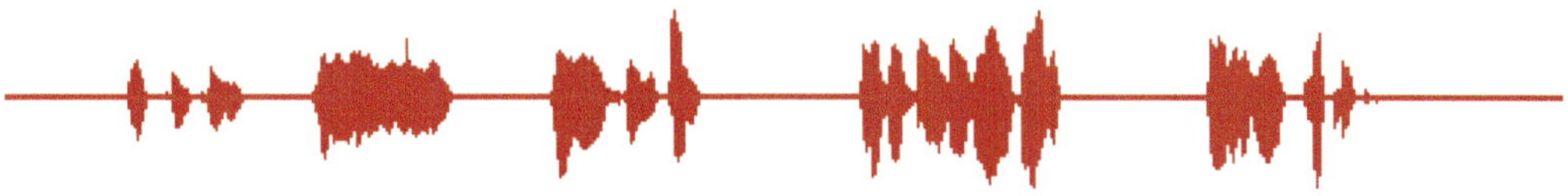

*Eh… hay dos personas eh… y me *paracen que eh… están *casadas eh… y una es una mujer rubia que lleva una camiseta y pantalones y em… el otro es un hombre que… es moreno y tiene una camisa y vaqueros em… Los dos me parecen bastante eh… contentos y eh… Creo que ella está embarazada y em… están hablando pero no sé de qué eh… Están en una cocina… Es un-un espacio muy limpio y hay mucha luz… eh… Están eh… Están en… No están sentados, están hablando *en pie y eh… eso es todo.*

Calificación A

Uso de la lengua: 4 | Cumplimiento: 5

Alcance	Cohesión	Fluidez	Corrección	
Su nivel de lengua le permite desenvolverse con cierta precisión.	Su discurso es claro y coherente.	Realiza pausas cuando utiliza palabras o estructuras complejas.	Comete algún error cuando utiliza palabras o estructuras complejas.	Cumple con todos los puntos.

Calificación B

Uso de la lengua: 4 | Cumplimiento: 3

Alcance	Cohesión	Fluidez	Corrección	
Su nivel de lengua le permite desenvolverse con cierta precisión	Su discurso es claro y coherente.	Realiza pausas cuando utiliza palabras o estructuras complejas.	Comete algún error cuando utiliza palabras o estructuras complejas.	Cumple con tres puntos, el resto no los menciona o lo hace de manera demasiado breve.

4.3.4. La Tarea 2 de EIO: manos a la obra

Con lo aprendido en esta sección, responda a la Tarea 2 de EIO en la sección "Manos a la obra" de la Extensión digital del manual siguiendo las instrucciones.

1) Lea las instrucciones.
2) Mire las dos fotografías.
3) Piense qué pautas podría responder para cada fotografía.
4) Seleccione una de las dos opciones.
5) Prepare su respuesta: analice la fotografía y tome notas.
6) Haga su exposición y calcule el tiempo. Tenga en cuenta que el tiempo máximo de grabación de respuesta es de 2 minutos en esta tarea.

CONSEJOS PARA PRACTICAR

Le aconsejamos practicar describiendo fotografías de situaciones cotidianas. Tenga en cuenta siempre las pautas de la tarea y calcule el tiempo que tarda en responderla para que se ajuste al máximo de 2 minutos que dura la grabación en el examen oficial.

Tarea 1	Tarea 2	Tarea 3	Tarea 4	Tarea 5

Usted tiene que describir una de estas fotografías. Elija una:

Tiempo para elegir la opción: 00:30

Opción 1

Opción 2

Expresión e interacción orales

Tarea 1	Tarea 2	Tarea 3	Tarea 4	Tarea 5

Opción 2

Describa la fotografía. Estos son los aspectos que tiene que comentar:

- Cuántas personas hay y qué relación existe entre ellas.
- Cómo son esas personas y qué ropa llevan.
- Qué están haciendo esas personas y cómo cree que se sienten.
- En qué lugar se encuentran y cómo es.
- Qué objetos hay, cómo son y dónde están.

Tiene dos minutos para preparar la tarea. Si lo desea, puede tomar notas.

Después, grabe su respuesta. La grabación empieza automáticamente. Tiene de uno a dos minutos para realizar la tarea.

Escriba aquí sus notas. NO EVALUABLE

Grabación automática en: 02:30

Siguiente

4.4. La Tarea 3 de EIO

4.4.1. La Tarea 3 de EIO: cómo es

En la Tarea 3 de la prueba de Expresión e interacción orales hay que responder a dos situaciones: una informal, del ámbito personal (Parte primera, p. 111), y otra formal, del ámbito público (Parte segunda, p. 113). Podrá elegir entre dos opciones para cada tipo de situación.

Expresión e interacción orales

Tarea 1	Tarea 2	Tarea 3	Tarea 4	Tarea 5

Parte primera. Elija una de las siguientes opciones:

Tiempo para elegir la opción: 01:00

OPCIONES: Usted dispone de 1 minuto para elegir una de las dos opciones. Si no lo hace en ese tiempo, el sistema selecciona una.

Rechazar una invitación

Su amigo Pedro le invita a almorzar, pero usted no puede ir. Tiene que:

- disculparse;
- explicar las razones por las que no puede acompañarlo;
- proponer alternativas para verse otro día.

Opción 1

Organizar una fiesta

Usted va a organizar una fiesta y está llamando a los invitados. Tiene que:

- informar de que hace una fiesta y por qué;
- decir dónde es la fiesta, qué día y a qué hora;
- explicar cómo llegar hasta ese lugar y qué harán en la fiesta.

Opción 2

PROCESO: Es el mismo en la parte primera y en la parte segunda.

Tarea 1	Tarea 2	Tarea 3	Tarea 4	Tarea 5

INSTRUCCIONES Y PAUTAS: En esta tarea las instrucciones y las pautas siempre son diferentes.

Opción 2. Organizar una fiesta

Usted va a organizar una fiesta y está llamando a los invitados. Tiene que:

- informar de que hace una fiesta y por qué;
- decir dónde es la fiesta, qué día y a qué hora;
- explicar cómo llegar hasta ese lugar y qué harán en la fiesta.

Grabe su respuesta. La grabadora empieza automáticamente. Tiene un minuto y medio para realizar esta tarea.

TIEMPO PARA RESPONDER: Tiene un máximo de 1 minuto y 30 segundos para responder a cada situación. Puede detener la grabadora en cualquier momento. Si no lo hace, la grabación finaliza al cumplir el tiempo máximo.

Grabación automática en: 00:20

SIN TIEMPO DE PREPARACIÓN: Una vez seleccionada la opción, tiene 20 segundos para comenzar la grabación.

¡ATENCIÓN! Si pulsa Siguiente, sale de la tarea y no puede volver a ella.

Siguiente

Las **situaciones** de la **Tarea 3** tratan **temas**:

- del ámbito personal (la vida cotidiana, las relaciones con otras personas...);
- del ámbito público (los servicios, la vivienda, la sociedad, los viajes, el alojamiento, los transportes...).

La Tarea 3 evalúa la capacidad del candidato para desenvolverse en las **situaciones comunicativas** durante un máximo de un minuto y medio. Esta tarea valora **el nivel B1** y su puntuación representa el 20 % del valor total de la prueba (250 puntos SIELE); por lo tanto, su valor máximo es de 50 puntos.

Todos los candidatos, incluidos aquellos que busquen o esperen alcanzar una puntuación superior al B1, deben realizarla.

4.4.2. La Tarea 3 de EIO: cómo se resuelve

CÓMO RESOLVER LA TAREA: PASO 1

- Lea los **títulos** de las dos opciones para la situación informal. ¿Reconoce las situaciones que se plantean?
- Lea las **pautas** de cada opción para saber qué debe hacer según la opción que elija. ¿Cree que puede cumplirlas de manera sencilla? Elija la situación con la que está más cómodo y con la que puede cumplir el máximo número de pautas establecidas y utilizar las palabras que conoce.
- Seleccione una de las **dos opciones**. Tiene 30 segundos para elegir, si no lo hace en ese tiempo, la plataforma le asigna una de manera aleatoria.
- Para practicar esta tarea en la Extensión digital del manual acceda a la Tarea 3 en la sección "Cómo se resuelve" y grabe su respuesta.

Soluciones: pág. 184

ACTIVIDAD 1

Lea las respuestas de dos candidatos a las dos opciones de la parte primera, del ámbito personal, y complete los huecos con los recursos necesarios.

Opción 1. Proponer una excursión

Usted quiere hacer una excursión el fin de semana y llama a su amigo para invitarle. Usted tiene que:

- saludar e invitar a su amigo a ir con usted;
- decirle adónde quiere ir y por qué eligió ese lugar;
- proponer diferentes actividades para hacer allí.

Opción 2. Recomendar un restaurante

Usted recibe la llamada de un amigo que le pide consejo sobre dónde ir a cenar. Usted tiene que:

- saludar y hacer una pregunta personal;
- decir su opinión sobre diferentes restaurantes de la ciudad;
- recomendar su restaurante favorito y explicar por qué le gusta.

Opción 1

*¡Hola! Buenos días... ______ si quieres ir a Florida conmigo este fin de semana. Vamos a ir mis padres y yo para tener una *vacación y queremos saber si quieres venir tú también con nosotros. Vamos a ir a Florida ______, porque... hace sol... Y allí podemos ir a Disney, podemos ir a lo... a los parques que tienen las *montaña rusas y ______. Entonces, ______ pronto, a ver si quieres ir con nosotras. Adiós.*

Quería saber · *si puedes responderme* · *porque hace muy buen tiempo* · *lo vamos a pasar muy bien*

Opción 2

*¡Hola! Buenas, amiga. Qué tal ah... ¿estás bien? Creo que sí. Ah... ______, hay muchos restaurantes que puedes *irte am... con diferentes tipos de comida como comida de China, o comida de Estados Unidos, como una hamburguesa o algo como así. Ahmm, pues no sé qué quieres comer, pero ______ que son muy *buenas ah... buenos, como por ejemplo La Gran Hamburguesa Tiene hamburguesas. Y también hay un pub que se llama, que se llama... El Pub Irlandés: tiene nachos. También hay una... un lugar con tapas, muy buenas. Y ______ como eh... ah... en la calle con... eh... el mercado. También ______, puedes buscar en el Internet con *otros opciones. También. Y... Te amo, chao.*

Pues en mi opinión · *si quieres* · *yo conozco algunos restaurantes* · *también hay restaurantes un poco más elegantes*

Para escuchar las respuestas acceda a las opciones de la Tarea 3 en la sección "Cómo se resuelve" de la extensión digital.

CÓMO RESOLVER LA TAREA: PASO 2

- Una vez seleccionada la opción, tiene 20 segundos para empezar la grabación. Haga una breve **planificación** de lo que va a decir.
- Tiene **1 minuto y medio** para hacer su **exposición**. Si termina antes del tiempo establecido, puede detener la grabación pulsando ■ Terminar grabación
- Siga los mismos pasos para resolver la situación 2 de la Tarea 3.

ACTIVIDAD 2

Soluciones: pág. 184

Lea las dos opciones de la parte segunda, del ámbito público, de la Tarea 3. Después, relacione los recursos que encontrará a continuación para cada una de las opciones. ¿Sabría decir a qué pautas responde cada uno de los recursos? Fíjese en el ejemplo.

Expresión e interacción orales

Tarea 1 | Tarea 2 | **Tarea 3** | Tarea 4 | Tarea 5

Parte segunda: Elija una de las siguientes opciones:

Tiempo para elegir la opción: 01:00

Opción 1. Solicitar un documento

Usted necesita pedir un visado para viajar a un país extranjero y va a una oficina de la embajada. Usted tiene que:

- saludar y decir qué quiere solicitar;
- explicar el motivo de su viaje;
- decir cuántas veces ha estado allí, informar de la duración del viaje, del alojamiento.

Opción 1

Opción 2. Solicitar un puesto de trabajo

Usted va a solicitar un puesto de trabajo en una empresa internacional. Usted tiene que:

- saludar y presentarse;
- explicar por qué quiere trabajar en esa empresa;
- hablar de los idiomas que conoce y de por qué son útiles para su trabajo.

Opción 2

Opción 1

- Hago este viaje...
- Es la primera vez que...
- Buenos días... → ... necesito un visado para viajar a Australia. (Saludar y decir qué quiere solicitar)
- Me alojaré...
- Tengo pensado...

Opción 1

... viajo a este país.
... necesito un visado para viajar a Australia.
... quedarme un mes.
... porque unos amigos míos viven allí.
... en casa de mis amigos.

Saludar y decir qué quiere solicitar

Opción 2

- Yo hablo chino e inglés...
- Buenos días...
- Me gustaría...
- Soy...
- Por eso...

Opción 2

... licenciada en periodismo.
... además de español.
... me llamo Daida García.
... creo que podría ocuparme de la comunicación con este país.
... trabajar en su empresa por sus relaciones con China.

4.4.3. La Tarea 3 de EIO: cómo se califica

CÓMO SE CALIFICA

La Tarea 3 de la prueba de Expresión e interacción orales la califican expertos en evaluación que utilizan las escalas de calificación estandarizadas del SIELE.

La escala para calificar esta tarea consta de dos categorías: Uso de la lengua y Cumplimiento de la tarea.

En el uso de la lengua se evalúa la manera de expresarse: la cohesión del discurso, la fluidez y pronunciación, la corrección y el alcance.

En el cumplimiento de la tarea se tiene en cuenta si resuelve de manera adecuada las situaciones de la Tarea 3 y responde a los puntos de desarrollo.

La escala tiene 6 puntos que van de 0 a 5. Puede ver la escala en las páginas 147-148.

Soluciones: pág. 184

ACTIVIDAD 1

Escuche la respuesta que dio un candidato a dos situaciones de la Tarea 3 en la sección "Cómo se califica" de la Extensión digital del manual. ¿Sabría decir cuál de las dos calificaciones le corresponde? Después, puede leer el informe de calificación en la página 184.

Parte primera. Opción 1. Proponer una excursión

Usted quiere hacer una excursión el fin de semana y llama a su amigo para invitarle. Usted tiene que:

- saludar e invitar a su amigo a ir con usted;
- decirle adónde quiere ir y por qué eligió ese lugar;
- proponer diferentes actividades para hacer allí.

Respuesta del usuario

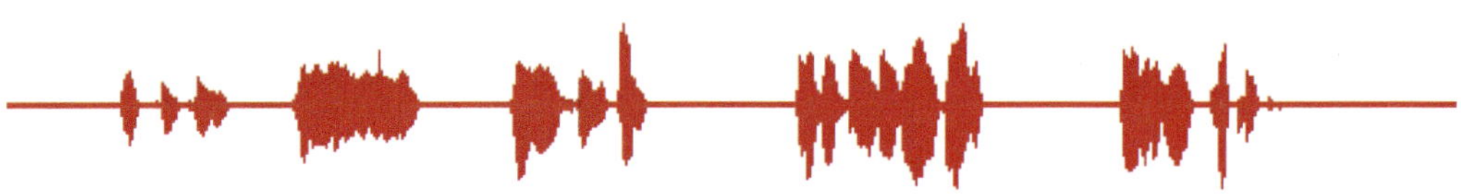

*Hola, ¿Samuel? No sé qué estás haciendo en este momento pero si... si tienes tiempo puedes venir conmigo para una excursión... Parece eh... *Encuentro un lugar que parece muy guay y *que... en donde *ponemos ah... pues podemos hacer eh... alpinismo y kayak y un poco de... tal vez un poco de ciclismo, pero no estoy seguro sobre ese punto. Podemos ir allá con... con tu coche pero puedo conducir si no *lo *quiere y lo... y pues... Es *este, espero *que voy a verte allá.*

Después de escuchar la respuesta del candidato a la opción **Proponer una excursión** pulse **Siguiente**.

Parte segunda. Opción 1. Solicitar un documento

Usted necesita pedir un visado para viajar a un país extranjero y va a una oficina de la embajada. Usted tiene que:

- saludar y decir qué quiere solicitar;
- explicar el motivo de su viaje;
- decir cuántas veces ha estado allí, informar de la duración del viaje, del alojamiento.

Respuesta del usuario

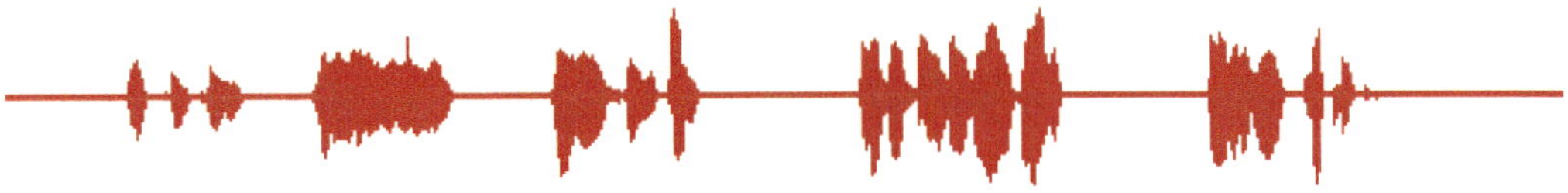

*Hola. He llamado para... Llamo para preguntar si es posible tener un *visa de estudios para España, pues como he dicho un poco an... un poqui, un poquitín antes am... Voy a España para estudiar entonces voy a estar allá por ah... por pienso que es algo como cuatro meses... *Es, va a ser mi primera vez allá y... voy, para el primer mes voy a estar una familia de... de españoles y después voy a buscar alojamiento en tal vez un *apartamiento... Quizá continuar con la familia si todo se... todo pasa bien am... Pues es *este, espero *que una respuesta próximamente. Gracias *para responder.*

Calificación A

Uso de la lengua: 4				Cumplimiento: 5
Alcance	**Cohesión**	**Fluidez**	**Corrección**	
Su nivel de lengua le permite desenvolverse con cierta precisión.	Su discurso es claro y coherente.	Realiza pausas cuando utiliza palabras o estructuras complejas.	Comete algún error cuando utiliza palabras o estructuras complejas.	Cumple con todos los puntos.

Calificación B

Uso de la lengua: 3				Cumplimiento: 4
Alcance	**Cohesión**	**Fluidez**	**Corrección**	
Su nivel de lengua le permite desenvolverse en las situaciones de forma sencilla.	Su discurso se comprende pero utiliza solo elementos de enlace sencillos.	Realiza pausas al usar estructuras habituales.	Comete errores al usar estructuras habituales.	Cumple con todos los puntos menos uno.

4.4.4. La Tarea 3 de EIO: manos a la obra

Con lo aprendido en esta sección, responda a la Tarea 3 de EIO en la sección "Manos a la obra" de la Extensión digital del manual siguiendo las instrucciones.

1) Lea las instrucciones de la tarea.
2) Lea los títulos de las dos opciones propuestas como situación informal.
3) Seleccione una de las dos opciones.
4) Planifique brevemente lo que va a decir.
5) Haga su exposición en un tiempo máximo de 1 minuto y medio o detenga su grabación antes.
6) Lea los títulos de las dos opciones propuestas como situación formal.
7) Seleccione una de las dos opciones.
8) Planifique brevemente lo que va a decir.
9) Haga su exposición en un tiempo máximo de 1 minuto y medio o detenga su grabación antes.

CONSEJOS PARA PRACTICAR

Practique dando respuesta a otras situaciones cotidianas, informales y formales. El formato de respuesta que se espera es parecido a los mensajes que se dejan en un contestador o a los mensajes de voz que se envían por mensajería instantánea. No olvide calcular el tiempo que tarda en completar cada opción de la tarea.

Expresión e interacción orales

Tarea 1	Tarea 2	Tarea 3	Tarea 4	Tarea 5

Parte primera. Elija una de las siguientes opciones:

Tiempo para elegir la opción: 01:00

Rechazar una invitación

Usted ha recibido la invitación a la boda de un amigo y lo llama. Usted tiene que:

- saludar y felicitarlo;
- rechazar la invitación y explicar por qué no puede ir;
- ofrecerse para organizar la despedida de soltero y hacer una propuesta.

Opción 1

Comunicar que ha ganado una beca

Usted ha ganado una beca para ir al extranjero a estudiar español y llama a un amigo hispano para darle la noticia. Usted tiene que:

- saludar y dar la noticia;
- informar sobre la beca (destino, curso, alojamiento, etc.);
- explicar por qué el español le será útil en el futuro.

Opción 2

Expresión e interacción orales

Tarea 1	Tarea 2	Tarea 3	Tarea 4	Tarea 5

Parte segunda. Elija una de las siguientes opciones:

Tiempo para elegir la opción: 01:00

Contratar un viaje

Usted tiene que organizar un viaje de empresa y va a una agencia de viajes. Usted tiene que:

- saludar e informar del lugar al que quieren viajar y de cuántas personas son;
- explicar cómo debe ser el viaje: duración, hotel y actividades;
- contar un problema que tuvo en el último viaje de empresa para que no pase otra vez.

Opción 1

Buscar compañero de apartamento

Usted está buscando un compañero para compartir su apartamento y habla con una persona que está interesada en vivir con usted. Usted tiene que:

- saludar y presentarse brevemente;
- describir el apartamento: zona o barrio, habitaciones y precio;
- informar de las normas de la casa: hacer fiestas, limpiar y tener animales.

Opción 2

4.5. La Tarea 4 de EIO

4.5.1. La Tarea 4 de EIO: cómo es

En la Tarea 4 de la prueba de Expresión e interacción orales hay que leer un texto breve y responder a tres preguntas relacionadas con él. Los candidatos pueden elegir entre dos opciones distintas antes de responder a la Tarea 4. El tema de la opción escogida será el mismo para la Tarea 5.

Expresión e interacción orales

Tarea 1 | Tarea 2 | Tarea 3 | **Tarea 4** | Tarea 5

Elija uno de los siguientes temas para hablar sobre él en las tareas 4 y 5.

Tiempo para elegir la opción: 00:30

OPCIONES: Puede leer el título de los dos textos antes de hacer su selección.

TIEMPO: Tiene 30 segundos para elegir una de las dos opciones.

El reciclaje — Opción 1

Los alimentos transgénicos — Opción 2

Expresión e interacción orales

Tarea 1 | Tarea 2 | Tarea 3 | **Tarea 4** | Tarea 5

INSTRUCCIONES: En esta tarea las instrucciones siempre son iguales.

Opción 1

Lea el texto. A continuación, pulse para escuchar cada pregunta ( ) y grabe su respuesta ( ). Tiene usted 1 minuto para responder cada pregunta.

TIEMPO PARA RESPONDER: Tiene 1 minuto para responder a cada una de las tres preguntas.

EL RECICLAJE

A nivel mundial, el manejo de la basura es uno de los factores que más afecta al medio ambiente. El incremento de basureros altera el ecosistema y pone en peligro la flora y la fauna del planeta. En una visión ecológica del mundo, el reciclaje es la medida principal para conseguir la disminución de residuos sólidos.

Pregunta 1

El audio empezará en: 01:00 — Grabar

TEXTO: Los textos son breves y contienen opiniones o información sobre diversos temas que sirven como estímulo. Tiene 1 minuto para leer el texto, hasta que escuche la primera pregunta.

Pregunta 2

Reproducir — Grabar

PREGUNTAS: Las preguntas comienzan de forma automática. En ellas se pide al candidato que dé información, exprese su opinión y se ponga en una situación hipotética. Puede escucharlas dos veces antes de comenzar la grabación de la respuesta.

Pregunta 3

Reproducir — Grabar

¡ATENCIÓN! Si pulsa Siguiente, sale de la tarea y no puede volver a ella.

Siguiente

La Tarea 4 evalúa la capacidad del candidato para llevar a cabo una **interacción con el sistema** durante un máximo de tres minutos. Esta tarea valora **el nivel B2** y su puntuación representa el 20 % del valor total de la prueba (250 puntos SIELE); por lo tanto, su valor máximo es de 50 puntos.

Todos los candidatos, incluidos aquellos que busquen o esperen alcanzar una puntuación superior al B2, deben realizarla.

Los **textos** de la **Tarea 4** tratan **temas**:

- de los ámbitos público, educativo o profesional;
- abstractos (economía e industria, política, ciencia y tecnología, geografía, naturaleza, cultura y educación...).

Los textos y audios de esta tarea pertenecen a diferentes variedades lingüísticas del mundo hispánico.

4.5.2. La Tarea 4 de EIO: cómo se resuelve

CÓMO RESOLVER LA TAREA: PASO 1

▶ **Lea las dos opciones** que se le proponen y seleccione el tema que mejor conoce o que le parece más interesante. Tiene 30 segundos para hacer la selección. Si no lo hace en ese tiempo, el sistema selecciona uno de manera aleatoria. Recuerde: la Tarea 5 tratará sobre el mismo tema que seleccione ahora en la Tarea 4.

CÓMO RESOLVER LA TAREA: PASO 2

▶ **Tiene un minuto para leer el texto** que corresponde a la opción seleccionada. Léalo detenidamente y fíjese: ¿Cuál es la idea principal? ¿Aparece en el texto la opinión del autor o, simplemente, se informa o se expone algo? ¿Hay en el texto argumentos o ejemplos? Tome nota de estas ideas y relaciónelas con sus conocimientos sobre ese tema. Pasado el tiempo reservado para la lectura del texto, comienzan las preguntas de la tarea.

ACTIVIDAD 1

Lea el texto correspondiente a la Opción 2 de la Tarea 4 y conteste a las preguntas.

Opción 2

Hacer tu mente más ágil

Hacer cálculos mentales, recordar el número telefónico de tu mejor amigo o simplemente leer un mapa son ejercicios mentales que actualmente dejas en manos de tu teléfono móvil listo para resolver tus necesidades con un solo clic.

Sin embargo, al tratar de hacer este tipo de tareas sin esos maravillosos aparatos, tal vez ya no te sea tan fácil obtener un resultado correcto o con la misma habilidad de antes; o peor aún, tu mente puede estar perdiendo la capacidad de realizarlo.

Varias investigaciones han demostrado que el entrenamiento mejora la habilidad de tu mente y, sorprendentemente, son los teléfonos móviles los que pueden ayudarte a lograr esto a través de aplicaciones que permiten hacer practicar tu cerebro.

(Adaptado de *www.dineroenimagen.com/2016-05-21/73253*. México)

- ¿Cuál es la idea principal?

- ¿Aparece en el texto la opinión del autor o, simplemente, se informa o se expone algo?

- ¿Hay en el texto argumentos o ejemplos?

- Resuma el texto en una frase.

- ¿Cuál es su opinión en relación con la información del texto?

CÓMO RESOLVER LA TAREA: PASO 3

- Después de la lectura del texto, va a escuchar las tres preguntas. Comienzan de manera automática y tiene 15 segundos desde que acaba cada pregunta hasta que empieza la grabación de la respuesta. Durante esos segundos, puede volver a escuchar la pregunta, planear su respuesta o, si lo prefiere, puede adelantar la grabación de su respuesta pulsando el botón de Grabación automática en: 00:15
- En sus respuestas debe expresar su opinión, proporcionar información o hacer una hipótesis sobre el tema elegido. Tiene hasta un minuto para responder a cada pregunta. Puede detener antes la grabación pulsando el botón de Terminar grabación

ACTIVIDAD 2

Soluciones: pág. 185

Para contestar bien a las preguntas de la Tarea 4, es necesario entender qué se le pide en cada una de ellas. Acceda a la Opción 2 (Hacer tu mente más ágil) de la Tarea 4 en la sección "Cómo se resuelve" de la Extensión digital del manual, escuche las tres preguntas correspondientes al texto de la página anterior e indique si la propuesta es verdadera o falsa. Después, intente contestar como lo haría en el examen y grabe su respuesta.

	Pregunta...	¿Verdadero o falso? ¿Por qué?	¿Qué contestaría usted?
Pregunta 1	si el uso de los móviles influye en la forma de pensar de la gente.	*Falso. Pregunta si el uso de móviles influye en los procesos mentales, no en la forma de pensar de la gente.*	
Pregunta 2	cómo me aprovecho de las funciones que ofrecen las aplicaciones para móvil.		
Pregunta 3	si aconsejaría usar el teléfono móvil en los colegios si fuera una autoridad educativa en mi país.		

ACTIVIDAD 3

Soluciones: pág. 185

Vea ahora las respuestas que dieron diferentes candidatos a la Opción 2 de la Tarea 4. ¿Sabría decir en qué respuesta están dando su opinión y en cuál información? Tome nota de los recursos que le han ayudado a identificar cada tipo de respuesta y añada otros que conozca.

RESPUESTAS	OPINIÓN	INFORMACIÓN	HIPÓTESIS	RECURSOS
Si fuera una autoridad educativa, yo aconsejaría establecer un tiempo específico para el uso del móvil.			x	*"Si fuera..., aconsejaría..."* Otros:
Sí, creo que los teléfonos móviles pueden ayudar a desarrollar las capacidades mentales.				Otros:
No solo usamos el móvil para mandar audios, sino también para comunicarnos a través de las redes sociales.				Otros:

Prepárese para el SIELE | Expresión e interacción orales | Tarea 4

4.5.3. La Tarea 4 de EIO: cómo se califica

CÓMO SE CALIFICA

La Tarea 4 de la prueba de Expresión e interacción orales la califican expertos en evaluación que utilizan las escalas de calificación estandarizadas del SIELE.

La escala para calificar esta tarea consta de dos categorías: Uso de la lengua y Cumplimiento de la tarea.

En el uso de la lengua se evalúa la manera de expresarse: la cohesión del discurso, la fluidez y pronunciación, la corrección y el alcance.

En el cumplimiento de la tarea se tiene en cuenta si responde de manera adecuada a las preguntas de la Tarea 4.

La escala tiene 6 puntos que van de 0 a 5. Puede ver la escala en las páginas 147-148.

ACTIVIDAD 1

Soluciones: pág. 185

Escuche las respuestas que dio este candidato a las tres preguntas de la Opción 1 de la Tarea 4 en la sección "Cómo se califica" de la Extensión digital del manual. ¿Sabría decir cuál de las dos calificaciones (A o B) le corresponde? Después, puede leer los informes de calificación en la página 185.

Opción 1

Debate por la instalación de grandes superficies

Las grandes superficies son la forma más rápida de consumir todo lo que se quiera. Nos ofrecen la oportunidad de ver toda clase de objetos pasando por delante de nuestros ojos, gritándonos "cómprame" y mostrándose a primera vista como altamente confiables porque, como mucha gente los consume, siempre son nuevos. Debido a esto, el pequeño comercio se encuentra ante el problema o aventura, según como se vea, de tener que sobrevivir ante estas grandes cadenas que ofrecen más y más barato.

Sin embargo, más allá de esa forma de consumismo ilimitado, los consumidores pueden escoger entre distintas opciones; a veces razonables, como comprar únicamente lo que se necesita; y otras no tanto, como comprar productos innecesarios, simplemente por ser baratos.

(Adaptado de *www.diarioelpueblo.com.uy/generales/la-polemica-por-la-instalacion-de-los-grandes-superficies.html*. Uruguay)

Respuesta del usuario

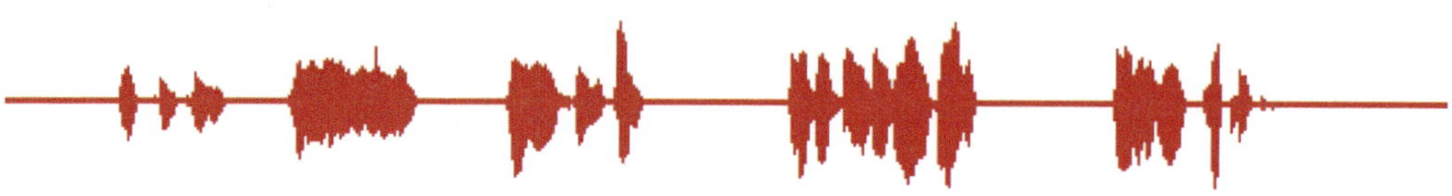

Pregunta 1: *¿Cree usted, como dice el texto, que las ventajas sobre el consumo en grandes superficies colocarían al pequeño comercio en un segundo lugar? Diga por qué sí o por qué no.*

*En el mundo actual, pienso que es verdad que la instalación de grandes superficies puede colocar eh... los pequeños vendedores en un segundo lugar porque es... es verdad que es mucho más cómodo *de ir a las grandes superficies y encontrar-encontrar todo lo que quieras a... un precio mucho más barato. Y... pues... no, no tienes que *pasar mucho tiempo *a... *a ir a comprar cosas. Puedes hacerlo en *algún-es, *algo como una hora y media *u media hora. Y... pues... tienes lo que, todo lo que quieres y... Sí. Es esto.*

Respuesta del usuario

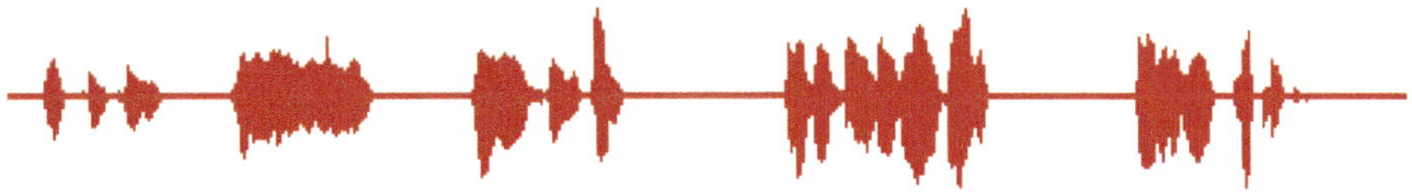

Pregunta 2: *¿Cuáles son sus preferencias a la hora de obtener productos? ¿Las grandes superficies o el tradicional comercio de toda la vida? Justifique su respuesta.*

*Pues, la cosa es que de donde vengo no hay pequeños merc... pequeños vendedores o *pequeño mercados. Entonces *la, todo lo que conozco son las grandes superficies. Para mí es un poco... no sé cómo funcionaría el mercado nor... habitual porque mi normal está en las superficies... Puedes encontrar todo y... pues no sé cómo funcionan las otras... Entonces, no podría dar una respuesta completa.*

Respuesta del usuario

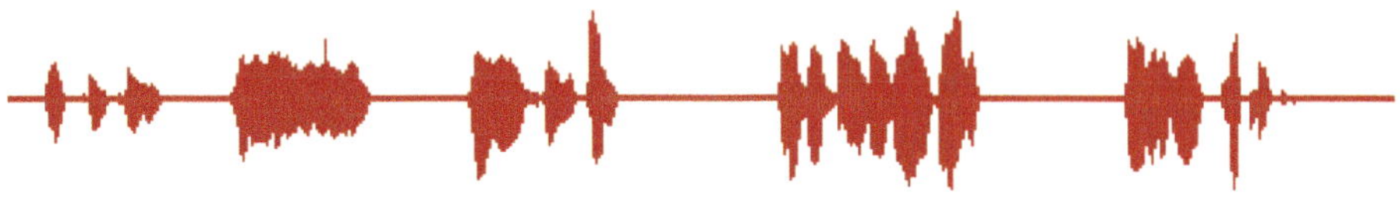

Pregunta 3: *Si usted fuera el representante de una asociación de consumidores, ¿qué consejos les daría a sus miembros para ayudarlos sobre un consumo razonable y equilibrado?*

*A ver, mis consejos para los consumidores, para un consumo razonable y equilibri... equilibrado *sería tal vez *de preguntarse si lo necesitas realmente o si lo compras solo porque es barato. Porque... pues... si por ejemplo tienes que... comprar algo o quieres comprar algo, sería mejor que la próxima vez, que no lo *compras en ese momento y que la próxima vez que lo *ves y si quieres... si lo quieres todavía, puedes comprarlo. Porque vas a tener tiempo para... pensar si lo necesitas realmente y si... si lo quieres realmente. Porque si no lo *utilices... ¿por qué, por qué comprarlo? No lo... [Fin de la grabación]*

Calificación A

Uso de la lengua: 3 — Cumplimiento: 5

Alcance	Cohesión	Fluidez	Corrección	
Su nivel de lengua le permite usar estructuras habituales y vocabulario sencillo.	Su discurso se comprende, pero usa elementos de cohesión frecuentes.	Hace pausas para planear lo que quiere decir. Puede que sea más fluido y claro si habla poco.	Comete errores, pero se le comprende.	Responde adecuadamente a todas las preguntas.

Calificación B

Uso de la lengua: 4 — Cumplimiento: 4

Alcance	Cohesión	Fluidez	Corrección	
Su nivel de lengua le permite aportar información, expresar sus opiniones y defenderlas.	Su discurso es claro y coherente.	Realiza pausas cuando utiliza estructuras y palabras complejas o habla de temas poco habituales.	Comete algún error cuando utiliza estructuras y palabras complejas o habla de temas poco habituales.	Responde parcialmente a todas las preguntas.

4.5.4. La Tarea 4 de EIO: manos a la obra

Con lo aprendido en este apartado, responda a la Tarea 4 de EIO en la sección "Manos a la obra" de la extensión digital del manual siguiendo las instrucciones.

1) Lea las instrucciones de la tarea.
2) Lea los títulos de los dos temas que se le proponen.
3) Seleccione una de las dos opciones. Recuerde que en la Tarea 5 deberá contestar al mismo tema que seleccione ahora.
4) Lea el texto y fíjese en las ideas y ejemplos que contiene.
5) Responda a las preguntas para dar información, expresar su opinión y ponerse en una situación hipotética.

CONSEJOS PARA PRACTICAR

Lea artículos y noticias de actualidad que traten diversos temas y, si es posible, practique participando en debates en los que dé información, exprese su opinión y formule hipótesis.

Expresión e interacción orales

Tarea 1	Tarea 2	Tarea 3	Tarea 4	Tarea 5

Elija uno de los siguientes temas para hablar sobre él en las tareas 4 y 5.

Tiempo para elegir opción: 00:25

Adultos mayores estudian computación

Opción 1

ADULTOS MAYORES ESTUDIAN COMPUTACIÓN

Se puede aprender a cualquier edad. Y aunque el conocimiento muchas veces parezca algo reservado a los jóvenes, los mayores pueden aprender y manejar las nuevas tecnologías de la comunicación digital.
Algunos adultos mayores realizan cursos intensivos de iniciación digital que incluyen el aprendizaje del uso básico de una computadora, la búsqueda de información en Internet, el uso del correo electrónico y la comunicación por chat.
El objetivo es integrar a las personas mayores a esta vida moderna tan dominada por las nuevas tecnologías, explicó a *El Litoral* Marta Castellaro, secretaria de Extensión Universitaria. El hecho de que los adultos mayores de hoy puedan utilizar las nuevas tecnologías es una forma de conectar con las generaciones jóvenes.

(Adaptado de *www.ellitoral.com/index.php/diarios/2010/09/27/educacion/EDUC-02.html*. Argentina).

Pregunta 1

Reproduciendo... 00:00 Grabar

Pregunta 2

Reproducir Grabar

Pregunta 3

Reproducir Grabar

Cuando el suelo regresa a la tierra

Opción 2

CUANDO EL SUELO REGRESA A LA TIERRA

Muchas son las normas que se han considerado a lo largo de los años en busca de la sostenibilidad alimentaria. Sin embargo, alternativas más ecológicas han llegado para señalar un nuevo camino, para detener la destrucción en aumento de los espacios de cultivo.
La agricultura actual, intensiva y de larga duración, es una de las culpables, a largo plazo, de la disminución de la materia orgánica del suelo y también de la pérdida de este. De ahí que algunos especialistas defiendan un modelo agrícola dirigido a mejorar el trabajo de los campesinos mediante la aplicación de tres principios fundamentales: modificación mínima del suelo, mantenimiento permanente con materiales orgánicos y cambio de tipo de cultivos.

(Adaptado de *www.cubahora.cu/ciencia-y-tecnologia/cuando-el-suelo-regresa-a-la-tierra*. Cuba)

Pregunta 1

Reproduciendo... 00:00 Grabar

Pregunta 2

Reproducir Grabar

Pregunta 3

Reproducir Grabar

4.6. La Tarea 5 de EIO

4.6.1. La Tarea 5 de EIO: cómo es

En la Tarea 5 de la prueba de Expresión e interacción orales hay que argumentar a favor o en contra de una afirmación sobre el mismo tema que seleccionó en la Tarea 4 (El reciclaje). El candidato puede elegir entre dos opciones distintas antes de responder a la tarea. Para acceder a la Tarea 5 debe hacerlo desde una de las opciones de la Tarea 4. No es posible entrar en la Tarea 5 directamente.

Expresión e interacción orales

Tarea 1	Tarea 2	Tarea 3	Tarea 4	Tarea 5

OPCIONES DE LA TAREA 5 ASOCIADAS A LA OPCIÓN 1 DE LA TAREA 4

Elija uno de los siguientes temas para hablar sobre él en las tareas 4 y 5.

"Hay que limitar el consumo y el empleo de combustibles y materiales no reciclables porque el ritmo actual es insostenible y destruirá el planeta"

Opción 1

"El reciclaje es la única solución al problema de la contaminación ambiental y del calentamiento global existente".

Opción 2

Tiempo para elegir opción: 00:30

TIEMPO: Tiene 30 segundos para elegir una de las dos opciones.

Expresión e interacción orales

Tarea 1	Tarea 2	Tarea 3	Tarea 4	Tarea 5

INSTRUCCIONES Y PAUTAS: En esta tarea las instrucciones siempre son iguales.

Opción 1

"Hay que limitar el consumo y el empleo de combustibles y materiales no reciclables porque el ritmo actual es insostenible y destruirá el planeta".

Tiene 2 minutos para preparar una argumentación a favor o en contra de la opción elegida. Si lo desea, puede tomar notas.
No olvide:

- presentar su posición al respecto;
- justificar su posición exponiendo sus argumentos;
- ejemplificar;
- concluir dejando clara su postura.

Escriba aquí sus notas. NO EVALUABLE

Grabe su respuesta. La grabación empieza automáticamente.
Tiene de 3 a 4 minutos para realizar la tarea. Pulse en la grabadora para grabar su respuesta.

Grabación automática en: 02:00

TIEMPO DE PREPARACIÓN Y NOTAS: Tiene 2 minutos para preparar esta tarea. Además, cuenta con un espacio para tomar notas que puede utilizar durante su exposición oral. Este contenido no es evaluado.

TIEMPO PARA RESPONDER: Tiene hasta 4 minutos para hacer su exposición oral. Se recomienda hacerla en 3 o 4 minutos.

¡ATENCIÓN! Si pulsa Siguiente, sale de la tarea y no puede volver a ella.

Siguiente

Los **textos** de la **Tarea 5** tratan **temas**:

- de los ámbitos público, educativo o profesional;
- abstractos (economía e industria, política, ciencia y tecnología, geografía, naturaleza, cultura y educación...).

Los textos y audios de esta tarea pertenecen a **diferentes variedades lingüísticas** del mundo hispánico.

La Tarea 5 evalúa la capacidad del candidato para desarrollar un **monólogo** durante un máximo de cuatro minutos eligiendo una afirmación entre dos opciones relacionadas con el tema de la Tarea 4. Esta tarea valora **el nivel C1** y su puntuación representa el 20 % del valor total de la prueba (250 puntos SIELE); por lo tanto, su valor máximo es de 50 puntos.

4.6.2. La Tarea 5 de EIO: cómo se resuelve

CÓMO RESOLVER LA TAREA: PASO 1

Lea las dos opciones que se le proponen y seleccione la frase que tiene la idea más interesante o sobre la que puede hablar y opinar con mayor facilidad. Tiene 30 segundos para hacer la selección. Si no lo hace en ese tiempo, el sistema selecciona una de manera aleatoria.

CÓMO RESOLVER LA TAREA: PASO 2

- Lea las **instrucciones y pautas** de la tarea. Fíjese, las pautas de la Tarea 5 nunca cambian; siempre debe presentar su opinión sobre el tema que haya seleccionado, justificar su posición con argumentos, dar ejemplos y concluir dejando clara su postura.
- **Preparare su exposición** y anote sus ideas. Tenga en cuenta las pautas de la tarea y haga un esquema para organizar su monólogo. Tiene 2 minutos.
- Para practicar esta tarea en la Extensión digital del manual acceda a la Tarea 5 en la sección "Cómo se resuelve" y grabe su respuesta.

ACTIVIDAD 1

Soluciones: pág. 185

En la Tarea 5, dispone de un apartado para tomar notas que le ayuda a preparar su monólogo. Fíjese en estas notas que tomó un candidato para la Opción 1 (relacionada con la opción 2 de la Tarea 4: Hacer tu mente más ágil) y relacione los argumentos con sus ejemplos.

"La llegada de las nuevas tecnologías ha hecho que los profesionales de la educación se replanteen la pedagogía y el trabajo en el aula".

Opción 1

Argumentos

La aparición de plataformas educativas en la red ha hecho que cambie la forma de impartir algunas asignaturas. →

El proceso de entrega y revisión de materiales se ha agilizado gracias a la aparición de distintos formatos que permiten una mayor eficacia.

Ejemplos

Existen diversos programas que permiten al profesor hacer revisiones de tareas sin necesidad de imprimir los documentos.

Muchas universidades utilizan Moodle, y otras plataformas educativas, para crear cursos a distancia o semipresenciales.

La flexibilidad del medio de entrega permite que un mayor número de estudiantes cumpla los plazos establecidos.

Los profesores optan por este tipo de plataformas porque han aumentado tanto el rendimiento como la participación de los alumnos en clase.

ACTIVIDAD 2

Cree usted ahora unas notas similares para la Opción 2 (relacionada con el tema 2 de la Tarea 4) y acuérdese de diferenciar entre argumentos y ejemplos.

Escriba aquí sus notas. NO EVALUABLE

"La cantidad excesiva de fuentes de datos disponibles a través de internet genera una mayor deformación de la información".

Opción 2

ARGUMENTOS	EJEMPLOS

CÓMO RESOLVER LA TAREA: PASO 3

- Deje claros los puntos que ha de tratar en su monólogo. Enlace las ideas utilizando **conectores** y **subordinación de oraciones** y emplee un léxico variado y preciso. Intente concluir su exposición antes de terminar el tiempo de grabación, 4 minutos como máximo.
- Además, no olvide prestar atención al uso de la lengua que hace (cohesión del discurso, fluidez, corrección, alcance y pronunciación).

ACTIVIDAD 3

Soluciones: pág. 185

Complete la respuesta transcrita de uno de los candidatos a la Opción 1 de la Tarea 5 a partir de los conectores del recuadro. Cuidado: hay un conector que no usará. Para comprobar sus respuestas, escuche el audio en la Respuesta 1 de la Tarea 5 de EIO en la sección "Cómo se resuelve" de la Extensión digital del manual. Puede leer el informe de calificación en la página 185.

por ejemplo	También	además
tampoco	~~por supuesto~~	en resumen
aunque	entonces	pero

La llegada de las nuevas tecnologías ha hecho que los profesionales de la educación se replanteen la pedagogía y el trabajo en el aula. Sí, estoy a favor de este argumento... am... Los profes... Sí, por supuesto. Los profes-los profesores, o los profesionales tienen que am... replantear esta idea. Con tecnología am... se puede explorar *el red, la red, y las posibilidades. _____ pueden compartir información más pronto y mucha más información que antes por correos *o otros medios de comunicación. También con am... con esta am... con tecnología eh... es difícil para los profesores que... am... que seguían enseñando con el uso de una... una... con uso de ah... papeles y bolis. Y... ahora es un nuevo medio y es una oportunidad para, no solo para enseñar pero para ellos también para am... aprender nuevos medios... _____, _____, si en am... si una am... si un estudiante quiere am... si un estudiante pregunta a su profesor en la clase de literatura sobre... sobre Federico Lorca, _____ es una información que el profesor... _____ lo *sé, tampoco lo sabe, _____, en el mismo momento, con... sí, con la disponibilidad de la tecnología la, el profesor puede... ver esa am... buscar esa información por *el internet y puede... contestar la pregunta de... del estudiante. Entonces, la... el trabajo en el aula también ah... también va a cambiar con la tecnología y... y... y también con ah... Porque ah... antes solo... los profesores siempre nos daban ejemplos o contaban... sus experiencias, que *es, que era muy muy buena, pero ahora con... con la tecnología también pueden... los profesores pueden... mostrarnos *los opinio-las opiniones de otra gente sobre el *misma tema-sobre el mismo tema. Y... y también... y también pueden ah... diversificar en am... diversificar... este, en este tema... _____, la nueva tecnología ha... ha... ha aumentado el nivel de la educación. Gracias.

ACTIVIDAD 4

Soluciones: pág. 186

Trate ahora de clasificar los conectores en la siguiente tabla según su función.

por ejemplo	es decir
también	además
o sea	con lo cual
incluso	como
por supuesto	esto es
así	pero
incluso	también
por tanto	porque
aunque	entonces
sin embargo	en resumen
es más	

CONECTORES	EJEMPLOS
Aditivos	
Focalizadores	
Reformuladores	
Contraargumentativos	
Recapitulativos	
Consecutivos	
Justificativos	
De especificación	
De refuerzo	

4.6.3. La Tarea 5 de EIO: cómo se califica

CÓMO SE CALIFICA

La Tarea 5 de la prueba de Expresión e interacción orales la califican expertos en evaluación que utilizan las escalas de calificación estandarizadas del SIELE.

En el uso de la lengua se evalúa la manera de expresarse: la cohesión del discurso, la fluidez y pronunciación, la corrección y el alcance.

En el cumplimiento de la tarea se tiene en cuenta si realiza la presentación de manera adecuada y cumple con los puntos de desarrollo de la Tarea 5.

La escala tiene 6 puntos que van de 0 a 5. Puede ver la escala en las páginas 147-148.

ACTIVIDAD 1

Soluciones: pág. 186

Escuche la respuesta que dio este candidato a la Opción 1 (relacionada con la opción 1 de la Tarea 4) de la Tarea 5 en la sección "Cómo se califica" de la Extensión digital del manual. Intente buscar en su discurso ejemplos que coincidan con la calificación que le dieron los expertos. Después, puede leer el informe de calificación en la página 186.

Respuesta del usuario

"Las grandes superficies promueven un fuerte consumismo, generando así una constante demanda en la adquisición de productos innecesarios".

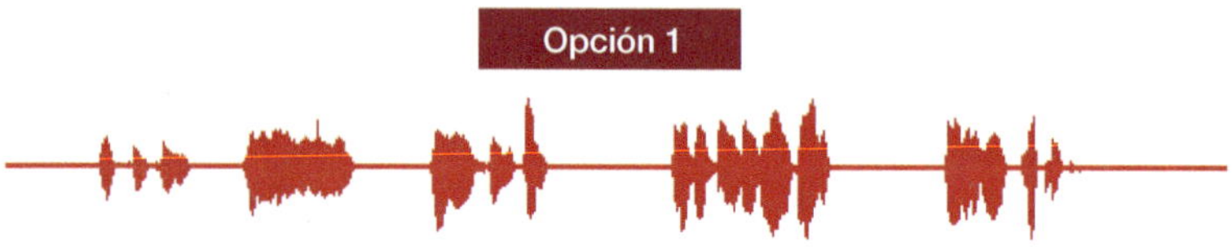

Bueno, sí, estoy, estoy totalmente de acuerdo con esta afirmación porque creo que el principal objetivo de estos... de lo que casi podríamos llamar ciudades comerciales, porque o sea han llegado a dimensiones tremendas eh pues eh... El objetivo es justo justo eso: es llenar los ojos del del consumidor con productos que son totalmente innecesarios eh y... llevarlo a pues vaciar totalmente su bolsillo comprando... comprando de manera frenética, todo lo que ve. Es es eh... al final es su su objetivo. El objetivo de de estos centros comercia... comerciales es crear ese ese consumismo.
*Pero pero sí es verdad que si el argumento, la cuestión es totalmente negativa, hay que subrayar que detrás hay un trabajo eh... pues positivo desde el punto de vista de las personas que están detrás, las personas que trabajan. Y estoy hablando de, principalmente del marketing. Todas las personas que gestionan el marketing, la publicidad, la posición de los productos, la posición de las tiendas dentro de, de estas ciudades comerciales es increíble y funciona a la perfección porque, si no, no hubiéramos llegado a esa a esta cantidad de consumismo por parte del de todo el mundo porque al final es un consumismo de de masa. Eh... es un... es el mundo del marketing, en realidad, es un mundo que, que llama mucho la atención porque casi ahora está llegando un momento donde la gente se entera de lo negativo pero el marketing le gana y, y porque son capaces de venderte todo lo que quieren con cualquier tipo de técnica. Las publicidades, por ejemplo, el mundo de la publicidad eso es un mundo eh... fantástico. Son capaces de ponerte una imagen de un... de un perro con cascos inalámbricos eh... y te dicen: "Hasta los perros necesitan estos cascos". Y un consumidor lo mira y dice: "Buah, tienen que ser cómodos", y se lo compran. Y se lo compran porque las publicidades funcionan de maravilla. Parece que no tiene ni pies ni cabeza pero sí que tienen los pies pues ahí, bien firmes y la cabeza ahí, entre, entre los hombros. Y la la... el trabajo del marketing pues también es fantástico a nivel de conectar modas de cebarse de todo lo que produce la red. Es algo positivo desde ese punto de vista, pero negativo desde el punto de vista del consumidor. Estamos llegando a comprar cosas que, totalmente inútiles porque han creado nuevas necesidades. Yo solamente basándome en mi experiencia pues puedo decir que en Madagascar he visto familias sin dinero, pero todas con móvil y esta es un poco creo que la imagen del consumismo de ahora. La capacidad que han creado de de... producir nuevas necesidades, nuevos... nuevas *frenesías por parte del consumidor.*
En conclusión, pues... el consumismo creo que la principal causa del consumismo es la presencia de esto de estas ciudades comerciales y son las principales causas de esta nueva adicción, que es la adicción a la a la compra de productos totalmente inútiles.

Calificación

Uso de la lengua (alcance, cohesión, fluidez y corrección): 5

Su repertorio lingüístico le permite proporcionar todo tipo de información y argumentar sus opiniones sin restringir lo que quiere decir en un discurso preciso, bien estructurado, cohesionado y fluido. Apenas realiza pausas para planificar su discurso ni comete errores.

Cumplimiento: 5

Realiza la presentación de forma adecuada, cumpliendo con todos los puntos de la tarea.

4.6.4. La Tarea 5 de EIO: manos a la obra

Con lo aprendido en este apartado, responda a la Tarea 5 de EIO en la sección "Manos a la obra" de la Extensión digital del manual siguiendo las instrucciones.

1) Lea las dos opciones y seleccione una. Tiene 30 segundos.
2) Lea las instrucciones y las pautas de la tarea.
3) Prepare su exposición y anote sus ideas. Tenga en cuenta las pautas de la tarea. Tiene 2 minutos.
4) En su exposición, trate todas las pautas de la tarea. Recuerde que debe hablar durante 3 o 4 minutos.
5) Enlace las ideas utilizando conectores y subordinación de oraciones, y emplee un léxico variado y preciso.
6) Cuide su pronunciación.

CONSEJOS PARA PRACTICAR

Lea artículos de opinión o escuche conferencias actuales que traten diversos temas. Si puede, practique la tarea con frases, con opiniones o puntos de vista concretos.

Expresión e interacción orales

Tarea 1	Tarea 2	Tarea 3	Tarea 4	Tarea 5

Seleccione una de las dos opciones (relacionadas con la opción 1 de la Tarea 4: **Adultos mayores estudian computación**). Después, tiene 2 minutos para preparar una argumentación a favor o en contra de la opción elegida.

Tiempo para elegir opción: 00:30

"Todo aprendizaje nuevo y moderno permite a las personas mayores acortar la distancia con el mundo actual".

Opción 1

"Las personas mayores tienen mejor calidad de vida si permanecen ajenas al desarrollo tecnológico de nuestra era"

Opción 2

Expresión e interacción orales

Tarea 1	Tarea 2	Tarea 3	Tarea 4	Tarea 5

Opción 1

"Todo aprendizaje nuevo y moderno permite a las personas mayores acortar la distancia con el mundo actual".

Tiene 2 minutos para preparar una argumentación a favor o en contra de la opción elegida. Si lo desea, puede tomar notas.
No olvide:

- presentar su posición al respecto;
- justificar su posición exponiendo sus argumentos;
- ejemplificar;
- concluir dejando clara su postura.

Escriba aquí sus notas. NO EVALUABLE

Grabe su respuesta. La grabación empieza automáticamente. Tiene de 3 a 4 minutos para realizar la tarea.

Grabación automática en: 02:00

Siguiente

Prepárese para el SIELE | Expresión e interacción orales | Tarea 5

Preparése para el SIELE

Expresión e interacción orales

Tarea 5

4.7. Cómo prepararse para obtener un nivel determinado en la EIO del SIELE

COMPRENDER EL SISTEMA DE CALIFICACIÓN

Si usted se está preparando para obtener un nivel determinado en la prueba de EIO del SIELE, debe tener en cuenta que las bandas más altas son las que se corresponden con el nivel de la tarea y que las categorías están ponderadas. Así, un ejemplo de puntuaciones mínimas para alcanzar cada uno de los niveles podría ser el siguiente:

	Tarea 1		Tarea 2		Tarea 3		Tarea 4		Tarea 5		Total
	UL	CT	UL	CT	UL	CT	UL	CT	UL	CT	
Nivel C1 (215-250)	5	5	5	4	4	4	4	4	4	4	216,6
Nivel B2 (176-214,99)	5	5	5	4	4	4	4	4	0	0	176,6
Nivel B1 (125-175,99)	5	5	4	4	4	3	0	0	0	0	126,6
Nivel A2 (76-124,99)	4	4	4	3	0	0	0	0	0	0	76,6
Nivel A1 (40-75,99)	4	4	0	0	0	0	0	0	0	0	40

4.8. Dé el salto

Ahora que ya conoce y ha practicado todas las tareas de la prueba de Expresión e interacción orales del examen SIELE, compruebe y ponga en práctica lo que ha aprendido.

- Primero, repase cómo son las diferentes tareas de la prueba.
- Después, realice una prueba de Expresión e interacción orales.
- Por último, reflexione sobre cómo la ha hecho y cuáles han sido sus resultados.

REPASE ANTES DE LA PRUEBA

A continuación, tiene las características de las diferentes tareas de la prueba de Expresión e interacción orales y el tiempo para realizarlas. Relacione cada tarea con las características que le corresponden y complete la información sobre el tiempo del que dispone para hablar en cada una de las tareas.

Soluciones: pág. 186

Tarea	¿Qué tengo que hacer?	¿En cuánto tiempo?
Tarea 1	Argumentar a favor o en contra de una idea relacionada con el texto de la Tarea 4.	
Tarea 2	Responder a cuatro preguntas.	15 segundos para cada una de las dos primeras preguntas y 30 segundos para cada una de las dos últimas.
Tarea 3	Responder a tres preguntas relacionadas con un texto.	
Tarea 4	Reproducir dos situaciones simuladas: una del ámbito personal y otra del ámbito público.	
Tarea 5	Describir una fotografía.	

HAGA LA PRUEBA

Ahora va a poder practicar con una prueba completa de Expresión e interacción orales como en el examen. Para ello acceda a la prueba de EIO en la sección "Dé el salto" de la Extensión digital del manual.

RECORDAMOS

- Para realizar la prueba de Expresión e interacción orales solo necesita su ordenador o computadora y conexión a internet.
- Debe hacer la prueba de sonido y grabación.
- Tiene un minuto para elegir la opción de la Tarea 2 y la Tarea 3 que quiere hacer, 30 segundos para la de la Tarea 4 y 45 segundos para la de la Tarea 5.
- Una vez comenzada la prueba, no puede parar el tiempo. Los audios de las tareas 1 y 4 se reproducen de forma automática y las grabaciones de todas las tareas se activan de manera automática. La duración de la prueba es de 15 a 20 minutos.
- Para terminar la prueba tiene que pasar por todas las tareas. Si no sabe o no quiere hacer alguna de las tareas, pulse el botón **Siguiente** hasta llegar a la pantalla final.

¿CÓMO HA HECHO LA PRUEBA?

Después de hacer la prueba, llega el momento de reflexionar. Piense en cómo ha realizado la prueba y conteste a las preguntas de la tabla. ¿Hay algo que deba mejorar?

Tareas	¿Ha hecho las dos tareas?	SÍ	NO
	¿Recordaba el orden y las características de las tareas?	SÍ	NO
	¿Y las instrucciones de cada una?	SÍ	NO
	¿Entendió las preguntas y los textos de entrada?	SÍ	NO

Expresión e interacción	¿Ha sido capaz de grabar su respuesta en el tiempo establecido?	SÍ	NO
	¿Ha necesitado escuchar las preguntas dos veces?	SÍ	NO
	¿Ha tomado notas durante la preparación?	SÍ	NO
	¿Ha hablado alto y claro y ha cuidado su pronunciación?	SÍ	NO
	¿Ha cumplido con las pautas en las distintas tareas?	SÍ	NO

Tengo que mejorar...

siele.org
#hablamosespañol

siele SERVICIO INTERNACIONAL DE EVALUACIÓN DE LA LENGUA ESPAÑOLA

BLOQUE III
¡ESTAMOS LISTOS!

En este bloque puede:

- **comprobar** lo aprendido;
- **recordar** lo más importante y recibir los últimos consejos;
- **practicar** con un examen SIELE Global.

Va a repasar cómo son las **pruebas y tareas** del manual y veremos qué aspectos hay que tener en cuenta antes de hacer un examen SIELE.
También hay un **modelo de examen** Global.

Este bloque ayuda a repasar la información incluida en el *Manual oficial del SIELE* y comprobar si se está listo para realizar el examen.

A. COMPRUEBE LO APRENDIDO

ACTIVIDAD 1

Soluciones: pág. 187

A continuación tiene las características principales de las cuatro pruebas del SIELE. Relacione cada prueba con las características que le corresponden.

Prueba	Tareas	Tiempo	Materiales	Respuestas
CL	2	55 minutos	Textos	Grabaciones de voz
CA	5	50 minutos	Audios y textos	Selección de opciones
EIE	5	15-20 minutos	Textos	Textos escritos
EIO	6	60 minutos	Audios	Selección de opciones

ACTIVIDAD 2

Soluciones: pág. 187

Lea las preguntas sobre el examen SIELE y sus diferentes pruebas, y seleccione la opción de respuesta adecuada.

El examen SIELE

a) El examen SIELE se realiza por ordenador...
- ○ desde la calle.
- ○ desde un centro autorizado por SIELE.
- ○ desde cualquier academia de español.

b) El examen SIELE certifica...
- ○ desde el nivel A1 hasta el B2.
- ○ desde el nivel A1 hasta el C1.
- ○ desde el nivel A1 hasta el C2.

c) En las pruebas del examen SIELE...
- ○ la dificultad disminuye a medida que avanzan las tareas.
- ○ la dificultad aumenta a medida que avanzan las tareas.
- ○ la dificultad aumenta dependiendo de las respuestas del candidato.

d) En el examen SIELE el candidato puede elegir...
- ○ qué tareas realiza.
- ○ qué destrezas certifica.
- ○ en qué variedad se examina.

e) Para inscribirse en el examen SIELE hay que...
- ○ llamar al teléfono de contacto de SIELE.
- ○ acudir a un centro autorizado por SIELE.
- ○ visitar la página web siele.org.

Comprensión de lectura

f) En las tareas 1 y 2 el candidato tiene que...
- ○ identificar distintos elementos en textos complejos.
- ○ reconstruir la estructura de textos públicos, académicos y profesionales.
- ○ entender las ideas principales y encontrar información concreta en textos breves y sencillos.

g) En la Tarea 3 el candidato tiene que relacionar...
- ○ fragmentos con los textos a los que se corresponden.
- ○ textos con preguntas o enunciados.
- ○ palabras con los huecos a los que corresponden.

h) La Tarea 4 corresponde al nivel...
- ○ A2.
- ○ B1.
- ○ B2.

i) En la Tarea 5 aparecen textos procedentes de...
- ○ revistas, libros de texto, periódicos y otros.
- ○ cartas y correos electrónicos.
- ○ anécdotas y experiencias de foros y blogs.

Comprensión auditiva			
	j) En la Tarea 1 el candidato tiene que elegir la respuesta correcta entre...		
	○ tres opciones.	○ doce opciones.	○ quince opciones.
	k) La Tarea 2 corresponde al nivel...		
	○ A2.	○ B1.	○ A1.
	l) El candidato tiene que hacer inferencias en...		
	○ la Tarea 3.	○ la Tarea 4.	○ la Tarea 5.
	m) En las tareas 5 y 6 el candidato encontrará...		
	○ conversaciones informales entre personas cercanas.	○ conferencias, discursos o presentaciones realizadas por una persona.	○ conversaciones formales entre dos o más personas.
Expresión e interacción escritas			
	n) En la Tarea 1 el candidato tiene que...		
	○ exponer ideas, argumentos, opiniones y valoraciones.	○ informar, describir y narrar.	○ describir los detalles de una imagen.
	o) En la Tarea 2 el candidato debe producir un texto de aproximadamente...		
	○ 100 o 150 palabras.	○ 250 o 300 palabras.	○ 300 o 350 palabras.
	p) La Tarea 1 corresponde a los niveles...		
	○ A1/A2.	○ A1/B1.	○ A1/B2.
	q) En la Tarea 2 el candidato encontrará fragmentos de...		
	○ artículos de periódico, reseñas o informes.	○ cartas o mensajes de correo electrónico.	○ libros de texto, novelas o relatos.
	r) Siempre que no supere los 50 minutos de la prueba, el tiempo para realizar cada tarea...		
	○ lo elige el profesor.	○ lo gestiona el candidato.	○ lo establece el examen.
	s) A cada tarea de EIE le corresponden...		
	○ 50 puntos.	○ 125 puntos.	○ 250 puntos.
Expresión e interacción orales			
	t) En la Tarea 1 el candidato debe producir...		
	○ la respuesta a unas preguntas.	○ un monólogo con base en un tema.	○ la recreación de unas situaciones.
	u) En la Tarea 2 el candidato encontrará...		
	○ textos.	○ situaciones.	○ fotografías.
	v) El candidato tiene un máximo de 3 minutos para realizar...		
	○ tanto la Tarea 3 como la 5.	○ tanto la Tarea 3 como la 4.	○ tanto la Tarea 4 como la 5.
	w) En la Tarea 4 el candidato tiene que...		
	○ expresar opinión, suposición y dar información.	○ argumentar a favor o en contra.	○ proporcionar información sobre sí mismo.
	x) La Tarea 5 corresponde...		
	○ al nivel B2.	○ a los niveles B2/C1.	○ al nivel C1.
	y) Los criterios de calificación que se tienen en cuenta a la hora de calificar al candidato en esta prueba son dos:		
	○ Grado de comprensión y Número de aciertos.	○ Uso de la lengua y Cumplimiento de la tarea.	○ Tiempo de realización y Número de tareas realizadas.

¿Conoce bien el examen SIELE? Compruébelo anotando sus aciertos y consultando la tabla de autoevaluación que encontrará en la página 137.

El examen	CL	CA	EIE	EIO	Total de aciertos
... de 5	... de 4	... de 4	... de 6	... de 6	... de 25

B. RECUERDE LO MÁS IMPORTANTE

Si va a hacer el examen SIELE tenga en cuenta los siguientes pasos:

ANTES DEL EXAMEN	EL DÍA DEL EXAMEN	DESPUÉS DEL EXAMEN
Inscripción en siele.org y preparación	**Documento de identidad y datos de acceso al examen**	**Certificado en un máximo de 3 semanas**

Para obtener la puntuación adecuada a su nivel en el examen, no olvide tener en cuenta los siguientes aspectos:

Instrucciones

Familiarícese con ellas antes del examen. En algunas tareas las instrucciones son fijas y se repiten.

Léalas con atención antes de realizar cada tarea.

Tareas

Intente realizar todas las tareas, ya que los errores no restan puntos.

Use el ratón para desplazarse entre las pruebas y dedique un tiempo a la revisión.

Niveles

Recuerde que cada tarea se corresponde con uno o varios niveles de lengua del *MCER*. La dificultad va aumentando a medida que se avanza en las tareas.

Tiempo

Realice una o varias simulaciones de las tareas para ser consciente del tiempo que debe dedicar a cada una de ellas. La gestión del tiempo es fundamental para hacer el examen con éxito.

Preste especial atención en las pruebas de CL y EIE, que no tienen un tiempo asignado a cada tarea, por lo que se debe gestionar y racionalizar teniendo en cuenta el número de tareas y su nivel de dificultad.

Tiempo

Realice la Demo en la sección **¡Estamos listos!** de la Extensión digital del manual.

Durante el examen, tenga en cuenta que para pasar de tarea puede usar el botón **Siguiente**, pero después no puede volver a la tarea anterior. En cambio, en la prueba de EIE, sí hay un botón **Anterior**. Además, en la prueba de EIO hay botones de **Reproducir**, **Grabar** y **Terminar la grabación**.

EN LAS COMPRENSIONES

Tenga en cuenta los distractores. Estos hacen referencia a información que aparece en el texto o audio, por lo que es necesario profundizar en el significado de las opciones.

Fíjese en el orden de la información. Las preguntas siguen el orden de aparición de la información en los textos escritos y orales. Las preguntas de información general pueden aparecer en primer y/o último lugar.

EN LAS EXPRESIONES

Tenga en cuenta los criterios de corrección. Cuide el uso que hace de la lengua: la cohesión, la ortografía, la puntuación, la gramática, el vocabulario, la fluidez y la pronunciación. En la prueba de EIE dispone de un teclado virtual con letras y símbolos propios del español. Asegúrese también de cumplir con la tarea. Para ello siga las instrucciones dadas, cíñase al tema propuesto y tenga en cuenta la situación comunicativa y el texto o imagen dado como estímulo, si lo hay.

Soluciones: págs. 187-189

ACTIVIDAD 1

A continuación se muestran algunas de las preguntas frecuentes de los candidatos que se presentan al SIELE. Responda a sus preguntas y deles consejos para realizar el examen con éxito.

ANTES DEL EXAMEN

- joannah: ¿Qué es el examen SIELE?
- stefano: Necesito un documento que certifique mi nivel de español, ¿el examen SIELE me servirá?
- viking: ¿Hay requisitos para presentarse al examen SIELE?
- shei.13: ¿Durante cuánto tiempo son válidos los certificados o informes?
- ona_w2: ¿Con quién me puedo poner en contacto si tengo dudas?
- glory: Para inscribirme en el examen, entro a siele.org y encuentro el centro en el que quiero hacerlo, pero las fechas que aparecen no me vienen bien, ¿qué puedo hacer?
- rg.andrew: Me he equivocado al elegir el día del examen, ¿se puede modificar la fecha?
- andrei86: Además de *Manual oficial del SIELE*, ¿hay otros materiales con los que puedo practicar?

EL DÍA DEL EXAMEN

- dsmith: El día del examen, ¿qué documentos necesito llevar?
- becky: ¿Qué aspectos tengo que tener en cuenta a la hora de hacer el examen?
- joao-l: Al hacer mi examen se produce un problema técnico y tengo que cambiar de ordenador, ¿eso me restará tiempo para hacer el examen?
- a-moon: No escucho bien los audios, ¿qué puedo hacer?
- e.tower: Mi texto tenía menos palabras de las que se pedían, ¿tendré menos nota por eso?
- alfaro_24: Creo que tengo un buen nivel de español, pero me da miedo no escribir un buen texto. ¿Qué criterios se van a tener en cuenta para calificar mi tarea?
- scarlett: No he calculado bien la extensión de mis respuestas y la grabación se ha cortado antes de que pudiera terminar, ¿tendré menos nota por eso?
- lpg6: ¿Qué consejos me dan para hacer bien la prueba de Expresión e interacción orales?
- ivar03: ¿Tengo que tener conocimientos informáticos para hacer el examen?

DESPUÉS DEL EXAMEN

- aurel_fr: Ya he hecho el examen, ¿cuándo tendré mis resultados?
- carach: ¿Qué puedo hacer si no estoy de acuerdo con los resultados que recibo?
- aussie: ¿Quién corrige mi examen?

C. REALICE UN MODELO DEL SIELE EN LA EXTENSIÓN DIGITAL DEL MANUAL

Ahora va a poder practicar con un examen SIELE Global. Para ello acceda a la sección "¡Estamos listos!" de la Extensión digital del manual.

RECORDAMOS

Para realizar el examen **SIELE Global** solo necesita su ordenador o computadora.

- Seleccione las respuestas usando el ratón, y no las flechas del teclado, para evitar cambios indeseados.
- Debe hacer la prueba de sonido y grabación.
- Una vez comenzada cada prueba, no puede parar el tiempo, aunque puede hacer una pausa entre cada una de ellas.
- Para terminar las pruebas tiene que pasar por todas las tareas. Si no sabe o no quiere hacer alguna de las tareas, pulse el botón Siguiente hasta llegar a la pantalla final en la que se le informará de la puntuación obtenida en las pruebas de CL y CA.

Después de realizar el examen SIELE Global, utilice las tablas de autoevaluación para comprobar cómo han sido sus respuestas en las diferentes pruebas.

Aquí tiene las correspondientes a las pruebas de **Comprensión de lectura** y **Comprensión auditiva**. Reflexione sobre cómo ha realizado cada una de las tareas y, después, compruebe sus resultados en el apartado de Soluciones. Tenga en cuenta que estas pruebas cuentan con una evaluación objetiva, por lo que debe fijarse en el número de aciertos y errores para conocer su nota.

COMPRENSIÓN DE LECTURA		
TAREAS		
1. Mensajes y anuncios		
2. Correo electrónico informal		
3. Tres anécdotas y experiencias		
4. Completar dos textos		
5. Completar un texto especializado		

COMPRENSIÓN AUDITIVA		
TAREAS		
1. Conversación informal		
2. Anuncios o noticias		
3. Ocho anécdotas o experiencias		
4. Entrevista		
5. Conferencia en fragmentos		
6. Conferencia o presentación		

¿Cuál ha sido su puntación? ____/250		
ACIERTOS	**CALIFICACIÓN**	**NIVEL**
0 – 4	0 – 32,99	< A1
5 – 9	33 – 65,99	A1
10 – 17	66 – 117,99	A2
18 – 26	118 – 177,99	B1
27 – 32	178 – 216,99	B2
33 – 38	217 – 250	C1

¿Cuál ha sido su puntación? ____/250		
ACIERTOS	**CALIFICACIÓN**	**NIVEL**
0 – 4	0 – 32,99	< A1
5 – 9	33 – 65,99	A1
10 – 17	66 – 111,99	A2
18 – 26	112 – 163,99	B1
27 – 32	164 – 210,99	B2
33 – 38	211 – 250	C1

Aquí tiene las tablas de autoevaluación correspondientes a las pruebas de **Expresión e interacción escritas** y **Expresión e interacción orales**. Estas pruebas cuentan con una evaluación subjetiva, por lo que debe fijarse en las categorías de calificación y los aspectos que estas recogen para hacerse una idea de cuál podría ser su nota.

En el caso de la prueba de **Expresión e interacción escritas**, estas son las categorías:

COHESIÓN

¿Proporciono cohesión a mi texto? ¿Añado elementos para ordenar la información? ¿Cometo errores que afectan a la estructura?

Mi texto...	Los conectores y organizadores que utilizo son...	Mis errores en la organización del texto son...	
son palabras sueltas.	inexistentes.	muchos.	0
son frases sueltas.	pocos *(y, pero)*.	bastantes, algunos en la puntuación.	1
tiene oraciones breves y enlazadas de manera sencilla.	sencillos *(y, pero, porque, por eso, que)*.	algunos, en la unión de frases y la puntuación. Hacen difícil la lectura, aunque se entiende el significado.	2
está organizado, ordenado y enlazado de manera sencilla.	organizadores *(primero, luego)* y conectores frecuentes *(también, además)*.	algunos, pero no suelen afectar a la puntuación.	3
es claro, presenta una estructura pensada y las ideas bien organizadas.	organizadores *(para empezar, finalmente)* y conectores variados *(a pesar de, por lo tanto)*.	esporádicos, pero no afectan a la puntuación.	4
es perfectamente claro, con una buena estructura y con las ideas muy bien organizadas.	organizadores *(a modo de conclusión)* y conectores bastante variados y complejos *(más bien, dicho de otro modo)*.	inexistentes.	5

Creo que en la Tarea 1 tendría una puntuación de ... en cohesión.
Creo que en la Tarea 2 tendría una puntuación de ... en cohesión.

CORRECCIÓN

¿Qué nivel demuestro en cuanto a variedad de vocabulario y formas verbales? ¿Cometo errores que afectan al significado?

Mi dominio de la lengua es...	Mis errores en gramática, léxico y ortografía...	
escaso, con apenas estructuras gramaticales o léxico correcto.	son muchos.	0
básico, con estructuras gramaticales muy básicas y sencillas.	son abundantes en las concordancias, las personas del verbo, las formas de presente y hacen difícil la comprensión.	1
elemental, con elementos lingüísticos sencillos.	son abundantes en los verbos *ser*, *estar* y *haber* y las concordancias, aunque se entiende el significado.	2
razonable, con elementos lingüísticos sencillos y estructuras habituales (ser, estar y haber, presentes irregulares, pasados).	son algunos en gramática, léxico u ortografía.	3
bueno, con un buen control gramatical (pasados, perífrasis, subjuntivo) y léxico (temas abstractos).	son esporádicos y solo afectan a elementos complejos o poco frecuentes.	4
consistente, con un nivel de lengua complejo.	son casi inexistentes.	5

Creo que en la Tarea 1 tendría una puntuación de ... en corrección.
Creo que en la Tarea 2 tendría una puntuación de ... en corrección.

ALCANCE

¿Qué soy capaz de hacer con mi nivel de lengua? ¿Qué tipo de expresiones uso? ¿Utilizo recursos de otras lenguas?

Con mi nivel de lengua...	Al expresarme...	
apenas soy capaz de expresarme.	utilizo solo algunas palabras en español.	0
puedo dar datos personales y hablar de necesidades inmediatas.	empleo recursos de lenguas cercanas.	1
puedo transmitir información básica en situaciones concretas y cotidianas.	lo hago solo sobre temas conocidos, sencillos y habituales.	2
puedo solicitar información, hacer valoraciones, expresar deseos, dar instrucciones y hacer descripciones.	tengo limitaciones: doy rodeos, me repito y cometo errores si me expreso sobre temas complejos y abstractos.	3
puedo explicar los puntos principales de ideas, sintetizar y evaluar información y describir situaciones no habituales.	soy razonablemente preciso e incluyo, a veces, expresiones hechas o coloquiales.	4
puedo describir, narrar y argumentar en todo tipo de situaciones.	empleo recursos ricos, variados y precisos, y soy capaz de utilizar expresiones hechas y coloquiales adecuadamente.	5

Creo que en la Tarea 1 tendría una puntuación de ... en alcance.
Creo que en la Tarea 2 tendría una puntuación de ... en alcance.

CUMPLIMIENTO DE LA TAREA

¿Con cuántos puntos de las instrucciones cumplo? ¿Tengo en cuenta el material proporcionado? ¿Hablo del tema que se me indica?

TAREA 1

Cumplo con...	Me adecúo...	
ninguno de los puntos.	mal a la situación y al texto de entrada. No hablo del tema de la tarea, sino de uno relacionado.	0
la mitad o menos de los puntos.	mal o limitadamente a la situación y al texto de entrada.	1
algunos puntos, faltan un punto importante y uno menor.	más o menos a la situación, pero puede que no tenga en cuenta el texto de entrada. Hablo de datos irrelevantes.	2
la mayoría de puntos, uno de los importantes lo omito o lo trato con brevedad.	a la situación, pero puede que no responda adecuadamente al texto de entrada.	3
todos los puntos, aunque alguno lo trato con brevedad.	a la situación y, en líneas generales, al texto de entrada.	4
todos los puntos con detalles y ejemplos.	a la situación y al texto de entrada perfectamente.	5

Creo que en la Tarea 1 tendría una puntuación de ... en cumplimiento de la tarea.

¡Estamos listos!

Realice un modelo de SIELE en la Extensión digital del manual

TAREA 2

Cumplo con...	Me adecúo...	
ninguno de los puntos.	mal a la situación, al texto de entrada y al género.	0
la mitad o menos de los puntos.	mal a la situación, al texto de entrada y al género. Hablo de un tema relacionado.	1
algunos puntos, otros los omito o los trato con brevedad.	vagamente a la situación, al texto de entrada y al género. Hablo de datos irrelevantes.	2
la mayoría de puntos, aunque alguno lo omito o lo trato con brevedad.	a la situación, pero no respondo al texto de entrada o no me ajusto al género.	3
todos los puntos, aunque alguno lo trato con brevedad.	a la situación, al texto de entrada y al género en términos generales.	4
todos los puntos con detalles y ejemplos.	a la situación, al texto de entrada y al género perfectamente.	5

Creo que en la Tarea 2 tendría una puntuación de ... en cumplimiento de la tarea.

Es posible seleccionar puntuaciones distintas en las preguntas de cada criterio y dude de cuál puede ser su puntuación final en cada una.

- Si hay **solo un punto** de separación, piense qué tiene más peso. Por ejemplo, si en la categoría de Corrección su dominio de la lengua es consistente, pero comete algún error esporádico en estructuras muy complejas y poco frecuentes, puede pensar que ha alcanzado la banda 5.

- Si hay **más de un punto** de separación, piense en la banda intermedia. Por ejemplo, si en la categoría de Alcance es capaz de hacer valoraciones, expresar deseos y dar instrucciones, pero en ocasiones utiliza recursos de lenguas cercanas, piense que ha alcanzado la banda 2.

La calificación que usted calcule ahora puede ser similar o no a aquella que los expertos en evaluación pueden dar a su tarea. Puede consultar las escalas completas que emplean los calificadores de SIELE en la página 144.

En el caso de la prueba de **Expresión e interacción orales**, estas son las categorías:

USO DE LA LENGUA

¿Mi discurso es comprensible? ¿El tiempo dedicado ha sido el correcto? ¿Qué nivel demuestro en cuanto a variedad de vocabulario, enunciados y oraciones? ¿Cometo errores que afectan a la estructura o al significado?

TAREAS 1, 2 Y 3

Mi nivel de lengua me permite...	Mi discurso...	Las pausas que hago son...	Cometo errores...	
utilizar palabras sueltas, en ocasiones en otro idioma.	apenas se comprende.	silencios prolongados.	casi continuamente.	0
usar palabras, enunciados breves o modelos de oraciones.	se comprende con esfuerzo, no utilizo apenas elementos para enlazar las frases.	muy frecuentes.	de manera muy frecuente.	1
expresarme de forma limitada.	se comprende a veces con dificultad, no relaciono las partes entre sí.	frecuentes.	de manera frecuente.	2
desenvolverme en las situaciones de forma sencilla.	se comprende, pero solo uso elementos de enlace sencillos.	al usar estructuras habituales.	al usar estructuras habituales.	3
desenvolverme con cierta precisión.	es claro y coherente.	al usar palabras o estructuras complejas.	al usar palabras o estructuras complejas.	4
desenvolverme con precisión y no restringir lo que quiero decir.	está bien cohesionado.	muy escasas, mi discurso es fluido.	escasas veces.	5

Creo que en la Tarea 1 tendría un ... en uso de la lengua.
Creo que en la Tarea 2 tendría un ... en uso de la lengua.
Creo que en la Tarea 3 tendría un ... en uso de la lengua.

TAREAS 4 Y 5

Mi nivel de lengua me permite...	Mi discurso...	Las pausas que hago son...	Cometo errores...	
repetir las preguntas o el enunciado de la tarea, o usar palabras sueltas, en ocasiones en otro idioma.	apenas se comprende.	silencios prolongados.	casi continuamente.	0
expresarme con palabras sueltas, enunciados breves o modelos de oraciones. Puedo expresarme mejor si hablo de otro tema.	se comprende con esfuerzo.	constantes.	constantemente.	1
usar correctamente algunas estructuras habituales y palabras sencillas. Puedo expresarme mejor si hablo poco o de otro tema.	se comprende con dificultad, uso muy pocos conectores.	frecuentes.	básicos de manera frecuente.	2
usar estructuras habituales y palabras sencillas. Puedo expresarme mejor si hablo poco.	se comprende, pero solo uso elementos de cohesión frecuentes.	para planificar lo que quiero decir.	pero se me entiende.	3
aportar información, expresar mis opiniones y defenderlas.	es claro y coherente.	al usar palabras y estructuras complejas o hablar de temas poco habituales.	al usar palabras y estructuras complejas o hablar de temas poco habituales.	4
dar información de todo tipo y argumentar mis opiniones sin restringir lo que quiero decir.	está bien estructurado y cohesionado.	muy escasas.	escasas veces.	5

Creo que en la Tarea 4 tendría un ... en uso de la lengua.
Creo que en la Tarea 5 tendría un ... en uso de la lengua.

Realice un modelo de SIELE en la Extensión digital del manual

CUMPLIMIENTO DE LA TAREA

¿A cuántas preguntas respondo? ¿Con cuántos puntos cumplo? ¿Hablo del tema que se me indica?

TAREAS 1		TAREAS 2		TAREAS 3		TAREAS 4		TAREAS 5	
Respondo adecuadamente a...		**Cumplo con...**		**Cumplo con...**		**Respondo adecuadamente a...**		**Cumplo con...**	
ninguna pregunta.	0	ningún punto y no soy capaz de hablar de la foto.	0	ningún punto.	0	ninguna pregunta y no soy capaz de hablar del tema de la tarea.	0	ningún punto porque no sé contestar a la tarea.	0
una pregunta.	1	ningún punto, pero hablo de la foto.	1	uno de los puntos de una situación.	1	ninguna pregunta, pero hablo del tema de la tarea.	1	ningún punto, pero hablo de un tema relacionado.	1
dos preguntas.	2	uno o dos puntos.	2	uno de los puntos de cada situación.	2	una pregunta.	2	ningún punto, pero hablo del tema de la tarea.	2
tres preguntas.	3	tres puntos.	3	una situación completa o dos de los puntos de ambas.	3	dos preguntas.	3	un punto, sin justificar mi posición.	3
todas las preguntas con poco detalle.	4	cuatro puntos.	4	todos los puntos menos uno.	4	todas las preguntas de forma parcial.	4	dos puntos, sin ejemplos ni conclusión.	4
todas las preguntas.	5	todos los puntos.	5	todos los puntos.	5	todas las preguntas.	5	todos los puntos.	5

Creo que en la Tarea 1 tendría un ... en cumplimiento de la tarea.
Creo que en la Tarea 2 tendría un ... en cumplimiento de la tarea.
Creo que en la Tarea 3 tendría un ... en cumplimiento de la tarea.
Creo que en la Tarea 4 tendría un ... en cumplimiento de la tarea.
Creo que en la Tarea 5 tendría un ... en cumplimiento de la tarea.

Es posible seleccionar puntuaciones distintas en las preguntas de cada categoría y dudar de cuál puede ser su puntuación final en cada uno de ellos.

- Si solo hay **un punto** de separación, piense qué tiene más peso. Por ejemplo, si en la categoría de Uso de la lengua de la Tarea 1 su discurso es fluido y sin errores, pero en un momento dado restringe lo que quiere decir o da un rodeo por no conocer una palabra compleja y poco frecuente, puede pensar que ha alcanzado la banda 5.

- Si hay **más de un punto** de separación, piense en una banda intermedia. Por ejemplo, si en la categoría de Uso de la lengua de la Tarea 5 su nivel de lengua le permite dar información, expresar opiniones y defenderlas en un discurso coherente, pero hace pausas bastante frecuentes, piense que ha alcanzado la banda 3.

Recuerde que la calificación que usted calcule ahora puede ser similar o no a aquella que los expertos en evaluación pueden dar a su tarea. Puede consultar las escalas completas que emplean los calificadores de SIELE en la página 147.

SERVICIO INTERNACIONAL DE EVALUACIÓN DE LA LENGUA ESPAÑOLA

ESCALAS DE CALIFICACIÓN

Expresión e interacción escritas

BANDA	COHESIÓN
5	Produce un texto claro, coherente y muy bien estructurado, en el que demuestra un uso bastante completo y variado de estructuras organizativas, de una amplia serie de conectores para marcar la continuidad o los cambios de tema, y de otros mecanismos de cohesión (subordinadas sustantivas, adjetivas y adverbiales; recursos de referencia como deícticos...). Utiliza correctamente las reglas de puntuación.
4	Produce un texto claro, coherente y estructurado. Para enlazar las frases hace un uso relativamente variado de mecanismos de cohesión, como conectores *(a pesar de, por lo tanto, no solo... sino también)*, organizadores de la información *(para empezar, finalmente, por otra parte, en cuanto a)*, recursos de referencia (marcadores, deícticos, etc.) y la subordinación de oraciones. No obstante, puede haber algún error esporádico en las referencias y los conectores o poca claridad en una frase o en la relación entre dos frases o partes del texto. Utiliza correctamente las reglas básicas de puntuación.
3	Escribe textos cohesionados, ordenados mediante una secuencia lineal de elementos sencillos, utilizando organizadores de la información *(primero, luego, después)*, conectores frecuentes *(también, entonces, porque, así que, además, aunque, sin embargo...)*, relativos *(donde, cuando...)*, subordinadas sustantivas *(creo que...)*, aunque el texto puede presentar alguna deficiencia o limitación en la relación entre sus partes o en el uso de mecanismos de cohesión. Utiliza correctamente las reglas básicas de puntuación.
2	Escribe textos básicos con oraciones breves enlazadas mediante recursos algo limitados: conectores sencillos *(y, pero, porque, por eso...)*, relativos *(que)*, pronombres... Pueden producirse errores (uso indebido de elementos de referencia, elección indebida de deícticos, falta de organización del texto) y fallos o imprecisiones en la puntuación que dificulten la lectura, aunque no afectan al significado.
1	Escribe una serie de frases sencillas o grupos de palabras enlazados con conectores muy básicos *(y, pero)*. El discurso no mantiene una estructura organizada y la información aparece desordenada. Hay errores de puntuación.
0	No elabora frases completas. Escribe palabras sueltas sin coherencia entre ellas.

BANDA	CORRECCIÓN
5	Muestra un consistente dominio de un nivel de lengua complejo, casi sin errores de léxico, gramática u ortografía.
4	Mantiene un buen control gramatical (uso de los pasados, perífrasis verbales, subordinadas con subjuntivo, uso de los comparativos...) y léxico, aunque todavía puede cometer algunos fallos en la estructura de oraciones largas o complejas (sentimientos, temas abstractos...) o en el vocabulario específico o menos frecuente. La ortografía es razonablemente correcta, pero puede cometer algún error en los acentos y en el léxico menos habitual.
3	Muestra un control razonable de elementos lingüísticos sencillos y estructuras habituales (distinción *ser* y *estar* en sus usos más comunes, imperativo, presentes irregulares, uso básico de los pasados, uso de las perífrasis verbales más frecuentes...) en temas predecibles y generales, pero comete errores gramaticales, léxicos y/u ortográficos.
2	Muestra un control elemental de elementos lingüísticos sencillos, pero sistemáticamente comete errores básicos de gramática (*ser/estar/haber*, formas de los tiempos verbales regulares e irregulares, pronombres, concordancias de sujeto-verbo o nombre-adyacentes...), de léxico y de ortografía, aunque se entiende lo que quiere transmitir.
1	Utiliza estructuras gramaticales muy básicas y sencillas relacionadas con necesidades básicas inmediatas. Comete abundantes errores gramaticales (concordancias, personas del verbo, formas del presente...), léxicos y ortográficos, lo que dificulta la comprensión del mensaje.
0	Apenas utiliza estructuras gramaticales y sintácticas o léxico correctos.

BANDA	ALCANCE
5	Describe, narra o argumenta en todo tipo de situaciones, sin tener que restringir lo que quiere decir; es capaz de detallar y concretar los temas de los que trata, aunque sean abstractos; y sabe defender sus puntos de vista con argumentos y ejemplos, así como elaborar conclusiones. Sus textos son claros, ricos y precisos, tienen un estilo personal, apropiado para el lector al que van dirigidos, y pueden incluir expresiones idiomáticas y coloquiales en el contexto adecuado.
4	Es capaz de explicar los puntos principales de una idea o un problema, de expresar sentimientos y pensamientos sobre temas complejos o abstractos, de sintetizar y evaluar información y argumentos, y de describir situaciones no habituales. Se expresa de forma sencilla pero razonablemente precisa, para lo que puede incluir algunas expresiones idiomáticas y coloquiales.
3	Es capaz de solicitar información, hacer valoraciones, expresar deseos, dar instrucciones, hacer descripciones sencillas pero adecuadas de temas cotidianos, hechos y viajes, o narrar historias. La falta de especificidad y los circunloquios muestran sus limitaciones, y puede cometer imprecisiones, repeticiones o errores si se expresa sobre temas complejos o abstractos.
2	Es capaz de transmitir información básica en situaciones concretas y cotidianas (dar información personal, hablar de aspectos del entorno más cercano, etc.) y expresarse sobre temas conocidos, sencillos y habituales (describir de forma breve y básica acciones, experiencias personales o situaciones frecuentes, solicitar información puntual, etc.).
1	Su nivel de dominio se limita a los datos personales y las necesidades inmediatas, aunque puede que cumpla otras funciones comunicativas utilizando recursos de lenguas cercanas.
0	Utiliza algunas palabras en español, pero es prácticamente incapaz de expresarse.

BANDA	CUMPLIMIENTO DE LA TAREA 1
5	Responde exactamente la tarea, elaborando un texto que proporciona detalles y ejemplos sobre los puntos que se le plantean. Se adecúa a la situación planteada y al estímulo que se le proporciona.
4	La respuesta corresponde adecuadamente a la tarea: aporta la información requerida y en algún momento proporciona cierto grado de detalle, aunque puede que falte alguno de los puntos menores (encabezamiento, despedida) o que trate con brevedad alguno de los puntos relevantes. Se adecúa a la situación planteada y, en líneas generales, al estímulo que se le proporciona.
3	Resuelve la tarea: aporta la información requerida de forma sencilla, aunque puede que omita o cumpla mínimamente con uno de los puntos importantes. Se adecúa a la situación planteada, pero puede que no responda apropiadamente al estímulo que se le proporciona.
2	Proporciona parte de la información requerida para el propósito de la tarea: puede que falten, además de uno de los puntos importantes, uno menor (encabezamiento, despedida) o algún subpunto, y que haya datos irrelevantes o redundancias. Se adecúa solo relativamente a la situación planteada y puede que no tenga en cuenta el estímulo proporcionado.
1	La tarea está incompleta: falta bastante información (la mitad o más de la mitad de los puntos relevantes). No se adecúa a la situación planteada, o lo hace de una forma limitada, ni tiene en cuenta el estímulo que se le proporciona.
0	Aunque puede que su texto esté relacionado con el tema de la tarea, no transmite la información que se le pide ni elabora un texto coherente o comprensible.

BANDA	CUMPLIMIENTO DE LA TAREA 2
5	Responde exactamente a la tarea con un texto que proporciona detalles y ejemplos para defender sus argumentos o exponer los puntos que debe tratar. Se adecúa perfectamente a la situación planteada y al estímulo que se le proporciona, y se ajusta al género requerido.
4	La respuesta corresponde adecuadamente a la tarea, aportando la información y los argumentos necesarios, aunque puede que trate con brevedad alguno de los puntos planteados. En líneas generales, se adecúa a la situación planteada, al estímulo que se le proporciona y al género requerido.
3	Resuelve la tarea de forma sencilla: aporta la información requerida aunque puede que omita alguno de los puntos o que no los trate con suficiente detalle. Se adecúa a la situación, aunque es posible que no responda al estímulo proporcionado o que su texto no se ajuste exactamente al género requerido.
2	La tarea está incompleta: falta alguno de los puntos requeridos, los trata con excesiva brevedad o con falta de concreción y puede que haya datos irrelevantes y redundancias. No se adecúa con claridad a la situación planteada, no responde al estímulo que se le proporciona y no se ajusta al género requerido.
1	Su texto está lejos de cumplir con el propósito planteado, aunque está relacionado con el tema de la tarea. Le falta la mitad o más de la mitad de los puntos requeridos. No se adecúa a la situación planteada, no tiene en cuenta el estímulo que se le proporciona y no se ajusta al género requerido.
0	No responde adecuadamente a ninguno de los puntos de la tarea ni elabora un texto coherente o comprensible.

Expresión e interacción orales

BANDA	USO DE LA LENGUA PARA LAS TAREAS 1, 2 Y 3
5	Utiliza un nivel de lengua adecuado a la tarea y preciso, en el que no tiene que restringir lo que quiere decir. No comete apenas ningún error y mantiene un discurso fluido y cohesionado si la tarea lo propicia.
4	Su repertorio lingüístico le permite desenvolverse con cierto grado de precisión, manteniendo un discurso claro y coherente si la tarea lo propicia. Comete algún error y realiza pausas, principalmente cuando utiliza léxico o estructuras más complejos.
3	Su repertorio lingüístico le permite desenvolverse en las situaciones planteadas. Utiliza solo elementos de cohesión sencillos, comete errores y realiza algunas pausas, que no dificultan la comprensión.
2	Su repertorio lingüístico es sencillo y le permite expresarse de forma limitada: no relaciona las partes entre sí (en las respuestas extensas), comete errores básicos de forma sistemática y realiza pausas frecuentes, lo que puede dificultar la comprensión.
1	Se expresa mediante palabras, enunciados breves o modelos de oraciones, con escasos elementos de enlace (en las tareas en las que serían convenientes). Sus errores y pausas hacen que se requiera esfuerzo para comprender sus respuestas.
0	Solo articula, entre silencios prolongados, palabras sueltas que apenas son comprensibles o que en un alto porcentaje pertenecen a otras lenguas.

BANDA	USO DE LA LENGUA DE LAS TAREAS 4 Y 5
5	Su repertorio lingüístico le permite proporcionar todo tipo de información y argumentar sus opiniones sin restringir lo que quiere decir en un discurso preciso, bien estructurado, cohesionado y fluido. Apenas realiza pausas para planificar su discurso y casi no comete errores.
4	Su repertorio lingüístico le permite aportar información, expresar sus opiniones y defenderlas en un discurso claro y coherente. Realiza pausas y comete algún error, principalmente cuando utiliza estructuras y léxico más complejos o trata aspectos menos habituales de los temas planteados.
3	Domina solo estructuras habituales y vocabulario sencillo del tema de las tareas, lo que hace que se exprese dubitativamente y con circunloquios. Incluye en su discurso elementos de cohesión de uso frecuente, hace pausas para planificar lo que quiere decir y comete errores que no dificultan la comprensión. Puede que su discurso sea más fluido, claro y coherente si su intervención es breve.
2	Utiliza correctamente algunas estructuras habituales y léxico sencillo del tema de las tareas en enunciados apenas enlazados entre sí. Comete errores básicos de forma sistemática y hace pausas frecuentes, lo que puede dificultar la comprensión en algún momento. Puede hablar con mayor cohesión, corrección y fluidez si se refiere a un tema distinto al de las preguntas/el enunciado o si su discurso es marcadamente breve.
1	Se expresa mediante palabras, enunciados breves o modelos de oraciones. Sus errores y pausas constantes hacen que se requiera cierto esfuerzo para comprender lo que dice. Puede llegar a utilizar correctamente estructuras habituales y léxico sencillo en enunciados más extensos si se refiere a un tema distinto al de las preguntas/el enunciado.
0	Se limita a repetir las preguntas/el enunciado de la tarea o a articular, entre silencios prolongados, palabras sueltas que apenas son comprensibles y que en un alto porcentaje pertenecen a otras lenguas.

BANDA	CUMPLIMIENTO DE LAS TAREAS 1, 2 Y 3
5	**T1**. Responde adecuadamente a todas las preguntas. **T2**. Describe la foto de forma adecuada, cumpliendo con todos los puntos de desarrollo. **T3**. Resuelve las dos situaciones de forma adecuada, cumpliendo con los tres puntos de desarrollo de cada una de ellas.
4	**T1**. Responde adecuadamente a las preguntas que se le formulan, pero en una de las dos últimas la información que aporta es demasiado escasa. **T2**. Describe adecuadamente la foto, pero omite uno de los puntos o lo responde de forma demasiado breve como para considerar que lo ha cumplido. **T3**. Resuelve las dos situaciones de manera sencilla: sigue los puntos de desarrollo, pero un punto de una de las situaciones lo cumple solo de forma parcial.
3	**T1**. Responde adecuadamente solo a tres de las preguntas que se le formulan o proporciona información demasiado escasa en las dos últimas. **T2**. Responde adecuadamente a tres de los puntos del enunciado, pero omite dos de ellos o los trata de forma demasiado breve como para considerar que los ha cumplido. **T3**. Resuelve de forma adecuada solo una de las situaciones o da respuesta solo a dos de los puntos en ambas.
2	**T1**. Responde adecuadamente solo a dos de las preguntas que se le formulan. **T2**. Describe elementos de la foto y cumple con uno o dos de los puntos de desarrollo, pero no da una respuesta adecuada al resto. **T3**. En las dos situaciones planteadas da respuesta a uno de los puntos, pero los otros no se puede decir que los cumpla.
1	**T1**. Responde adecuadamente solo a una de las preguntas que se le formulan. **T2**. Habla de la foto, pero no llega a cumplir con ninguno de los puntos de desarrollo. **T3**. Sus intervenciones están relacionadas con el tema de las dos situaciones planteadas, y en una de ellas puede que cumpla con uno de los puntos solicitados, pero no trata adecuadamente el resto.
0	**T1**. No responde adecuadamente a ninguna de las preguntas que se le formulan. **T2**. No describe la foto. No cumple ninguno de los puntos de desarrollo. **T3**. Sus intervenciones, si las hay, no se corresponden con las situaciones planteadas.

BANDA	USO DE LA LENGUA DE LAS TAREAS 4 Y 5
5	**T4**. Da respuesta a las tres preguntas de forma adecuada. **T5**. Realiza la presentación de forma adecuada, cumpliendo con todos los puntos de la tarea.
4	**T4**. Responde parcialmente a las tres preguntas. **T5**. Realiza la tarea de forma parcial: aunque expone su posición respecto a la frase elegida y la justifica con argumentos, no da ejemplos ni concluye su presentación adecuadamente.
3	**T4**. Responde adecuadamente, aunque puede que de forma parcial, a dos de las preguntas. **T5**. En su presentación expone su posición, pero no la justifica adecuadamente.
2	**T4**. Responde adecuadamente a una de las preguntas. **T5**. Habla de la frase seleccionada, pero no deja clara ni justifica su posición al respecto.
1	**T4**. Aunque dice cosas relacionadas con el tema de la tarea, no responde adecuadamente a ninguna de las preguntas. **T5**. Habla de un tema relacionado con el de la tarea, pero su presentación no se corresponde con las frases que se le proporcionan ni sigue ninguno de los puntos planteados.
0	**T4**. No responde a ninguna de las preguntas ni dice nada relacionado con el tema de la tarea. **T5**. No hace la presentación o esta no se corresponde en absoluto con el tema planteado.

SERVICIO INTERNACIONAL DE EVALUACIÓN DE LA LENGUA ESPAÑOLA

TRANSCRIPCIONES

2.2.2. La Tarea 1 de CA: cómo se resuelve

ACTIVIDAD 1
INSTRUCCIONES
Usted va a escuchar a una chica, Sara, que habla por teléfono con su hermano Mateo sobre su nuevo trabajo. Lea las cinco frases y elija la opción correcta para cada hueco. Va a escuchar la conversación dos veces. Ahora tiene 30 segundos para leer las frases.
CONVERSACIÓN
Mateo: ¡Hola, Sara! ¿Qué tal?
Sara: ¡Hola, Mateo! Muy bien. ¿Y tú?
Mateo: Bien, también. ¿Qué tal en tu nuevo trabajo?
Sara: La empresa no es muy grande, la computadora de mi oficina tiene muchos años y la jefa es un poco antipática, pero el horario es bueno porque tengo tiempo para jugar al tenis por la tarde.
Mateo: ¡Eso está muy bien! Yo trabajo todo el día y solo juego al fútbol los domingos. ¿Vas en coche?
Sara: No, siempre voy en autobús porque hay una parada muy cerca de la empresa.
Mateo: ¡Bien! Sara, el sábado tu sobrino juega al baloncesto en el instituto. ¿Quieres venir?
Sara: ¡Sí, gracias! Voy a ir en metro a una tienda del centro y el instituto está cerca.
Mateo: ¡Bien! Mi amigo Pedro también va a venir porque su mujer es profesora del instituto.
Sara: ¿Pedro, el policía?
Mateo: Es bombero.
Sara: ¡Ah, bombero! Es un chico bastante tímido, ¿no?
Mateo: Sí, pero es muy simpático y su mujer también. Bueno, Sara, nos vemos el sábado.
Sara: Hasta el sábado.

2.2.3. La Tarea 1 de CA: manos a la obra

INSTRUCCIONES
Usted va a escuchar a una chica, Diana, que habla por teléfono con su amigo Félix de un examen. Lea las cinco frases y elija la opción correcta para cada hueco. Va a escuchar la conversación dos veces. Ahora tiene 30 segundos para leer las frases.
CONVERSACIÓN
Félix: ¡Hola, Diana! ¿Qué tal?
Diana: ¡Hola, Félix! Muy bien, gracias. ¿Y tú?
Félix: Muy bien. Te llamo para saber qué día y a qué hora es el examen de inglés.
Diana: Es el viernes. Empieza a las nueve de la mañana y termina a las doce.
Félix: ¡Gracias! ¿Quieres estudiar en mi casa?
Diana: Sí, pero hoy no puedo. A las diez voy a la tienda que está cerca de la estación con mi padre. Quiero comprar algunas cosas y también un diccionario de inglés. ¿Estudiamos el lunes?
Félix: Sí, y puedo llevar un libro de ejercicios y la computadora portátil de mi hermana.
Diana: ¡De acuerdo! ¿Dónde nos vemos?
Félix: Vamos a estudiar a la sala de estudios de la biblioteca, ¿no?
Diana: ¡Muy bien! ¿Qué haces el fin de semana? ¿Quieres jugar al tenis el domingo? O si quieres jugamos al fútbol.
Félix: Prefiero jugar al baloncesto. También vienen mi hermana y mi primo, ¿está bien?
Diana: ¡Muy bien! Nos vemos.
Félix: Hasta el domingo, Diana.
Diana: ¡Chao!

2.3.2. La Tarea 2 de CA: cómo se resuelve

ACTIVIDAD 1
INSTRUCCIONES
Usted va a escuchar cinco anuncios o noticias de radio. Elija la opción correcta para cada una de las cinco preguntas. Va a escuchar los anuncios o noticias dos veces. Ahora tiene 30 segundos para leer las preguntas.
Anuncio 1
La empresa de autobuses Larra, con cuarenta años en el negocio del transporte, ha puesto más baratos los precios para viajar a las costas españolas. También para excursiones en fin de semana. Por último ahora, durante el viaje, los niños pueden ver películas de dibujos y los jóvenes pueden usar el wifi sin pagar más.
Anuncio 2
En VuelaPizza te damos tres *pizzas* grandes por el precio de una todos los miércoles. Pero si las quieres, tienes que venir hasta nuestras tiendas porque no las llevamos a casa, y si traes tu tarjeta universitaria, te regalamos un helado de un litro.
Anuncio 3
Este fin de semana es la Fiesta del Libro en el Barrio de las Letras. Tenemos actividades para niños y mayores durante todo el día. Las librerías del barrio bajan sus precios un 20 % y algunos escritores van a estar allí para hablar de sus libros. Durante el fin de semana, los niños pueden también leer libros y visitar las bibliotecas de la ciudad. Por la noche, vamos a ver teatro en la calle.
Anuncio 4
Si te gusta la música *rock* y el campo, ven a Música en la Naturaleza. Diez músicos van a estar aquí el día 6 de agosto. La entrada para los conciertos cuesta 30 euros. Y si también quieres dormir aquí el fin de semana, tenemos *camping* y piscinas. Información sobre el precio del *camping* en www.musicanaturaleza.com. ¡Ven con tus amigos!
Anuncio 5
Ven al Gimnasio Olympia y pide tu tarjeta de Amigo del Deporte por 20 euros al mes. Tenemos clases de baile para adultos, clases de natación para todas las edades y actividades para

niños. Si también te gustan las montañas, por 10 euros más puedes venir a las excursiones de senderismo que hacemos un fin de semana al mes.

2.3.3. La Tarea 2 de CA: manos a la obra

INSTRUCCIONES

Usted va a escuchar cinco anuncios o noticias de radio. Elija la opción correcta para cada una de las cinco preguntas. Va a escuchar los anuncios o noticias dos veces. Ahora tiene 30 segundos para leer las preguntas.

Anuncio 1

Si te gusta viajar por el mundo al mejor precio, ven a visitar las playas del Río de la Plata en Uruguay y haz ya tu reserva en el Hotel Punta del Este. Ahora desde 2100 pesos por persona en habitación doble con media pensión. Y si llegas en avión, te traemos hasta el hotel por 320 pesos más. ¡Es el lugar perfecto para tus vacaciones!

Anuncio 2

Después de hacer una exposición en Argentina, el fotógrafo Chema Díaz está en España con sus fotografías. Del 14 de marzo al 31 de agosto podemos viajar hasta las montañas de La Pampa o el río Colorado sin salir del Museo de Arte Moderno. Visita la exposición por las mañanas de lunes a viernes y todo el día los sábados.

Anuncio 3

Llega el verano y cambiamos la ciudad por la playa... La empresa Hispauto alquila coches para viajar hasta la costa. Si necesitas uno pequeño y barato, tenemos el Mini300. Si quieres viajar con toda tu familia, puedes alquilar el Supra500, en él pueden viajar cinco personas y muchas maletas. ¿El precio? Desde 16 euros al día.

Anuncio 4

Ahora puedes tener Latisonic en tu computadora o teléfono móvil. Escucha la mejor música latina sin entrar en Internet. Más de 200 horas de canciones para tus fiestas. Te regalamos el primer mes. Sí, el primer mes por cero euros. Después, paga solo 10 euros al mes durante el primer año.

Anuncio 5

¿Quieres ir de compras o comer algo con tus amigos? En el Centro Comercial Ocio puedes hacer esto y más porque tenemos restaurantes, tiendas de ropa, supermercado y gimnasio. Visítanos de lunes a sábado desde las 10 de la mañana. Si llevas tu tarjeta de socio, puedes llevarte muchos regalos.

2.4.2. La Tarea 3 de CA: cómo se resuelve

ACTIVIDAD 2

INSTRUCCIONES

Usted va a escuchar a ocho personas que hablan sobre fiestas. Elija la frase que corresponde a cada persona. Va a escuchar a cada persona dos veces. Ahora tiene 30 segundos para leer las frases.

Persona 1

Hombre: El verano pasado mi prima Carmen celebró una fiesta muy especial con todos los primos. Me gustó mucho; era la primera vez que estábamos todos juntos. La fiesta fue en la casa del pueblo y duró dos días. Además de comer muchísimo, hablamos y recordamos momentos de cuando éramos niños viendo las fotos que habíamos llevado.

Persona 2

Mujer: El verano pasado hicimos una fiesta para celebrar que llevábamos un año casados. No lo pensamos con mucho tiempo y, como hacía buena temperatura, en el jardín de casa pusimos unas mesas con comida y bebida, e invitamos a todos los amigos que habían ido a la boda. Nos lo pasamos muy bien. Al final vi con mis hermanas el álbum de fotos de la boda.

Persona 3

Hombre: Yo antes no solía ir a fiestas; las odiaba. Iba a alguna boda solo por compromiso. Me empezaron a gustar desde que unos amigos de la oficina me invitaron a una fiesta donde había que vestirse de algo divertido, y me lo pasé genial. Nadie me conocía con el traje que elegí y estuve haciendo bromas a todos. Al final hubo un concurso y me llevé el primer premio.

Persona 4

Mujer: Mi novio me invitó a la fiesta de Navidad de su empresa. No me apetecía demasiado, pero le dije que sí. Me compré un vestido precioso, pero, cuando estaba a punto de salir, se me rompió. Así que tuve que ponerme otro bastante normal. Pero lo peor fue que, como estaba lloviendo, no encontré ningún taxi y llegué cuando la fiesta ya estaba acabando.

Persona 5

Hombre: Para mí una fiesta especial fue la que celebramos justo cuando acabé la carrera. En aquella fiesta uno de mis compañeros de curso me presentó a su hermana, y, como me pareció muy simpática, me pasé toda la noche hablando con ella. Al final, y después de dos años de relación, nos casamos. Por eso siempre me acordaré de aquella fiesta de graduación.

Persona 6

Mujer: No olvidaré nunca la fiesta que me hicieron mis compañeros cuando me jubilé. Era mi último día y salí de casa un poco tarde. Cuando llegué a mi despacho, me encontré una fiesta que no me esperaba. ¡Qué sorpresa! Estaban todos, hasta el director general. Me hicieron unos regalos muy bonitos y originales. De ese día conservo unas fotos preciosas que me hizo un compañero.

Persona 7

Hombre: El sábado pasado fuimos a la fiesta de fin de curso de la guardería a la que va mi hijo. Lo pasamos muy bien. Fue muy divertido ver a alguien tan pequeño como Pedro haciendo, junto a sus compañeros, una obra de teatro. Iban todos vestidos de conejo. Nos reímos muchísimo. La pena fue que, como me quedé sin batería en el teléfono, no pude sacar ni una foto.

Persona 8

Mujer: Nunca antes había ido a una reunión de exalumnos de mi escuela, pero tengo que decir que fue una de las mejores fiestas de mi vida. Lo pasamos muy bien y fue fantástico volver a ver a mis compañeros y recordar nuestra vida de estudiantes. Sobre todo, me encantó volver a ver a uno de ellos, a Luis, que fue mi novio durante un tiempo. Estaba igual que entonces.

2.4.3. La Tarea 3 de CA: manos a la obra

INSTRUCCIONES

Usted va a escuchar a ocho personas que hablan sobre un espectáculo que han visto. Elija la frase que corresponde a cada persona. Va a escuchar a cada persona dos veces. Ahora tiene 30 segundos para leer las frases.

Persona 1

Hombre: Cuando salía para ir al concierto mi coche dejó de funcionar, así que tuve que tomar un taxi que me pareció muy caro. Cuando llegué, las puertas ya estaban cerradas. Por suerte, me dejaron entrar: el grupo solo había cantado dos canciones y pude escuchar mi favorita y cantarla con todo el público. ¡Fue increíble!

Persona 2

Mujer: Hace unos años mi hermana me regaló una entrada para una obra de teatro que tenía mucho éxito. Ella no podía ir porque se sentía mal, pero tenía una cita con un nuevo amigo y no quería dejarlo solo. Yo no sabía quién era, pero quedamos en la puerta del teatro. Lo pasamos muy bien y volvimos a salir juntos más veces. Hoy, ese chico es mi marido.

Persona 3

Hombre: Siempre me han gustado las películas de Alejandro González Iñárritu. Cuando salió la última, quise ir al cine a verla, pero cuando llegué había muchísima cola. Era el día del espectador y parece que todos tuvimos la misma idea. Al final, no quedaban entradas y tuve que volver a casa.

Persona 4

Mujer: El mes pasado decidí llevar a mi sobrino y a un amigo suyo al circo, pero nos vendieron unas entradas muy malas. Estábamos sentados en la última fila y los niños no podían ver casi nada porque son muy bajitos. Hablé con el responsable y le pedí otros sitios, pero no quiso. Me enfadé mucho. No voy a volver a ese lugar nunca más.

Persona 5

Hombre: Compré las entradas para la ópera el mismo día del espectáculo. Las más baratas se habían terminado y tuve que pagar mucho dinero, pero... ¿para qué discutir? Era un regalo para mi mujer y no me importó. Pensaba que iba a ser muy aburrido, pero no fue así. Era la primera vez que escuchaba una orquesta y fue una experiencia fantástica.

Persona 6

Mujer: La última vez que fui al teatro, fui a ver una obra organizada por unos amigos. Lo único malo fue que el espectáculo empezó con retraso porque los actores encontraron un gran atasco en la autopista. Había habido un accidente y llegaron casi una hora después. Nos aburrimos esperando, pero luego la obra fue divertidísima. Iré a verla otra vez este fin de semana.

Persona 7

Hombre: Hacía mucho tiempo que quería ver una película en versión original. La semana pasada había en cartelera una comedia francesa que había ganado varios premios y decidí ir. Cuando me senté frente a la pantalla, me di cuenta de que se me habían olvidado los lentes y sin ellos no podía leer los subtítulos. Salí después de media hora y no la vi terminar, pero hoy iré de nuevo.

Persona 8

Mujer: Nunca olvidaré el último concierto que vi. El día anterior estaban vendiendo las entradas que quedaban con descuento, así que compré una. El espectáculo fue un desastre: se cortó la electricidad y no se oía nada. Además, cuando estaba saliendo de allí se me cayeron las llaves de la moto y no pude encontrarlas. Como era bastante tarde, tuve que volver andando a casa.

2.5.2. La Tarea 4 de CA: cómo se resuelve

ACTIVIDAD 2

INSTRUCCIONES

Usted va a escuchar, en versión locutada, una entrevista a Laura de la Uz, una actriz cubana. Elija la opción correcta para cada una de las ocho preguntas. Va a escuchar la entrevista dos veces. Ahora tiene 45 segundos para leer las preguntas.

ENTREVISTA

Hombre: Hoy está con nosotros la actriz cubana Laura de la Uz. Laura, ¿es la primera vez que vienes al Festival de Cine de Málaga?

Mujer: Bueno, ya conocía Málaga porque mi pareja es de Andalucía. Pero sí, es la primera vez que vengo a presentar una película. Y estamos felices de que ustedes nos hayan invitado. Y también es la primera vez que me hacen una entrevista en Andalucía. Así que es un día muy bonito para mí.

Hombre: Seguramente eres la actriz cubana con más premios. ¿Me equivoco?

Mujer: No sé... Bueno, he sido afortunada, porque se ha premiado bastante mi trabajo fuera de mi país. Además, soy la única actriz cubana que tiene dos premios Coral, en el Festival Internacional de Cine de La Habana. Esto para mí es un regalo enorme. Y, claro, estoy muy agradecida. También he trabajado mucho, me he preparado y adoro mi carrera. Disfruto actuando.

Hombre: Háblanos de la película *Vestido de novia*, que presentasteis ayer en el festival. ¿Te costó mucho preparar tu personaje?

Mujer: Sí. Bueno, para interpretar este personaje, efectivamente, hacía falta mucho trabajo, mucha investigación. Fue un trabajo muy duro de todos los actores. Tengo la suerte de trabajar en la película con dos grandes actores cubanos: Isabel Santos y Luis Alberto García. Y creo que los tres aprendimos mucho los unos de los otros. Fue muy enriquecedor.

Hombre: ¿De qué trata *Vestido de novia*?

Mujer: Es una película inspirada en una historia real de una mujer cubana, muy valiente y con mucho carácter, que lucha por sus derechos en una época difícil en Cuba. Yo creo que cualquier mujer se siente reflejada en ella. Es un trabajo del que me siento muy orgullosa. De hecho, se han sentido retratadas muchas mujeres, porque muestra la lucha contra el machismo.

Hombre: La directora de la película, Marilyn Solaya, ¿es la única directora de cine en Cuba?

Mujer: Solo tres mujeres cubanas han rodado en La Habana. Y Marilyn es una de ellas. Así que es una mujer muy valiente.

Aunque *Vestido de novia* es su primera película y todavía no ha tenido tiempo de pensar en la segunda, es una directora con unas capacidades asombrosas.

Hombre: ¿Cómo ha reaccionado el público del Festival de Cine de Málaga?

Mujer: Anoche cuando presentamos la película el público se levantó a aplaudirnos. Yo casi lloro, porque soy una llorona. Fue recibida con mucho cariño por el público de Andalucía. Y eso que es una película muy dura, pero al final a la gente le encanta. Por eso está recibiendo muchísimos premios. Ojalá que tenga éxito y nos llevemos también un triunfo en este festival.

Hombre: ¿Qué opinas de la futura ley de cine en Cuba?

Mujer: Hay un grupo formado por casi todos los directores de Cuba, quienes ya iniciaron unas discusiones para elaborar la nueva ley de cine. La necesitamos para que el cine independiente sea reconocido. Con esta ley el cine independiente cubano tendrá más financiación y una mejor distribución. Creo que esta ley va a ser realidad dentro de poco tiempo.

Hombre: ¿En qué proyectos estás trabajando ahora?

Mujer: Estamos a punto de estrenar una nueva película que se titula *Espejuelos oscuros*, de una joven directora cubana, Jessica Rodríguez, que también hace cine independiente. Ojalá tenga tanto éxito como ha tenido *Vestido de novia* y la seleccionen para el próximo Festival de Málaga.

(Adaptado de *www.youtube.com/watch?v=6NMrENaBco4*. España)

2.5.3. La Tarea 4 de CA: manos a la obra

INSTRUCCIONES

Usted va a escuchar, en versión locutada, una entrevista a Dolores Avendaño, una dibujante y atleta argentina. Elija la opción correcta para cada una de las ocho preguntas. Va a escuchar la entrevista dos veces. Ahora tiene 45 segundos para leer las preguntas.

ENTREVISTA

Hombre: Hoy se encuentra con nosotros una persona muy especial: Dolores Avendaño, dibujante y atleta. Detrás de esta mujer que hoy da clases hay además una historia de una niña, que era... ¿cómo?

Mujer: Reservada, tímida, este..., quizás con dificultad para comunicar todas las emociones y lo que sentía. Me encantaba la naturaleza, me sentía muy en contacto con la naturaleza y disfrutaba mucho dibujando.

Hombre: ¿Cuántos años tenías cuando ya soñabas con ser dibujante?

Mujer: No sé decirte exactamente, pero... desde que tengo memoria. O sea, 6 años, 5 años. Desde muy pequeña pensaba: "Cuando sea grande voy a hacer esto". Y esto sucedía cuando estaba sentada mirando un libro y viendo los dibujos... A propósito, debo reconocer que no leía casi el texto, yo iba rápido pasando las hojas para ver las imágenes.

Hombre: ¿Te gustaba estar sola?

Mujer: Sí, sí. Era mi momento de paz, de encontrarme bien. En la adolescencia sentía que no pertenecía a ningún grupo. Había distintos grupos y yo sentía que estaba en el medio. Nunca me imaginé que hoy sería profesora o daría conferencias a un montón de gente.

Hombre: Junto con el dibujo tienes otra afición, correr larga distancia. ¿Eso cómo nace?

Mujer: Sinceramente no sé muy bien. En el instituto practicaba atletismo, sobre todo corría, y me iba bien. No sabía que existían las maratones, o sea, cualquier carrera de más de 42 km, pero me veía corriendo a través de la naturaleza. Ahí quedó ese sueño hasta que me fui a estudiar a la universidad. Mi universidad era de Artes, es decir, cero atletismo, cero deportes..., pero estaba justo en el medio de dos grandes ciudades famosas por este tipo de carreras.

Hombre: Un momento importante en tu carrera fue cuando un profesor de la universidad te dijo que...

Mujer: Me dijo que dibujar no era para mí, que estudiara otra cosa. Hasta ese momento nunca dudé qué era lo que quería hacer. Lo que pasó es que esta universidad es una de las mejores del mundo en arte, el nivel era altísimo y dentro de ese ambiente tan exclusivo yo no destacaba. Creo que fue un momento de fuerte reflexión porque era la vida comprobando cuánto quería estudiar dibujo.

Hombre: ¿Cómo es el proceso creativo de alguien que realiza los dibujos para un libro?

Mujer: Lo primero es leer el texto. Siempre. Y como artista tenés que conocer lo que estás dibujando y si necesitás más información, conseguirla. Por ejemplo, uno de mis últimos trabajos está basado en una historia real de dos personas que fueron a caballo desde el sur de Argentina a la costa norte de Alaska. Tuve que realizar una investigación sobre paisajes y cosas típicas de cada país que atravesaban para representarlas y que se supiera qué lugar era.

Hombre: ¿Y ahora qué? Estás de profesora en la universidad...

Mujer: Sí. Ayer mismo puse las notas, y me importa mucho que los estudiantes sigan ilusionados, que no se sientan desanimados. Tengo un grupo muy diferente de alumnos, algunos son realmente geniales y a otros les cuesta más. Aun así, creo que todos tienen algo bueno, entonces les señalo lo positivo y les comento qué puntos pueden mejorar. Este..., todo el rato me sale decirles que son geniales, porque yo creo que son geniales.

Hombre: Si tuvieras que describir la mayor cualidad que te trajo hasta acá, ¿cuál dirías que fue?

Mujer: No te sé decir. Yo creo que fueron varias, pero creer en vos es fundamental. No sabés cuándo ni cómo, pero tenés que pensar en que sí podés. Las dificultades no son el final de la carrera, no son la meta. Son una prueba para desarrollar tus habilidades.

(Adaptado de *www.youtube.com/watch?v=8J2HuQ3aBgY*. Argentina)

2.6.2. La Tarea 5 de CA: cómo se resuelve

ACTIVIDAD 1

INSTRUCCIONES

Usted va a escuchar, en versión locutada, seis fragmentos de una conferencia del físico y divulgador científico español Manual Toharia sobre las estrellas y su influencia en el comportamiento del hombre. Elija, para cada fragmento, la opción que contenga una de las ideas mencionadas. Va a escuchar los fragmentos de la conferencia dos veces. Ahora tiene 45 segundos para leer las opciones.

Fragmento 1

Astronomía y astrología significan lo mismo: 'astro', y "logos" o "gnomos" en griego, 'leyes, normas', por tanto 'leyes de los astros'; pero hoy tienen un sentido bastante diferente del que tenían en Mesopotamia, que fue donde apareció la primera rama de lo que hoy podríamos llamar "astrología", totalmente mezclada con la "astronomía". Aquellos astrólogos mesopotámicos, hace tres mil, cuatro mil, cinco mil años, eran capaces de predecir eclipses, conocían muy bien el cielo, sabían muy bien qué constelaciones se desplazaban, qué planetas entraban en órbita, caminaban, y entendían bien las estaciones.

Fragmento 2

Entonces, si eran capaces de predecir eclipses, ¿cómo no iban a ser capaces de adivinar el destino de la batalla de un rey mirando simplemente al cielo? Por tanto, la astronomía de observación, perfectamente científica, con los medios que había entonces, era igual que la astrología de predicción en función de las estrellas.

Fragmento 3

La astrología es un invento, pero les funcionaba muy bien, porque los astrólogos, que eran sacerdotes, cuando predecían que el rey ganaba la batalla y, efectivamente, la ganaba, el rey volvía y los llenaba de honores, y de poder, y de dinero. Y si el rey perdía la batalla normalmente moría en ella, y no podía venir a decirles nada, con lo cual la astrología tenía mucha fama, pero casi exclusivamente para los reyes, para los grandes señores, para las grandes batallas, para los grandes acontecimientos.

Fragmento 4

Todos estos saberes antiguos, completamente infantiles, en cierto modo, ingenuos, de que en las estrellas está escrito nuestro destino, todavía hoy se mantienen. Y la razón es muy sencilla: porque siempre queremos echar la culpa de lo que nos pasa a algo exterior: no, yo no tengo la culpa de haberme equivocado en el examen y de que me hayan suspendido, es que estaba Marte en armonía con Júpiter, y la constelación de Virgo estaba encima de mi cielo y yo soy Aries...

Fragmento 5

¡Qué cómodos somos los humanos, que le echamos la culpa siempre a otra cosa!... En este caso, a las estrellas. Es tan fácil, tan cómodo, tan sencillo, que de alguna manera nos produce seguridad... Si ahí está mi destino, lo que me ocurre ya no es cosa mía, es cosa del destino, del *fatum* latino, estaba escrito... Pues no es verdad: nada está escrito en las estrellas ni en ninguna parte. Sabemos algo del pasado, de las propias estrellas. Sabemos algo de su futuro, pero que influyan sobre nuestro destino o sobre lo que hacemos en la vida cotidiana, eso es del todo cuestionable...

Fragmento 6

Desde luego, ni la constelación de Leo se parece a un león, no hay más que mirarla, ni la Osa Mayor se parece a una osa, como mucho, puestos a imaginar, a una cazuela. En fin, que es todo una creencia bastante ilógica. Es un juego, sí, puede serlo... pero el que se lo crea es un ingenuo. Y no habría tantos ingenuos si no hubiera tanta gente dispuesta a engañar a los ingenuos.

(Adaptado de *www.youtube.com/watch?v=oxXXG4oXb1o*. España)

2.6.3. La Tarea 5 de CA: manos a la obra

INSTRUCCIONES

Usted va a escuchar, en versión locutada, seis fragmentos de una charla de la profesora y directora artística cubana Graciela Chao sobre los orígenes y el desarrollo del son cubano. Elija, para cada fragmento, la opción que contenga una de las ideas mencionadas. Va a escuchar los fragmentos de la charla dos veces. Ahora tiene 45 segundos para leer las opciones.

Fragmento 1

En esta conferencia sobre el son cubano me gustaría reflexionar sobre su aspecto coreográfico, algo olvidado, pues se ha escrito mucho más sobre sus particularidades musicales. Desde sus orígenes, a finales del siglo XVIII, en la región oriental montañosa del país, el son recibió diversas influencias. Este son oriental llegó a la capital a principios del siglo XX, donde adquirió características del danzón, un baile perteneciente a la clase media y alta. Sin embargo, el son siempre fue mucho más popular, más propio de los barrios más pobres.

Fragmento 2

El son se bailaba sin seguir las normas sociales de la época, cuya sociedad burguesa no permitía a los bailadores mover la cadera, mover los hombros, acercarse demasiado... Muy al contrario, el son popular se bailaba de una forma más libre, aunque sorprendentemente fue asimilando e integrando algunos elementos de los bailes de salón europeos como la posición abrazada del vals o ciertos movimientos de pecho, hombros y caderas que procedían de los bailes africanos, creando de esta manera algo nuevo y original.

Fragmento 3

El son se bailaba en Cuba en todas las regiones del país, pero en cada una fue desarrollando características exclusivas. Los musicólogos a menudo debaten sobre la influencia de algunas de estas variedades en la evolución del son. En cualquier caso, desde el punto de vista coreográfico, no hay grandes diferencias entre ellas; la diferencia más bien está relacionada con el estilo en el que se realizan los movimientos durante el baile.

Fragmento 4

Sobre los tipos de son, destacan los llamados sones de imitación, llamados así porque la letra del son indica al bailador los gestos que debe ejecutar. Estos sones continúan en la actualidad. Son formas vivas que se practican en las llamadas fiestas de los bandos celebradas en Majagua. Muchos autores señalan como origen de estos ritmos una rumba antigua; un tipo de baile que se abandonó como tal, pero que se transformó en la zona campesina en el son que hoy conocemos.

Fragmento 5

Estos géneros campesinos eran muy sencillos, pero posteriormente el son de la ciudad o urbano complicó la manera de bailar con la introducción de movimientos gimnásticos. Estas figuras surgen cuando el son es tratado como espectáculo. Muchas compañías profesionales de principios del siglo XX tenían una pareja que demostraba cómo se bailaba, al considerarlo un posible negocio empezaron a crear una serie de figuras más espectaculares que atrajeran al público, figuras inimaginables en los salones durante décadas.

Fragmento 6

Para concluir, de manera general, diremos que el son no es una expresión artística exclusiva de Cuba. El maestro Argeliers León señaló cómo este género se encuentra también en el merengue haitiano y dominicano y en bailes tradicionales puertorriqueños, panameños e incluso colombianos. Es decir, lo ve no como un fenómeno cubano, sino de toda la región del Caribe, zona que precisamente comparte características originales como la relación con los españoles, las raíces africanas... Esta mezcla habría provocado toda una serie de géneros en el Caribe de similares características.

(Adaptado de *www.youtube.com/watch?v=pwr-2Fja2_I*. Cuba)

2.7.2. La Tarea 6 de CA: cómo se resuelve

ACTIVIDAD 1

INSTRUCCIONES

Usted va a escuchar, en versión locutada, un fragmento de una conferencia de la jugadora y profesora de ajedrez argentina Marina Rizzo titulada *Ajedrez para la vida*. En ella se mencionan seis de las doce opciones que aparecen a continuación. Elija las seis opciones que corresponden a esta conferencia. Para cambiar una opción seleccionada pulse de nuevo sobre ella. Va a escuchar la conferencia dos veces. Ahora tiene 50 segundos para leer las opciones.

CONFERENCIA

Aprendí a jugar al ajedrez a los cinco años y crecí y me formé bajo esta disciplina; este riguroso pasatiempo en que se odian dos colores. Sin embargo, después de jugar tres olimpiadas, un mundial y vivir un año en Europa compitiendo, este modelo de comportamiento se rompió dentro de mí. Y a los veintitrés, cuando decido dejar la competencia fuerte, digo: "Bueno, ¿qué puedo tomar de este juego al que le he dedicado casi veinte años de mi vida?". Porque estaba segura de que el ajedrez es un juego maravilloso que ayuda a la gente a tener una atención mejor, concentración, mejores tomas de decisiones y tantas cosas más. Pero, también, era consciente de que muchas veces los ajedrecistas y la gente que lo practica no logra llevar a su vida cotidiana estas profundas enseñanzas que el juego nos regala. Para entenderlo de otra manera, debía encontrar otra alternativa, otra correspondencia; quizás, pasar la correspondencia del ajedrez para la guerra al ajedrez para la paz. Y con esta nueva mirada, empezaron a pasar un montón de cosas.

Empecé a verlo como un mágico espacio en el que las piezas son integrantes de dos equipos asombrosos y cada jugada puede llegar a ser una oportunidad para abrir o cerrar posibilidades futuras al resto del grupo. Son dos equipos de piezas y yo me convertía en el líder de ese equipo. De pronto, mi mirada dejó de estar en el otro, dejó de estar en el resultado, y pasó hacia mí, hacia ese ser que piensa, que siente, que tiene emociones y un cuerpo. En el ajedrez competitivo nunca me habían enseñado qué hacer con mis emociones y con mi cuerpo cuando jugaba, de qué manera podían llegar a ser aliados o dificultar totalmente mi toma de decisiones. Fue extraordinario lo que empecé a comprender... Lo que ese juego me quería decir, no era lo más importante ganarle al otro. Y también comprendí que para competir a cualquier cosa fuertemente, de alguna manera necesitamos separar la cabeza del cuerpo y de las emociones.

Desde hace muchos años en el mundo la mejor computadora le gana al campeón mundial; pero, ¿vamos a rendirnos ante las máquinas?... Porque el desafío que este hermoso juego nos propone es ir más allá de esta aparente enemistad, de esta... rivalidad. Lo que de verdad nos propone el ajedrez es un camino para acercarnos a lo que nos hace más humanos, que es el amor, la capacidad de crear, de soñar y de hacer realidad nuestros sueños. Y el mío es llegar a millones de hogares para enseñar hábitos de pensamiento. Para que la gente disfrute pensando, reflexionando, decidiendo. Y los invito: siéntense a jugar con sus hijos, amigos, hermanos, padres... No ya para ganarle a otro. Siéntense para disfrutar, para jugar, para tomar mejores decisiones, para entrenar su mente, su cuerpo, su corazón en beneficio de ustedes mismos y de los demás.

(Adaptado de *www.tedxriodelaplata.org/videos/ajedrez-para-vida*. Argentina)

2.7.3. La Tarea 6 de CA: manos a la obra

INSTRUCCIONES

Usted va a escuchar, en versión locutada, un fragmento de una conferencia de la investigadora venezolana Elisa Quijano sobre el desarrollo de la arquitectura moderna en Maracaibo. En ella se mencionan seis de las doce opciones que aparecen a continuación. Elija las seis opciones que corresponden a esta conferencia. Para cambiar una opción seleccionada pulse de nuevo sobre ella. Va a escuchar la conferencia dos veces. Ahora tiene 50 segundos para leer las opciones.

CONFERENCIA

La arquitectura moderna quizás no es una arquitectura monumental. Nuestra arquitectura venezolana es austera, es cotidiana; y por su cotidianidad a veces no le damos su valor. Es quizás fugaz, porque no intenta ser un monumento que dure miles de años, pero nos representa, nos identifica y estructura nuestras ciudades. En el desarrollo de la arquitectura moderna de Maracaibo existen tres momentos importantes.

En un primer momento, la ciudad se estaba expandiendo tal cual se extienden las ciudades comúnmente, ¿verdad?, como una mancha de tinta; pero Maracaibo, de pronto, dio un salto y se situó hacia lo que serían hoy los ejes de 5 de Julio y Bellavista. Y por qué se instaló allí: porque allí se iban a localizar las colonias petroleras. En este momento, los habitantes de Maracaibo –ya que el centro de la ciudad, de aquella ciudad antigua, les resultaba demasiado saturado– comienzan a construir en las inmediaciones, fuera de la ciudad. Y ahí vemos las grandes mansiones. Ya se rompe con la vivienda tradicional, ¿verdad?, que era variada. Aparece entonces la villa rodeada de jardines, que tiene todavía unas características muy historicistas.

Otro ejemplo también destacado es cuando aquellos terrenos que dejaban a un lado las colonias petroleras se fueron ocupando con viviendas de una población que ya se alejaba del centro urbano y que quería tener mejores condiciones de vida. Se levantaron urbanizaciones con una arquitectura que muchos historiadores llaman neocolonial, pues todavía no estábamos adaptados a la modernidad, a las formas geométricas puras de la modernidad, y entonces reaparecen elementos de un pasado con influencias hispanas.

Después, el *art déco*, como un estilo que comenzaba a utilizar elementos lineales, geométricos, pero todavía muy decorativo, sirvió de prólogo hacia la modernidad, sobre todo para el gusto de la gente. Apareció, en realidad, en casas humildes y principalmente en todo lo que tuvo que ver con los cines de la época.

Los años 50 es el momento en el que en Maracaibo se introduce el movimiento moderno. La vivienda ahora refleja toda la visión de la arquitectura moderna, no solamente en sus fachadas, también en su lenguaje geométrico, su espacialidad, su funcionalidad... La modernidad implica una amplitud espacial: se rompen las paredes y el espacio se abre en uno solo. Fueron representativos aquí los primeros edificios multifamiliares, los primeros edificios de apartamentos.

Y llegando ya a ese tercer momento; vemos que –si en los años 50 tenía mucho que ver la acción del Gobierno con la planificación urbana– en este momento son los promotores privados los que determinan el crecimiento de la ciudad.

Una característica de la arquitectura moderna de los años 60-70 es la utilización de ciertos cánones formales: ahora el banco, la oficina... empiezan a ser los nuevos monumentos de la ciudad. Y, por supuesto, en la década de los 70 surgen ya las torres de apartamentos.

Definitivamente, la arquitectura moderna forma parte de la memoria histórica de la ciudad, forma parte de nuestra identidad cultural.

(Adaptado de *www.youtube.com/watch?v=4CdBnCZ0yAA*. Venezuela)

2.8. Dé el salto

Tarea 1

INSTRUCCIONES

Usted va a escuchar a una chica, Andrea, que habla por teléfono con su amigo Guillermo de su casa en el pueblo. Lea las cinco frases y elija la opción correcta para cada hueco. Va a escuchar la conversación dos veces. Ahora tiene 30 segundos para leer las frases.

CONVERSACIÓN

Andrea: ¡Hola!

Guillermo: ¡Hola, Andrea! ¿Qué tal?

Andrea: Bien, ¿y tú? ¿Qué tal el concierto?

Guillermo: Muy bien. El sábado voy al cine, ¿quieres venir?

Andrea: Lo siento, pero este fin de semana voy al pueblo con mi familia.

Guillermo: ¿A la vieja casa de tus abuelos?

Andrea: No, a la casa de mis padres. Es nueva y muy grande.

Guillermo: ¡Qué bien! ¿Y dónde está?

Andrea: Está cerca de la plaza del pueblo. Tiene jardín y también una bonita terraza. Hay cuatro dormitorios, dos baños grandes y un baño muy pequeño al lado de la cocina. El salón es muy grande.

Guillermo: ¡Yo también quiero ir a esa casa!

Andrea: ¡Todos quieren ir! Mis hermanos van en mayo. En septiembre mis padres y mis tíos hacen una fiesta para mis abuelos. Pero mi madre dice que en julio puedo ir una semana con mis amigos.

Guillermo: ¡Qué bien!

Andrea: Nos vemos el lunes y hablamos de las vacaciones, ¿vale?

Guillermo: Vale, ¡chao!

Andrea: ¡Chao!

Tarea 2

INSTRUCCIONES

Usted va a escuchar cinco anuncios o noticias de radio. Elija la opción correcta para cada una de las cinco preguntas. Va a escuchar los anuncios o noticias dos veces. Ahora tiene 30 segundos para leer las preguntas.

Anuncio 1

El sábado por la noche abre el nuevo hotel Paraíso. Va a haber muchas actividades y juegos y también un concierto de música *rock*. Además, ¡tenemos un regalo para diez familias! Puede ganar una noche en el hotel en septiembre en la mejor habitación y con pensión completa. Solo tiene que enviar una foto divertida de toda su familia al correo electrónico del hotel: paraiso@hotel.com.

Anuncio 2

Germán Ferreiro viene este sábado a Salamanca para cantar las canciones de su nuevo disco *El juego del mago*. Antes del concierto, el grupo Nox va a tocar su famosa música *rock* con piano y violín. ¡No te los puedes perder! Compra ya tus entradas en la página web *www.conciertosensalamanca.es*.

Anuncio 3

Este año en España el verano ha sido más largo de lo normal, con altas temperaturas hasta la mitad de noviembre. Pero por fin ha llegado el otoño: desde el lunes las temperaturas van a bajar y el tiempo va a ser peor, con muchas nubes y lluvia. Por suerte, el sábado y el domingo va a haber sol, pero también mucho frío.

Anuncio 4

¿Quieres ser un gran cocinero? Este verano en la academia Sol estamos preparando un curso de platos del Mediterráneo durante todo el mes de julio. Cocina española, italiana, francesa, griega... ¡Aprende con nuestros profesores a preparar platos de muchos países diferentes! Todos los jueves de 18 a 20 horas. 15 euros por clase, precios especiales para antiguos alumnos.

Anuncio 5

Los alumnos de la Universidad de Córdoba ya pueden estudiar en las bibliotecas todos los días. El mes pasado, un grupo de estudiantes pidió abrir las bibliotecas también sábados y domingos durante los meses de exámenes. La Universidad estuvo de acuerdo y ya tiene a más personas trabajando en las bibliotecas para poder abrir todos los fines de semana hasta las vacaciones.

Tarea 3

INSTRUCCIONES

Usted va a escuchar a ocho personas que hablan sobre un regalo que han recibido. Elija la frase que corresponde a cada persona. Va a escuchar a cada persona dos veces. Ahora tiene 30 segundos para leer las frases.

Persona 1

Hombre: Hace unos años, mi novia me llevó a un centro comercial para recoger mi regalo de cumpleaños. Aparcó y me dijo que tenía que esperar en el coche. Cuando volvió, más de media hora después, yo estaba bastante enfadado. Entonces me pidió cerrar los ojos y me dio algo. Cuando los abrí, vi que era un perrito muy parecido al que tenía de pequeño. ¡Me encantó!

Persona 2

Mujer: Mi abuela tenía una casita de muñecas preciosa. Era antigua, porque era de cuando sus hermanas y ella eran niñas. Parecía una casa de verdad, pero en pequeño. ¡La adoraba! Nadie podía tocarla, así que yo me sentaba delante y pasaba las horas mirándola sin moverme. Cuando cumplí diez años, mi abuela me la regaló. ¡Fue el mejor regalo de toda mi vida!

Persona 3

Hombre: Un verano me rompí una pierna y no podía ir a la playa con mis hermanas. Me aburría mucho en casa. Un día, mi madre volvió con un paquete muy grande para mí. Dentro encontré un ajedrez, un dominó y muchos otros juegos de mesa. Me hicieron mucha compañía durante el verano. Además, cuando se cansaban de la playa, mis hermanas y sus amigos venían a casa a jugar conmigo.

Persona 4

Mujer: Me encanta el ciclismo de montaña y desde hace años quería comprarme una bicicleta buena para hacer excursiones y viajes. Sin embargo, esas bicicletas son muy caras, y nunca tenía suficiente dinero para comprar una. Por fin, el año pasado, mi jefe decidió subirme el sueldo. Lo celebré regalándome una preciosa bici de montaña, con la que todos los fines de semana salgo a hacer excursiones.

Persona 5

Hombre: Tengo una hermana, Aurora, y de pequeños siempre nos regalaban muñecos diferentes. Normalmente compartíamos nuestros juguetes, pero había un muñeco que ella nunca quería prestarme. Era muy blando y al pulsarle la barriga cantaba, y Aurora siempre dormía con él. Por fin, una Navidad, a mí también me regalaron el mismo muñeco. Todavía lo conservo en una caja de recuerdos.

Persona 6

Mujer: Mi abuelo era muy especial para mí. Era maestro, y fue él quien me enseñó a leer y a escribir y muchas otras cosas. Uno de los regalos más especiales que me hizo y que todavía guardo es una bola del mundo. Con ella aprendí los nombres de los países y dónde estaban. Además era una lámpara y por la noche me gustaba dejarla encendida mientras me dormía.

Persona 7

Hombre: Siempre me ha interesado mucho el mundo del cine, sobre todo cómo se hace una película, por eso mi juego favorito de niño era "ser director". Cuando cumplí dieciocho años, mis padres me regalaron una cámara profesional y con ella hice mi primera película, por la que gané un concurso. Ahora soy director de cine, pero todavía guardo aquella cámara con cariño.

Persona 8

Mujer: Cuando tenía cinco años mis padres se fueron a hacer un viaje y me dejaron con mi abuela y mi tía. Yo estaba muy triste porque quería ir con ellos. Entonces me prometieron un regalo fantástico. Cuando regresaron, me trajeron una caja de madera para guardar mis tesoros. Jugué mucho con ella y después la usaba para guardar cosas importantes. Ahora mis hijos también juegan con ella.

Tarea 4

INSTRUCCIONES

Usted va a escuchar, en versión locutada, una entrevista a Sergio Alcalá, un diseñador de moda mexicano. Elija la opción correcta para cada una de las ocho preguntas. Va a escuchar la entrevista dos veces. Ahora tiene 45 segundos para leer las preguntas.

ENTREVISTA

Mujer: Hoy está con nosotros el diseñador mexicano Sergio Alcalá. Hola,. Sergio, háblanos de tu trabajo.

Hombre: Hola, gracias por invitarme. Ahora mismo tengo dos firmas. Mi firma de diseño, Sergio Alcalá, con piezas únicas hechas a mano. Va dirigida a un mercado exclusivo de artistas o millonarios, porque el precio es elevado. Por otro lado, estamos creando una marca más económica que busca llegar a todos los públicos.

Mujer: ¿Cómo desarrollaste tu estilo?

Hombre: Básicamente haciendo lo que me gusta. Comencé como artista plástico y tenía ganas de cambiar, en vez de hacer esculturas, hacer ropa. Me matriculé en una escuela de diseño donde mis ideas fueron bien recibidas y donde elaboré una propuesta. La llevé a un desfile y fue un éxito, así que me invitaron como diseñador en la Semana de la Moda.

Mujer: ¿Algún recuerdo de la escuela de moda?

Hombre: Allí tuve mucho apoyo. Cuando empecé a hacer desfiles, la directora me dijo que podía usar las máquinas para hacer mi ropa y el maestro de diseño también me animaba cuando quería usar materiales poco habituales, para él lo importante era que tuviera buena técnica. Los periodistas iban alguna vez a entrevistarme y nunca hubo problemas con eso.

Mujer: Sergio, has participado en decenas de desfiles alrededor del mundo, pero ahora prefieres los desfiles locales, que después subes a internet. ¿Por qué?

Hombre: Cuando haces un desfile en una semana de la moda de una ciudad como París o Nueva York todo es profesional: peluqueros, estilistas, fotógrafos... Están dirigidos a un público muy cerrado, unas mil personas. Con ayuda de los medios se puede llegar a cinco mil personas. Si haces un desfile virtual tienes mucho más alcance, tú lo organizas en la calle, lo grabas y lo subes a internet, así cualquiera puede verlo.

Mujer: Otra originalidad son las chicas de tus desfiles, ¿no?

Hombre: Sí, no son profesionales. Algunas son fans; otras, amigas; otras, chicas con las que hablaba en las redes sociales y les dije "¿quieres trabajar conmigo?". Antes para la organización me gastaba unos 5000 pesos en teléfono. Ahorita, con la tecnología, no gasté nada, todo fue vía virtual: pusimos un mensaje en internet... Los medios de prensa y la gente hablaron y así está, tenemos 20 chicas.

Mujer: Háblanos del lugar de tu último desfile.

Hombre: Escogí el mercado de San Juan por dos razones. Uno, está enfrente del hotel Virrey, donde he vivido más de ocho años, y dos, siempre he tenido ganas de hacer algo allí. Es una escuela del arte para mí, del arte *kitsch*. La idea era sorprender a la gente mientras comían. Nadie en el mercado sabía que iba a haber un desfile y, como lo digo yo, fue una *Acción artística no convencional habitual*.

Mujer: Ese es el nombre de tu nuevo proyecto, ¿no? ¿En qué consiste?

Hombre: Sí, es un proyecto de un canal de videos con varios programas. Además de presentar las colecciones nuevas, habrá un programa enfocado a las personas que están en el mundo de la moda pero que nadie entrevista, como estilistas, peluqueros, coordinadores... Y otro programa de entrevistas a gente que trabaja en las calles de México en oficios que no existen en otros países.

Mujer: ¿Algún consejo para los jóvenes diseñadores?

Hombre: Que sean humildes, porque la persona sencilla es la que triunfa. También es importante tener principios y defenderlos, porque el de la moda es un círculo muy pequeño y hay mucha competencia, pero si uno tiene sus principios bien marcados, lo respetan más. Además, hay que trabajar duro y tener clara la meta que quieres alcanzar, el trabajo es lo que va construyendo tu empresa, tu nombre, tu todo.

Tarea 5

INSTRUCCIONES

Usted va a escuchar, en versión locutada, seis fragmentos de una charla sobre la gestión del transporte en Colombia. Elija, para cada fragmento, la opción que contenga una de las ideas mencionadas. Va a escuchar los fragmentos de la charla dos veces. Ahora tiene 45 segundos para leer las opciones.

Fragmento 1

El transporte ha ido evolucionando de acuerdo a los contextos y necesidades sociales. Hoy vamos camino hacia el transporte más colectivo, pero en el pasado existieron diversas modalidades. En una época no muy lejana el transporte fluvial fue importante en el país, ya que la mayoría de los productos entraba por esta vía. De hecho, hoy en día el Gobierno está haciendo una labor importante en recuperarlo. Sin embargo, en esta charla, trataremos principalmente el transporte por carretera.

Fragmento 2

Lo primero que hay que tener claro es que quien quiere prestar un servicio de transporte debe ofrecer soluciones a las necesidades ciudadanas. Si bien el transporte siempre fue pensado para responder a esa necesidad de movilidad, hoy ha cobrado importancia otro aspecto: la seguridad de quien comparte la vía. Hablamos de peatones, ciclistas, de quienes conducen un vehículo particular...; porque el transporte es un servicio público esencial que debe ser prestado en condiciones dignas, justas, seguras y económicas.

Fragmento 3

En este sentido, el Estado busca cómo darles satisfacción a sus ciudadanos; y por ello, como direccionador de la política de transporte, consulta las realidades de sus ciudadanos. Cada vez que va a salir una nueva normativa, por parte del Ministerio, se abren una serie de debates, de foros... Por ejemplo, hay una mesa permanente con los transportadores de carga donde se discute y que, en momentos, ha llegado a promover algunos paros y protestas de camioneros, pero precisamente en esa mesa se ha buscado la manera de solucionarlos.

Fragmento 4

Quien debe prestar el servicio público son las empresas. No puede hacerlo una persona natural por sí sola: deben ser empresas legalmente constituidas. Y constituirse en Colombia es muy fácil. De un día para otro se tiene el certificado de existencia y representación legal. Además, la empresa debe estar debidamente capacitada para llevar la modalidad de transporte que quiere prestar. Hay que mostrar unas condiciones técnicas, capacidad administrativa y financiera, y posteriormente requiere autorizaciones que deben provenir de estudios de oferta y demanda que hace solo el Estado.

Fragmento 5

Hay que decir asimismo que en el sector transporte juegan dos actores importantes. Uno es el inversionista, que es quien normalmente compra el vehículo; y otro es el empresario de transporte, que es quien tiene el permiso y quien debe administrar la flota. El Estado viene fomentando que el empresario no solo sea un afiliador que cobra una cuota de administración y se olvida, ¿no?; el Estado lo que pretende es que el empresario del transporte también invierta en transporte.

Fragmento 6

Por otro lado, las cooperativas siguen siendo un asunto muy importante en la economía y siguen teniendo en el tema del transporte algunos beneficios. La gradualidad que le dan a estas sociedades comerciales para llegar a unos límites de patrimonio en el tiempo es mayor que la que se le da a los empresarios del sector. Por ejemplo, a la hora de un concurso público, cuando hay un empate entre una cooperativa y una empresa tiene preferencia la cooperativa; para garantizar así la socialización de la propiedad.

Tarea 6

INSTRUCCIONES

Usted va a escuchar, en versión locutada, un fragmento de una conferencia sobre Agroecología en Cuba. En ella se mencionan seis de las doce opciones que aparecen a continuación. Elija las seis opciones que corresponden a esta conferencia. Para cambiar una opción seleccionada pulse de nuevo sobre ella. Va a escuchar la conferencia dos veces. Ahora tiene 50 segundos para leer las opciones.

CONFERENCIA

Creo que debemos empezar por poner en claro por qué hablamos de la agroecología como agricultura sostenible. Primero, por su total coherencia con los objetivos que plantea el desarrollo en nuestro país. Pretendemos lograr un sistema que garantice la seguridad alimentaria. Ahora, ¿cómo llegar a esa seguridad alimentaria? Sencillamente a través de una agricultura próspera y sostenible que respete las siguientes características:

Debe ser, primero, eficiente en el uso de recursos: tanto naturales como materiales, humanos, de conocimiento... La agroecología es una ciencia que se fundamenta principalmente de los saberes campesinos, de la cultura agraria local, del estudio detallado del lugar y de los conocimientos más avanzados de la ciencia cubana e internacional. La agroecología suministra saber para desarrollar la tecnología y para diseñar modelos productivos sostenibles; y para ello, no puede malgastar nada.

Segundo, tiene que ser productiva. Esta agricultura sostenible es mucho más científica que la agricultura industrial. La industrial produce a gran escala y se basa en recursos con un manual de aplicación que se cumple; en cambio, la agricultura sostenible, hay que modelarla para cada lugar, para cada momento. Tiene que dar buenos rendimientos y un producto de calidad.

La tercera cuestión es que tiene que tener reducida dependencia externa. La dependencia externa siempre crea riesgos: porque el recurso no llega o no llega en el envío requerido... Necesitamos modelos productivos que estén enfocados a alcanzar algún día una autonomía alimentaria cubana.

Tiene que ser también adaptable a las condiciones bioclimáticas adversas. Con esto queremos decir que no podemos evitar el cambio climático, pero sí podemos prepararnos para que nos afecte lo menos posible. Si sabemos que todos los años hay una época de sequía, tendremos que trabajar con cultivos de baja demanda de agua.

Y finalmente tiene que ser ambientalmente responsable y socialmente justa. No podemos hacer una agricultura que produzca efectos destructivos sobre el ambiente. Aunque siempre que hacemos agricultura estamos creando determinados niveles de desequilibrio natural, tenemos que buscar la manera de que los elementos que añadamos al sistema ayuden a recuperar esos desequilibrios. A diferencia de la agricultura orgánica, la agricultura sostenible no clasifica los recursos ni los medios que se van a emplear por su origen: que sean químicos, sintéticos u orgánicos... No. Los valora por el efecto que puedan ocasionar: si el balance de efectos es favorable, se puede aplicar el recurso.

Tampoco se puede suministrar, quizás, un producto poco sano a la población; o que justificándolo en que estamos produciendo un producto sano, como ocurre con los productos orgánicos, se pretenda cobrar un precio mucho más alto.

Y, bueno, para cumplir con todos estos requisitos existe la agroecología. Aunque la agroecología nació en el mundo bajo el enfoque de la pequeña finca, otro de los retos es llegar a otras escalas productivas. Hay ejemplos que se pueden ver ya en Cuba. Tenemos el trabajo que se está haciendo con los polígonos de suelo donde se trabaja en un valle completo.

4.2.2. La Tarea 1 de EIO: cómo se resuelve

ACTIVIDAD 1
PREGUNTAS

Pregunta 1: ¿Qué deportes practica?
Pregunta 2: ¿Qué le gusta hacer el fin de semana?
Pregunta 3: ¿Cuál es su receta preferida y qué ingredientes lleva?
Pregunta 4: ¿Cómo era su primer profesor de español?

ACTIVIDAD 2
RESPUESTAS

Pregunta 1

Respuesta 1: Yo practico baile y yo bailo *west coast swing*, que es un tipo de baile muy ah... popular en los Estados Unidos..., sí, y yo no practico otros deportes.

Respuesta 2: Practico balonmano, baloncesto, a veces bádminton y... críquet.

Pregunta 2

Respuesta 1: *Por el fin de semana me gusta pasar tiempo con mis amigas y... salir a las discotecas también.

Respuesta 2: En el fin de semana ah... me gusta ah... relajar y... salir con mis amigos, pero también ah... necesito hacer los deberes y... comer con mis padres.

ACTIVIDAD 4
RESPUESTAS

Respuesta 1: Mi primer profesor español era... un hombre que... que se llama Martín. Era muy agradable como persona y un buenísimo profesor. Ah... pues... él proviene... viene de... la América del Sur. No *me recuerdo el país. Y hablaba en francés perfecto.

Respuesta 2: Mi *primer profesora de español era muy simpática y ella am... era de... España, de Barcelona. Y... ella enseñaba mucho sobre España y las palabras de España y am... practicábamos 'vosotros' porque ella am... hablaba con 'vosotros' ah... en... mi clase. Pero también con la cultura y am... *los costumbres de España también.

4.2.3. La Tarea 1 de EIO: cómo se califica

ACTIVIDAD 1
PREGUNTA 1

Respuesta 1: A ver, practico esquí, practico fútbol, practico, pero fútbol americano. Y a veces practico... eh... la... Pues corro.

PREGUNTA 2

Respuesta 1: El fin de semana me gusta un montón ver amigos, hablar con ellos, leer un poco... ah, pues a veces me gusta también ver un poco la televisión y aprender lo que.... [Fin de la grabación]

PREGUNTA 3

Respuesta 1: La.la cosa es que no tengo recetas favoritas, pero... ah... en este momento me gusta *bien comer un poco de tortilla de patata y-la- contiene huevos y patatas, entonces no sé... no sé qué hay de otro. Pues a veces algunas... eh... pues es esto.

PREGUNTA 4

Respuesta 1: Mi primer profesor español era... un hombre que, que se llama Martín. Era muy agradable como persona y un buenísimo profesor. Ah... pues... él proviene... él viene de... la América del Sur. No *me recuerdo el país. Y hablaba en francés perfecto.

ACTIVIDAD 2

Respuesta 1: Bueno, practicar quizás es una palabra grande porque la verdad es que le dedico solamente una hora y media a la semana el domingo. Pero sí, me dedico al fútbol, que es mi grandísimo deporte preferido y, y esto.

Respuesta 2: La prioridad número uno el fin de semana seguramente es descansar la cabeza, lo que yo digo "apagar el cerebro". Porque después de todas esas horas de trabajo pues el fin de semana es descansar y hacer pues lo que sale con los amigos, los planes que salgan.

Respuesta 3: Encontrar mi receta favorita pues entre todo el repertorio que tengo de recetas que suelo hacer, puesto que me encanta la cocina, es un poco difícil. Pero sí que me gustaría hablar de la carbonara pues porque habría que romper un mito a todos los españoles. Sobre todo para los españoles que, que piensan que la carbonara pues lleva nata, cebolla, champis y todo lo que pueda entrar. Pues no, la carbonara simplemente lleva huevos y panceta, y es lo más simple del mundo pero es la carbonara original.

Respuesta 4: Me gustaría decir que tengo una imagen borrosa de mi primer profesor de español, pero... Porque así parece que ha pasado mucho tiempo desde mi primera clase, pero no. La verdad es que me acuerdo perfectamente de su de su cara y de su forma de actuar porque fue un profesor fantástico. Digo fue porque ha marcado una etapa en... mi vida. Un hombre alto, pelado pero con muchísimas ganas de enseñar y un acento precioso. Y que gracias a él me he enamorado del español.

4.2.4. La Tarea 1 de EIO: manos a la obra

PREGUNTAS

Pregunta 1: ¿Qué desayuna los fines de semana?

Pregunta 2: ¿Qué hace por las mañanas un día normal?

Pregunta 3: ¿Cómo es su casa?

Pregunta 4: ¿Qué animales le gustaban más cuando era pequeño?

4.3.3. La Tarea 2 de EIO: cómo se califica

ACTIVIDAD 1

RESPUESTAS

Candidato 1:

En este fotograma am... hay dos personas y son novios y viven en Madrid, creo am... Esas personas son muy *simpáticos y tienen una relación... muy fuerte y con am mucha pasión am... La ropa que llevan es muy casual y muy *cómodo para ellos, am... También están preparando la comida porque am... la familia de ellos están... viniendo a su casa am... Y también eh... los dos son muy simpáticos eh, los dos *son muy contentos porque am... ella está embarazada *con su primer bebé. Am... están en la cocina y la cocina es muy limpia y tiene *mucha-mucho color am... como rojo en la pared y *los-las luces azules. También ah... hay mucha comida en la cocina am... como ensalada y tomates y zanahorias y también galletas am... porque están preparando la comida para su familia. Y... am... también ah... el hombre está poniendo *sus manos en am... el estómago de su esposa porque... ella está embarazada y él está muy contento am... porque los dos *crean que es un... am... varón o hijo.

Candidato 2:

Eh... hay dos personas eh... y me *paracen que eh... están *casadas eh... y una es una mujer rubia que lleva una camiseta y pantalones y em... el otro es un hombre que... es moreno y tiene una camisa y vaqueros em... Los dos me parecen bastante eh... contentos y eh... Creo que ella está embarazada y em... están hablando pero no sé de qué eh... Están en una cocina... Es un-un espacio muy limpio y hay mucha luz... eh... Están eh... No están sentados, están hablando *en pie y eh... eso es todo.

4.4.2. La Tarea 3 de EIO: cómo se resuelve

ACTIVIDAD 1

OPCIÓN 1

RESPUESTA

¡Hola! Buenos días... Quería saber si quieres ir a Florida conmigo este fin de semana. Vamos a ir mis padres y yo para tener una *vacación y queremos saber si quieres venir tú también con nosotros. Vamos a ir a Florida porque hace muy buen tiempo, porque... hace sol... Y allí podemos ir a Disney, podemos ir a lo... a los parques que tienen las *montaña rusas y lo vamos a pasar muy bien. Entonces, si puedes responderme pronto, a ver si quieres ir con nosotras. Adiós.

OPCIÓN 2

RESPUESTA

¡Hola! Buenas, amiga. Qué tal a... ¿estás bien? Creo que sí. Ah... Pues en mi opinión, hay muchos restaurantes que puedes *irte am... con diferentes tipos de comida como comida de China, o comida de Estados Unidos, como una hamburguesa o algo como así. Ahmm, pues no sé qué quieres comer, pero conozco algunos restaurantes que son muy *buenas ah... buenos, como por ejemplo La Gran Hamburguesa. Tiene hamburguesas. Y también hay un pub que se llama, que se llama... El Pub Irlandés: tiene nachos. También hay una... un lugar con tapas, muy buenas. Y también hay restaurantes un poco más elegantes como e... a... en la calle con... e... el mercado. También si quieres, puedes buscar en el Internet con *otros opciones. También. Y... Te amo, chao.

4.4.3. La Tarea 3 de EIO: cómo se califica

ACTIVIDAD 1

PARTE PRIMERA

RESPUESTA

Hola, ¿Samuel? No sé qué estás haciendo en este momento pero si... si tienes tiempo puedes venir conmigo para una excursión... Parece eh... *Encuentro un lugar que parece muy guay y *que... en donde *ponemos ah... pues podemos hacer eh... alpinismo y kayak y un poco de... tal vez un poco de ciclismo, pero no estoy seguro sobre ese punto. Podemos ir allá con... con tu coche pero puedo conducir si no *lo *quiere y lo... y pues... Es *este, espero *que voy a verte allá.

PARTE SEGUNDA
RESPUESTA
Hola. He llamado para... Llamo para preguntar si es posible tener un *visa de estudios para España, pues como he dicho un poco an... un poqui, un poquitín antes am... Voy a España para estudiar entonces voy a estar allá por ah... por pienso que es algo como cuatro meses... *Es, va a ser mi primera vez allá y... voy, para el primer mes voy a estar una familia de... de españoles y después voy a buscar alojamiento en tal vez un *apartamiento... Quizá continuar con la familia si todo se... todo pasa bien am... Pues es *este, espero *que una respuesta próximamente. Gracias *para responder.

4.5.2. La Tarea 4 de EIO: cómo se resuelve

ACTIVIDAD 2
PREGUNTAS
Pregunta 1: ¿Considera que la utilización de móviles influye en los procesos mentales de las personas? Justifique su respuesta.
Pregunta 2: En la actualidad, las aplicaciones de los móviles han entrado con fuerza en nuestros espacios personales. Cuéntenos de qué manera se beneficia usted de estos avances.
Pregunta 3: Si usted fuera una autoridad educativa en su país, ¿qué medidas tomaría respecto al uso del teléfono móvil en los colegios?

4.5.3. La Tarea 4 de EIO: cómo se califica

ACTIVIDAD 1
CANDIDATO 1
Pregunta 1: ¿Cree usted, como dice el texto, que las ventajas sobre el consumo en grandes superficies colocarían al pequeño comercio en un segundo lugar? Diga por qué sí o por qué no.
Pregunta 2: ¿Cuáles son sus preferencias a la hora de obtener productos? ¿Las grandes superficies o el tradicional comercio de toda la vida? Justifique su respuesta.
Pregunta 3: Si usted fuera el representante de una asociación de consumidores, ¿qué consejos les daría a sus miembros para ayudarlos sobre un consumo razonable y equilibrado?
RESPUESTAS
Respuesta 1: En el mundo actual, pienso que es verdad que la instalación de grandes superficies puede colocar eh... los pequeños vendedores en un segundo lugar porque es... es verdad que es mucho más cómodo *de ir a las grandes superficies y encontrar-encontrar todo lo que quieras a... un precio mucho más barato. Y... pues... no, no tienes que *pasar mucho tiempo *a... *a ir a comprar cosas. Puedes hacerlo en *algún-es, *algo como una hora y media *u media hora. Y... pues... tienes lo que, todo lo que quieres y... Sí. Es esto.
Respuesta 2: Pues, la cosa es que de donde vengo no hay pequeños merc... pequeños vendedores o *pequeño mercados. Entonces *la, todo lo que conozco son las grandes superficies. Para mí es un poco... no sé cómo funcionaría el mercado nor... habitual porque mi normal está en las superficies... Puedes encontrar todo y... pues no sé cómo funcionan las otras... Entonces, no podría dar una respuesta completa.
Respuesta 3: A ver, mis consejos para los consumidores, para un consumo razonable y *equilibri-equilibrado *sería tal vez *de preguntarse si lo necesitas realmente o si lo compras solo porque es barato. Porque... pues... si por ejemplo tienes que... comprar algo o quieres comprar algo, sería mejor que la próxima vez, que no lo *compras en ese momento y que la próxima vez que lo *ves y si quieres... si lo quieres todavía, puedes comprarlo. Porque vas a tener tiempo para... pensar si lo necesitas realmente y si... si lo quieres realmente. Porque si no lo *utilices... ¿por qué, por qué comprarlo? No lo... [Fin de la grabación]

4.5.4. La Tarea 4 de EIO: manos a la obra

OPCIÓN 1
Pregunta 1: ¿Cree usted que la edad es una dificultad hoy en día para aprender a moverse en espacios digitales? Explique por qué.
Pregunta 2: ¿De qué manera las personas mayores pueden aprovechar estos conocimientos digitales en su rutina diaria?
Pregunta 3: Si usted fuera una autoridad educativa, ¿qué haría usted para integrar a personas mayores y jóvenes en el aprendizaje de nuevas tecnologías?
OPCIÓN 2
Pregunta 1: ¿Cree usted que la conciencia ecológica y los nuevos hábitos de consumo conseguirán que se generalicen nuevas formas de cultivar la tierra?
Pregunta 2: ¿Hay en su país una gran oferta y demanda de productos ecológicos, y qué tipo de público los consume?
Pregunta 3: Si usted fuese miembro de una asociación ecológica, ¿qué medidas tomaría para proteger el medio ambiente?

4.6.2. La Tarea 5 de EIO: cómo se resuelve

ACTIVIDAD 3
RESPUESTA
La llegada de las nuevas tecnologías ha hecho que los profesionales de la educación se replanteen la pedagogía y el trabajo en el aula. Sí, estoy a favor de este argumento... am... Los profes... Sí, por supuesto, los profes-los profesores, o los profesionales tienen que am... replantear esta idea. Con tecnología am... se puede explorar *el red, la red, y las posibilidades. También pueden compartir información más pronto y mucha más información que antes por correos *o otros medios de comunicación. También con am... con esta am... con tecnología eh... es difícil para los profesores que... am... que seguían enseñando con el uso de una... una... con uso de ah... papeles y bolis. Y... ahora es un nuevo medio y es una oportunidad para, no solo para enseñar pero para ellos también para am... aprender nuevos medios... Además, por ejemplo, si en am... si una am... por ejemplo, si un estudiante quiere am... si un estudiante pregunta a su profesor en la clase de literatura sobre... sobre Federico Lorca, pero es una información que el profesor... tampoco lo *sé, tampoco lo sabe, entonces, en el mismo momento, con... sí, con la disponibilidad de la tecnología la, el profesor puede... ver esa am... buscar esa información por *el internet y puede... contestar la pregunta de... del estudiante. Entonces, la... el

trabajo en el aula también ah... también va a cambiar con la tecnología y... y... y también con ah... Porque ah... antes solo... los profesores siempre nos daban ejemplos o contaban... sus experiencias, que *es, que era muy muy buena, pero ahora con... con la tecnología también pueden... los profesores pueden... mostrarnos *los opinio-las opiniones de otra gente sobre el *misma tema-sobre el mismo tema Y... y también... y también pueden ah... diversificar en am... diversificar... este, en este tema... En resumen, la nueva tecnología ha... ha... ha aumentado el nivel de la educación. Gracias.

4.6.3. La Tarea 5 de EIO: cómo se califica

ACTIVIDAD 1

RESPUESTA

Bueno, sí, estoy, estoy totalmente de acuerdo con esta afirmación porque creo que el principal objetivo de estos... de lo que casi podríamos llamar ciudades comerciales, porque o sea han llegado a dimensiones tremendas eh pues eh... El objetivo es justo justo eso: es llenar los ojos del del consumidor con productos que son totalmente innecesarios eh y... llevarlo a pues vaciar totalmente su bolsillo comprando... comprando de manera frenética, todo lo que ve. Es es eh... al final es su su objetivo. El objetivo de de estos centros comercia, comerciales es crear ese ese consumismo.

Pero pero sí es verdad que si el argumento, la cuestión es totalmente negativa, hay que subrayar que detrás hay un trabajo eh... pues positivo desde el punto de vista de las personas que están detrás, las personas que trabajan. Y estoy hablando de, principalmente del *marketing*. Todas las personas que gestionan el *marketing*, la publicidad, la posición de los productos, la posición de las tiendas dentro de, de estas ciudades comerciales es increíble y funciona a la perfección porque, si no, no hubiéramos llegado a esa a esta cantidad de consumismo por parte del de todo el mundo porque al final es un consumismo de, de masa. Eh... es un... es el mundo del *marketing*, en realidad, es un mundo que, que llama mucho la atención porque casi ahora está llegando un momento donde la gente se entera de lo negativo pero el *marketing* le gana y, y porque son capaces de venderte todo lo que quieren con cualquier tipo de técnica. Las publicidades, por ejemplo, el mundo de la publicidad eso es un mundo eh... fantástico. Son capaces de ponerte una imagen de un... de un perro con cascos inalámbricos eh... y te dicen: "Hasta los perros necesitan estos cascos". Y un consumidor lo mira y dice: "Buah, tienen que ser cómodos", y se lo compran. Y se lo compran porque las publicidades funcionan de maravilla. Parece que no tiene ni pies ni cabeza pero sí que tienen los pies pues ahí, bien firmes y la cabeza, ahí, entre, entre los hombros. Y la la... el trabajo del *marketing* pues también es fantástico a nivel de conectar modas de cebarse de todo lo que produce la red. Es algo positivo desde ese punto de vista, pero negativo desde el punto de vista del consumidor. Estamos llegando a comprar cosas que, totalmente inútiles porque han creado nuevas necesidades. Yo solamente basándome en mi experiencia pues puedo decir que en Madagascar he visto familias sin dinero, pero todas con móvil y esta es un poco creo que la imagen del consumismo de ahora. La capacidad que han creado de de... producir nuevas necesidades, nuevos... nuevas *frenesías por parte del consumidor.

En conclusión, pues... el consumismo creo que la principal causa del consumismo es la presencia de esto de estas ciudades comerciales y son las principales causas de esta nueva adicción, que es la adicción a la a la compra de productos totalmente inútiles.

4.8. Dé el salto

Tarea 1

PREGUNTAS

Pregunta 1: ¿A qué hora se va a la cama normalmente?

Pregunta 2: ¿Qué tiendas hay cerca de su casa?

Pregunta 3: ¿Qué hizo en su último cumpleaños?

Pregunta 4: ¿Cómo era usted hace diez años?

Tarea 4

OPCIÓN 1

Pregunta 1: ¿Cree usted que la felicidad en el trabajo está más motivada por la flexibilidad de horarios o por un aumento salarial? Justifique su respuesta.

Pregunta 2: ¿Qué otros factores son importantes para sentirse contento en un trabajo, además del horario y el salario?

Pregunta 3: Si usted tuviese una empresa, ¿de qué forma motivaría a sus trabajadores para que hicieran un mayor esfuerzo en sus labores?

OPCIÓN 2

Pregunta 1: ¿Qué piensa usted de los aspectos positivos y negativos que, según el texto, tiene el *fitness* digital hoy en día? Justifique su respuesta.

Pregunta 2: Usted, ¿qué prefiere: usar internet para practicar ejercicio físico desde casa o asistir a un centro deportivo?

Pregunta 3: Si usted fuera el dueño de un gimnasio, ¿consideraría esta nueva realidad como un peligro para su negocio?

BLOQUE III. C REALICE UN MODELO DEL SIELE EN LA EXTENSIÓN DIGITAL DEL MANUAL

Comprensión auditiva

Tarea 1

INSTRUCCIONES

Usted va a escuchar a una chica, Marta, que habla con su amigo David sobre sus vacaciones. Lea las cinco frases y elija la opción correcta para cada hueco. Va a escuchar la conversación dos veces. Ahora tiene 30 segundos para leer las frases.

CONVERSACIÓN

Hombre: ¡Hola, Marta! ¿Qué tal?

Mujer: ¡Hola, David! Bien, gracias. ¿Y tú? ¿Cómo está tu primo Carlos?

Hombre: Todo bien. Voy a tomar café con él el sábado. ¿Quieres venir?

Mujer: No puedo, el viernes me voy de vacaciones.

Hombre: ¡Qué suerte! ¿Con quién?

Mujer: Con Carmen, mi amiga de México. La conoces, ¿no?

Hombre: Sí, sí. ¿Y dónde vais?

Mujer: No estamos seguras. Queremos ir a la playa.

Hombre: ¿Por qué no vais a Galicia? Las playas son muy bonitas. Yo voy a ir cinco o seis días en verano con un amigo.

Mujer: Preferimos ir al sur, quizá a Málaga. Hace más calor. Además, una amiga chilena de Carmen está ahora en la ciudad.

Hombre: ¡Ah! Málaga me gusta mucho. Mi hermano ahora vive allí con su novia, una chica argentina. A veces voy a verlos.

Mujer: ¡Qué bien!

Hombre: ¿Vais a ir en tren o en autobús?

Mujer: En coche. Yo no tengo permiso de conducir, pero Carmen sí.

Hombre: Estupendo y, ¿cuándo volvéis?

Mujer: Vamos solo cuatro días, volvemos el martes que viene.

Hombre: Bueno, podemos vernos después del viaje.

Mujer: ¡Claro!

Tarea 2

INSTRUCCIONES

Usted va a escuchar cinco anuncios de radio. Elija la opción correcta para cada una de las cinco preguntas. Va a escuchar los anuncios dos veces. Ahora tiene 30 segundos para leer las preguntas.

Anuncio 1

¿Quieres una fiesta diferente? Superdiver está aquí para hacer el mejor cumpleaños a tus hijos. Con nosotros, los niños pueden jugar, cantar y, sobre todo, ¡bailar! Trabajamos con otra empresa que hace vídeos de cumpleaños para no olvidar ningún momento de ese día tan especial. ¡Llámanos!

Anuncio 2

Ahora estar en forma no es un problema de tiempo. En el gimnasio Dogo abrimos todos los días de la semana, de 8:00 de la mañana a 11:00 de la noche, todo el año. Tenemos máquinas de última tecnología, muchas actividades y cursos en el gimnasio. Además, hay una pequeña piscina. Del 1 al 20 de enero paga un 50 % menos por un año de gimnasio.

Anuncio 3

Este año también, del 1 de enero al 31 de diciembre, puedes disfrutar en Sevilla de una de las exposiciones más impresionantes del mundo, "El Tesoro de los Faraones". Tendrá lugar en el Pabellón de la Navegación y se puede visitar de 10:00 de la mañana a 19:30 de la tarde de lunes a viernes y de 16:00 a 20:00 los domingos.

Anuncio 4

Para saber todo sobre las fiestas de Murcia, entra en la página web Vive Zone. Vas a ser el primero en saber todo sobre su semana más importante. Puedes inscribirte en el concurso de fotografía de la ciudad y ganar entradas para el concierto final o conseguir invitaciones para visitar las exposiciones del museo todo el año. También puedes aprender más sobre nuestra cocina con las recetas del mejor restaurante local.

Anuncio 5

Foto Digital Lucas, tu nueva tienda de fotografía. Vendemos muchos modelos de cámaras de todos los precios. Este mes de junio ofrecemos servicios de fotografía profesional para ocasiones especiales a precios más bajos. Y si haces con nosotros las fotos de tu boda, un libro con tus fotos más bonitas de regalo. ¡Ven a visitarnos!

Tarea 3

INSTRUCCIONES

Usted va a escuchar a ocho personas que hablan sobre cómo eligieron su carrera. Elija la frase que corresponde a cada persona. Va a escuchar a cada persona dos veces. Ahora tiene 30 segundos para leer las frases.

Persona 1

Hombre: Siempre quise ser profesor de Matemáticas, desde que era pequeño. Mi maestra de primaria me dijo: "Lo vas a conseguir". Cuando empecé mis estudios en la universidad, vi que no estaba equivocada. Aquello me encantaba y, por suerte, me sigue gustando ahora también, diez años después de terminar la carrera. Trabajo desde entonces en una escuela en mi ciudad.

Persona 2

Mujer: Cuando acabé el colegio, no quería ir a la universidad. Quería dedicarme a cantar. Mis padres me dijeron que tenía que estudiar algo, así que mi madre me matriculó en la carrera que más le gustaba a ella: Traducción. Ahora, después de terminar, estoy contenta de esa elección. Trabajo de traductora, pero tengo bastante tiempo libre para poder seguir dedicándome también a la música.

Persona 3

Hombre: La verdad es que no sabía que estudiar Derecho podía ser tan difícil. En realidad, elegí esta carrera porque mi madre trabaja en un bufete y quería ser abogado como ella. Hace diez años que estoy matriculado en la facultad, pero ya solo me quedan tres asignaturas, así que espero acabar pronto.

Persona 4

Mujer: Al terminar el bachillerato, gané una beca para estudiar en una prestigiosa universidad en Madrid. Sin ella, no habría podido hacerlo. Escogí la carrera de Psicología, que me interesaba mucho. Acabé hace bastantes años y desde entonces trabajo en un hospital. Mi hija quiere seguir mis pasos y pronto se matriculará en esa misma universidad.

Persona 5

Hombre: No pensaba que, si estudiaba Sociología, iba a encontrar trabajo tan rápido. Escogí esta carrera simplemente porque un amigo también iba a matricularse en esa facultad y me convenció. El último año hice unas prácticas en una ONG y me contrataron antes de terminar la carrera. Ahora me he licenciado y sigo trabajando para ellos.

Persona 6

Mujer: Decidí estudiar Historia porque es lo que más me gusta desde siempre. No pude tener ninguna beca, pero trabajaba los fines de semana y mis padres me ayudaron un poco para poder hacerlo. Ya sabía que iba a ser difícil encontrar trabajo después. Ahora estoy de secretaria en una oficina, pero espero que, en algún momento, pueda trabajar de profesora de Historia en un colegio.

Persona 7

Hombre: Estaba en el segundo año de la carrera de Farmacia cuando me ofrecieron la posibilidad de estudiar un cuatrimestre en París. Allí tuve una asignatura de Medicina que me encantó y, cuando volví a mi país, dejé mi carrera y empecé a estudiar para ser médico. Menos mal que todo el mundo ha apoyado mi decisión.

Persona 8

Mujer: Cuando elegí la carrera tenía solo 17 años y no estaba muy segura de qué quería hacer con mi vida. Mis profesores me habían recomendado estudiar Física. Yo, en cambio, me matriculé en Economía y descubrí que se me daba realmente bien: sacaba muy buenas notas en todas las asignaturas. Terminé, hice un máster en *marketing* y ahora voy a empezar un doctorado en Londres.

Tarea 4

INSTRUCCIONES

Usted va a escuchar, en versión locutada, una entrevista a Federico Jusid, un compositor de bandas sonoras argentino. Elija la opción correcta para cada una de las ocho preguntas. Va a escuchar la entrevista dos veces. Ahora tiene 45 segundos para leer las preguntas.

ENTREVISTA

Mujer: Hoy nos acompaña el compositor Federico Jusid. Cuéntanos, ¿por qué elegiste esta profesión?

Hombre: Bueno, mi madre fue una niña prodigio que tocaba el piano, actuaba... A los 7 años ya era muy conocida en Argentina. Después, a los 16, tuvo que elegir entre la música y la actuación. Aunque decidió ser actriz, siempre mantuvo su relación con la música. Recuerdo que de pequeño había un piano en casa y cuando ella no estaba, yo intentaba imitarla bajando teclas.

Mujer: ¿Cuándo empezaste a estudiar piano?

Hombre: Mis padres eran amantes de la música y por eso a los 6 años me enviaron un maestro y empecé a estudiar. Este maestro no solo me enseñó a tocar el piano, sino que, por fortuna, me animaba a que fuera libre. Entonces desde los 8 años empecé a crear mis primeras obras. Más tarde, con 11, ingresé en el conservatorio y empecé el camino formal.

Mujer: ¿Con el cine también tuviste una relación temprana?

Hombre: Mi padre era director de cine y le pidió a Manuel Pérez, quien hacía la música para sus películas, que me adoptara como aprendiz cuando era adolescente. Por supuesto, gratis y sin pagarme un centavo. Entonces yo estaba en su estudio poniendo los cafés y haciendo fotocopias. Así fui aprendiendo el oficio. En el conservatorio estudiaba los aspectos teóricos y ahí hacía las prácticas.

Mujer: Entonces, ¿jamás pensaste en otra profesión?

Hombre: Tenía dudas sobre qué parte de la música elegir. Mi relación con la música ha sido muy ecléctica: he dado recitales de música clásica, conciertos de *jazz*, he escrito obras serias y actualmente compongo para cine. En realidad, echo de menos ser solista y tocar música del siglo XX. Si te digo la verdad, era muy malo tocando música clásica. Prefiero que venga gente que toca bien y escucharla.

Mujer: ¿Viajas frecuentemente por motivos profesionales?

Hombre: Bueno, con 20 años gané una beca para estudiar en Nueva York. Estados Unidos ofrece grandes oportunidades, aunque no siempre es fácil encontrarlas. Después me trasladé a Bélgica para mi primer contrato laboral con un amigo al que le hacía ilusión trabajar en Europa conmigo. Más tarde, fui saltando de un lado a otro hasta que empecé a trabajar en España. ¡Ahora incluso tengo pasaporte español!

Mujer: ¿Cómo se compone una banda sonora?

Hombre: Hay muchos procesos. Quizás lo más común es quedar con el director antes de la producción, leer el guion y escribir la música entonces. Otra fórmula es componer para la película cuando ya está terminada. Más de la mitad de las películas que hice tuvieron esta suerte. También puede ocurrir que seas el plan B porque el músico se pelea con el director y te llaman a última hora. Esto ocurre muy a menudo.

Mujer: ¿Cómo es tratar con un director?

Hombre: El director siempre quiere lo mejor para su obra y la conoce mejor que nadie. Por eso, intento ponerme en su lugar y entender la película desde su punto de vista. En cambio, procuro no perder mi perspectiva, porque si una persona me contrata es porque le interesa mi mirada sobre su película. Después intento llevarla al punto donde creo que el director quiere hacerla llegar.

Mujer: ¿Cómo se lleva que directores y actores sean famosos y los músicos no?

Hombre: Sinceramente, creo que la situación está cambiando a nivel mundial. Cada vez la gente escucha más bandas sonoras y se nos conoce más. No obstante, creo que lo del anonimato es una gran cosa. Desde pequeño he tenido el foco mediático en casa y no tengo esa necesidad. Me da alegría que guste mi trabajo, pero tampoco me hace especial ilusión vender multitud de discos.

Tarea 5

INSTRUCCIONES

Usted va a escuchar, en versión locutada, seis fragmentos de una conferencia del programador argentino Martín Spinetto sobre videojuegos. Elija, para cada fragmento, la opción que contenga una de las ideas mencionadas. Va a escuchar los fragmentos de la conferencia dos veces. Ahora tiene 45 segundos para leer las opciones.

Fragmento 1

Todo lo que está relacionado con los videojuegos en este momento tiene un potencial de mercado enorme, ya que básicamente todo el mundo puede subir una aplicación a la red y distribuirla en todo el mundo en cuestión de horas y sin pagar un centavo. Las barreras de entrada son verdaderamente bajas; la verdad es que hoy en día desarrollar un videojuego es mucho más fácil de lo que era hace unos años.

Fragmento 2

Cuando tienes un mercado así, hay un montón de gente haciendo exactamente lo mismo. Hoy en día están siendo subidos a los mercados digitales más de 7000 juegos nuevos por mes. Lógicamente, esto termina siendo un obstáculo para los usuarios porque hay demasiadas opciones. En este mar interminable de aplicaciones, es muy difícil para los usuarios encontrar esos juegos realmente buenos.

Fragmento 3

La gran pregunta hoy en día es cómo ganamos usuarios en un mercado con tanta competencia como el de los videojuegos, qué vamos a hacer para diferenciarnos en un mercado tan saturado. Para nuestra empresa, la solución pasó por especializarnos en desarrollar las mejores versiones digitales de los juegos tradicionales. Empezamos con dos juegos argentinos con más de 30 años de antigüedad que no tenían su videojuego y, hasta la fecha, tuvieron más de 700 000 descargas en Argentina. En su lanzamiento, estuvieron como las aplicaciones gratuitas más descargadas en el país.

Fragmento 4

En cuanto al perfil del jugador, muchos piensan en un personaje antisocial, encerrado en su habitación, incluso hay quienes creen que los videojuegos son exclusivos de los jóvenes. La realidad es muy distinta: en primer lugar, la media de edad de los jugadores es de 39 años, siendo el 29 % de los jugadores mayores de 50 años. Además, un tercio de las familias dice que juegan al menos una vez por semana con sus hijos a un videojuego conjunto. Hay un montón de tendencias que contradicen el prototipo de jugador y que muestran que se ha puesto en marcha un mercado enorme de orientación familiar.

Fragmento 5

¿Dónde se genera más plata en el mercado de Latinoamérica de los videojuegos? Sin lugar a duda no es en los teléfonos inteligentes, la PC sigue dominando y es casi el 50 % del mercado. ¿Por qué? Porque es como comienza: la industria del videojuego pasa por la PC, no todos los usuarios tienen videoconsolas. Estamos todavía en los orígenes, en la primera etapa de esta industria. Sin embargo, el mercado que más crece es el de las tabletas y el de los teléfonos inteligentes, siguiendo la tendencia de otros países como Japón, China o EE. UU.

Fragmento 6

El desafío hoy en día no está tanto en el tema de desarrollo, sino en cómo uno se hace conocido, cómo la gente encuentra tu juego para descargar, ya sea porque se fijan en un icono o en un par de capturas de pantalla. Y no es verdad que por ser gratis la gente se lo descargue todo, porque la gente invierte tiempo y la decisión no es totalmente impulsiva.

Tarea 6

INSTRUCCIONES

Usted va a escuchar, en versión locutada, un fragmento de una conferencia del científico, escritor y conferenciante español Gonzalo Álvarez sobre el miedo a enfrentarse al público. En ella se mencionan seis de las doce opciones que aparecen a continuación. Elija las seis opciones que corresponden a esta conferencia. Para cambiar una opción seleccionada pulse de nuevo sobre ella. Va a escuchar la conferencia dos veces. Ahora tiene 50 segundos para leer las opciones.

CONFERENCIA

La primera vez que tuve miedo la recuerdo muy bien. Durante toda mi infancia había ido a un colegio de curas, solo para niños. Pero el primer día del instituto resulta que había chicas. Me sentía como en un zoo, aunque siendo tanto el observador como el observado. Tuvimos que salir a la pizarra a presentarnos. Cuando me tocó fue un infierno. Todos los chicos y, lo que es peor, las chicas, mirándome. Para mí las chicas eran como Medusa, el ser de la mitología clásica que cuando te mira te petrifica.

Los Griegos tienen una palabra, *fobos*, para referirse al miedo tóxico, el miedo irracional que te inmoviliza o te hace huir. Durante muchos años cada vez que me pedían hacer una presentación pasaba los días previos dándole vueltas a mis temores. ¿Haré el ridículo? ¿Me quedaré en blanco? El foco estaba en el *yo*. Me ponía tan nervioso que a veces no podía ni pegar ojo.

Por fortuna todo cambió para mí en una estancia de doctorado, en Cambridge, verano de 1998. Allí era costumbre que el estudiante visitante hiciera una presentación de los resultados de su centro. Entré en pánico. Era mucha responsabilidad, estaba presionado por representar a España, por ser el que mostrara nuestros logros... Así que hice un PowerPoint lleno de textos, de imágenes, de gráficos, porque de esta manera "Medusa" en vez de mirarme a mí miraría a la pantalla.

Antes de exponer el tema delante de todo el departamento hice un ensayo con el director. Apenas llevaba dos minutos leyendo diapositivas en la pantalla cuando el director me interrumpió: "¿Esas diapositivas son para ti o para la audiencia?". Esta pregunta me hizo comprender que había pasado todo el tiempo pensando en mí mismo, en vez de centrarme en la gente que iba a escucharme.

Desde ese día dejé de ver a la audiencia como un enemigo a batir. Alguien dijo que el gladiador y el conferenciante hacen lo mismo, enfrentarse a un público, por lo cual una presentación es un combate; se trata de un marco mental de lucha. Sin embargo, para mí, ahora la metáfora es un viaje. Tú eres el guía que acompaña a la audiencia desde el punto de partida hasta su destino. Cuando comprendes que tú no eres el centro y sí la audiencia, ayudando a resolver problemas y cumpliendo sus objetivos, entonces el miedo tóxico desaparece.

¿Significa eso que nunca más vas a tener miedo? No. Los griegos tenían otra palabra, *deos*, para referirse al miedo sano, racional. El que nos empuja a analizar el peligro y a prepararnos para la acción. Es el miedo que sienten muchos practicantes de deportes de riesgo. Yo soy aficionado a la escalada. Sé que me puedo caer, pero en lugar de quedarme en casa me entreno en un rocódromo, busco en mapas, me equipo convenientemente... Del mismo modo, como ponente, me preparo, me informo y practico. Es un miedo completamente diferente con el que no aparecen más Medusas.

Expresión e interacción orales

Tarea 1

PREGUNTAS

Pregunta 1: ¿A qué hora se levanta normalmente?
Pregunta 2: ¿Cuál es su número de teléfono móvil?
Pregunta 3: ¿Qué música escuchaba cuando era pequeño?
Pregunta 4: ¿Para qué necesita hablar español?

Tarea 4

OPCIÓN 1

Pregunta 1: ¿Qué opina sobre los elementos externos que, según el texto, nos provocan estrés?
Pregunta 2: Vivimos en constante cambio y esto nos afecta, ¿qué normas toma para enfrentarse a esas situaciones? Cuéntenos.
Pregunta 3: Si fuera el responsable de una gran compañía, ¿qué medidas tomaría para reducir el estrés de sus empleados?

OPCIÓN 2

Pregunta 1: ¿Qué opina sobre el modo de viajar del que se habla en el texto?
Pregunta 2: Cuéntenos con detalle ese viaje espectacular que realizó y jamás olvidará.
Pregunta 3: Si usted tuviera una agencia de viajes, ¿qué propuestas les haría a las personas que quieren viajar solas?

siele.org
#hablamosespañol

siele
SERVICIO
INTERNACIONAL
DE EVALUACIÓN
DE LA LENGUA
ESPAÑOLA

SOLUCIONES

1.1. Cómo es la prueba de Comprensión de lectura

Actividad: Consejos para preparar la prueba

1. Tiempo - Buen consejo → En el SIELE hay que repasar cada tarea antes de pulsar el botón Siguiente. Por ello, es útil dejar unos minutos para repasar al final de cada tarea.
2. Tareas - Mal consejo → En el SIELE no es posible volver a una tarea anterior. Si pulsa el botón Siguiente, sale de la tarea y no puede volver a ella.
3. Respuestas - Buen consejo → En cada tarea, es posible pasar de una pregunta a otra. Es bueno responder primero las preguntas más fáciles. Por ello, no pare si tiene dudas, siga hacia adelante para contestar a otras preguntas.
4. Tiempo - Mal consejo → Recuerde que el SIELE es un examen multinivel y cada tarea es diferente. Por tanto, no es recomendable dividir el tiempo por igual para todas las tareas: unas necesitarán más que otras.
5. Respuestas - Mal consejo → En el SIELE solo las respuestas correctas suman. Las incorrectas no restan puntos. Por ello, es bueno intentar contestar, aunque no se esté seguro de la respuesta.
6. Lectura - Buen consejo → Las instrucciones del SIELE explican de manera breve y sencilla lo que hay que hacer en la tarea. Además, en algunas tareas incluyen cierta información sobre los textos. Lea siempre las instrucciones y esté seguro de que entiende lo que dicen.
7. Lectura - Mal consejo → En las tareas del SIELE hay textos muy diferentes y las preguntas son muy variadas. No es bueno leer todo de la misma manera, sino que puede emplear diferentes estrategias.
8. Tiempo - Buen consejo → Si sabe cuántas tareas espera realizar, puede dividir mejor su tiempo entre ellas.
9. Respuestas - Buen consejo → Recuerde que en el SIELE solo las respuestas correctas suman. Las incorrectas no restan puntos. Por ello, es bueno intentar contestar, aunque no se esté seguro de la respuesta.
10. Respuestas - Mal consejo → En cada tarea, es posible pasar de una pregunta a otra y no es necesario seguir el orden de las preguntas. Al contrario, es bueno responder primero las preguntas más fáciles.
11. Tareas - Buen consejo → En las tareas del SIELE hay diferentes tipos de textos. Conocer las características de los textos es bueno para leer y contestar a las preguntas de manera más efectiva.
12. Tareas - Buen consejo → En las tareas del SIELE hay diferentes textos y preguntas. Es bueno conocer las tareas y los tipos de texto que incluye cada una de ellas antes de realizar el examen.

1.2.2. La Tarea 1 de CL: cómo se resuelve

Actividad 1

Texto 1: programa de actividades
Texto 2: programa de actividades
Texto 3: anuncio publicitario
Texto 4: correo electrónico
Texto 5: anuncio publicitario

Actividad 2

1. domingo → "Domingo: 11 horas: fútbol, tenis, baloncesto para niños"
2. el cine → "Álvaro Tejada quiere jóvenes para su primera película"
3. garaje para los coches → "Aparcamiento"
4. viajar al campo el domingo → "Escucho en la radio que el domingo va a hacer sol. ¡Nos vamos al campo!"
5. alquilar habitaciones → "Tengo un apartamento en el centro con dos habitaciones para estudiantes (chicos y chicas) universitarios / 200 euros al mes por habitación"

Actividad 3

Expresiones para hablar de...		
el tiempo	**el lugar**	**las personas**
por la mañana a las 18 horas el domingo diez minutos el fin de semana	un apartamento en el hotel en Madrid el restaurante el centro de la ciudad cerca de las montañas el extranjero	los jóvenes estudiantes los niños las chicas amigos
las actividades	**la casa**	**el transporte**
el teatro la película turismo el fútbol un concierto	un apartamento alquiler un salón dos dormitorios ascensor	en coche a pie autobús metro aeropuerto

1.2.3. La Tarea 1 de CL: manos a la obra

1. b 2. c 3. c 4. b 5. c

1.3.2. La Tarea 2 de CL: cómo se resuelve

Actividad 1

¡Hola, Jaime!

¿Qué tal estás? Te escribo porque el próximo sábado es el cumpleaños de María y estamos organizando una fiesta sorpresa. ¿Quieres venir? → Escribe para invitarle a una fiesta.

Estimado señor González:

En el hotel Las Palomas, estamos muy contentos por recibir su correo. Queremos contestar a todas sus preguntas sobre nuestras habitaciones y los precios para los meses de verano. → Escriben al cliente para darle información.

Querida Madalena:

¿Qué tal? ¿Cómo estáis todos? Siento mucho no haber ido a la fiesta de cumpleaños de papá. He tenido mucho trabajo últimamente y no podía faltar. Seguro que fue un día genial. → Según el texto, son hermanos.

¡Hola, Clara!

¿Cómo estás? ¿Te encuentras mejor? Espero que sí. En el colegio te echamos mucho de menos, los alumnos quieren volver a tener clase contigo y los profes también te extrañamos en las reuniones. → Escribe para preguntar por su estado de salud.

Estimado José Antonio:

Soy Pedro Sánchez, propietario del apartamento del tercer piso. Le escribo porque la semana pasada estaba de viaje fuera de la ciudad y no pude ir a la cita con los vecinos del jueves. ¿Se habló de los problemas de la calefacción? → Escribe para saber de qué han hablado en una reunión.

Actividad 2

a. 3 b. 4 c. 1 d. 5 e. 2

Actividad 3

a. ha aprobado los exámenes → Línea 10: "pero no he aprobado los exámenes de junio" / va a hacer un curso de ocho meses → Línea 8: "empecé un curso de verano [...] desde hace ocho meses voy a la escuela de idiomas"

b. paga un alquiler bastante alto → Línea 14: "es muy barato" / vive en el centro de la ciudad → Línea 14: "estás un poco lejos del centro"

c. se han hecho en la plaza → Línea 2: "se hicieron en el parque y no en la plaza" / han durado cinco días → Línea 3: "este año han durado tres"

d. ya tiene el billete para ir de viaje → Línea 18: "Todavía no he comprado el billete" / estuvo en Granada en Navidad → Línea 16: "estas navidades voy a ir a visitarte a Granada. Nunca he estado en la ciudad"

e. llega tarde a la oficina → Línea 6: "soy la primera en llegar a la oficina" / prefiere comer en su casa → Línea 7: "a mí me gusta más llevar la comida de mi casa"

1.3.3. La Tarea 2 de CL: manos a la obra

1. b 2. a 3. c 4. b 5. a

1.4.2. La Tarea 3 de CL: cómo se resuelve

Actividad 1

1. ¿Quién dice que alguien que leía su blog le ofreció un trabajo?
2. ¿Quién gana dinero con su blog actualmente?
3. ¿Quién está viajando con alguien que conoció a través del blog?
4. ¿Quién ha dejado de escribir en su blog?
5. ¿Quién creó su blog cuando perdió su trabajo?
6. ¿Quién dice que el número de personas que lee su blog ha aumentado?
7. ¿Quién comenzó su blog porque alguien se lo recomendó?
8. ¿A quién le gusta ver los comentarios que escriben los lectores en su blog?

Actividad 2

Texto 1: Javier

Texto 2: Carlos

Texto 3: Gonzalo

Actividad 3

	HABLA DE ESO		NO HABLA DE ESO
	DA ESA INFORMACIÓN	DICE ALGO PARECIDO	
1. ¿Quién dice que alguien que leía su blog le ofreció un trabajo?	Javier "Una chica que también solía leerlo [...] quería hacerme un contrato"	Carlos "Empecé a escribir mi propio blog, un blog relacionado con mi trabajo"	Gonzalo
2. ¿Quién gana dinero con su blog actualmente?	Carlos "Saber que soy útil para algunas personas me alegra mucho más que el dinero que me da el blog"	Javier "Todavía no he ganado ni un euro"	Gonzalo
3. ¿Quién está viajando con alguien que conoció a través del blog?	Javier "Actualmente estoy haciendo turismo por Colombia con un chico al que conocí porque leía mi blog"	Gonzalo "Decidí organizar un viaje en grupo [...] y puse un anuncio en el blog"	Carlos

Soluciones

	HABLA DE ESO		NO HABLA DE ESO
	DA ESA INFORMACIÓN	DICE ALGO PARECIDO	
4. ¿Quién ha dejado de escribir en su blog?	Gonzalo "Ahora mi negocio va muy bien, pero ya no escribo"		Javier Carlos
5. ¿Quién creó su blog cuando perdió su trabajo?	Gonzalo "Empecé a escribir el blog cuando me despidieron"		Javier Carlos
6. ¿Quién dice que el número de personas que lee su blog ha aumentado?	Carlos "Ahora estoy muy contento porque es uno de los blogs de economía con más visitas"	Gonzalo "Como cada vez se inscribía más gente [a sus viajes], decidí crear una agencia de viajes"	Javier
7. ¿Quién comenzó su blog porque alguien se lo recomendó?	Gonzalo "Un amigo me aconsejó crear un blog"	Carlos "Mi jefe ya escribía uno, así que me dije: 'Y yo, ¿por qué no?'"	Javier
8. ¿A quién le gusta ver los comentarios que escriben los lectores en su blog?	Carlos "Lo que de verdad me hace feliz es ver que los lectores me cuentan cuánto les ha ayudado mi blog"	Gonzalo "Algunas personas empezaron a dejar mensajes porque les encantaba el blog"	Javier

1.4.3. La Tarea 3 de CL: manos a la obra

1. Carmen
2. Marina
3. Susana
4. Susana
5. Marina
6. Susana
7. Carmen
8. Marina

1.5.2. La Tarea 4 de CL: cómo se resuelve

Actividad 1

Texto 1

I→ Celebración del Día de los Museos
II→ Programa de actividades
III→ Entidades organizadoras
IV→ Tema de este año

Texto 2

I→ Parque con muchos elementos naturales
II→ Parque privado cerca de Puerto Montt
III→ Inicio del proyecto
IV→ Posibles actividades durante la visita

Actividad 2

Texto 1

EL DÍA DE LOS MUSEOS

Como cada año, el Instituto Cultural de Aguascalientes invita a conmemorar el Día Internacional de los Museos. Será este miércoles, 18 de mayo, de 11:00 a 20:00 horas en todos los museos de la ciudad. –1(d)– Con esta celebración se abren las puertas de los museos estatales y privados para convertirlos en un espacio vivo para todos los públicos. Por esta posibilidad, se espera que haya una gran participación y que aumenten las cifras de ediciones anteriores.

El plato fuerte del día es el Museo Espacio, un atractivo programa de visitas y clases que comienza en la mañana. –2(a)– A continuación, habrá una mesa de reflexión para compartir las experiencias de los participantes en estas actividades. La jornada tendrá su conclusión con el estreno de un sorprendente espectáculo escénico.

La organización responsable es el Consejo Internacional de Museos, que reúne a museos y profesionales y que está a cargo de la promoción y la manutención de la riqueza natural y cultural de los pueblos. –3(e)– Esta tarea se lleva a cabo a través de sus 31 Comités Internacionales, cada uno dedicado a una materia determinada. Estos también se dedican a la protección de los museos en situaciones de emergencia, así como a la investigación en temas museísticos.

Más de 35 000 museos participarán en este día que se creó en 1977. –4(b)– El tema elegido para la celebración de este año gira alrededor de la idea Museos y Paisajes Culturales. Este será igualmente el contenido de la Conferencia General de Museos que tendrá lugar en Italia, del 3 al 9 de julio.

(Adaptado de *www.lja.mx/2016/05/celebracion-del-dia-internacional-de-los-museos*. México)

Texto 2

EL PARAÍSO

Árboles de hace más de cien años, bosques siempre verdes, cascadas que caen como guirnaldas, paredes de mil metros de altura, ríos, lagunas... –1(e)– No solo eso, sino también caminos e infraestructuras excelentes, estudios de conservación en curso y multitud de especies animales y vegetales. Una suma de elementos que hacen del parque Tagua Tagua uno de los destinos con mayores posibilidades de desarrollo del sur de Chile.

El parque privado Tagua Tagua abrió oficialmente sus puertas hace tan solo un año. –2(b)– Desde entonces, se ha convertido en un lugar de visita obligada para los amantes del senderismo, el montañismo y la escalada. Y es que cuesta creer que a tan solo 170 km de la gran área urbana de Puerto Montt exista un lugar tan protegido de la civilización. El proyecto se inició con una autorización a la Universidad Mayor y hoy el parque es administrado por el hotel Puelo Lodge. –3(c)– Este acuerdo no solo ha permitido desarrollar investigación científica, sino también crear atractivos programas turísticos con alojamientos de primer nivel.

El parque ofrece la posibilidad de realizar senderismo guiado con una noche de hotel, así como la de visitar el parque en tan solo una jornada. –4(a)– Sin embargo, la cantidad de alternativas es innumerable, pues cualquier cosa es posible en este paraíso incontaminado. Lo nuevo de este año es un programa que ofrece paseo en barca, entrada al parque, dos días de senderismo, cena y desayuno, por poco más de 55 000 pesos por persona. Eso sí, con el objeto de reducir el impacto de los visitantes, la entrada al parque es solo mediante reservas.

(Adaptado de *www.revistaenfoque.cl/paraiso-tagua-tagua*. Chile)

Actividad 3

Suman ideas: no solo..., sino también; así como; además.
Expresan causa y consecuencia: es que, pues, ya que.
Expresan oposición: no obstante, en cambio, eso sí, sin embargo.
Expresan orden: a continuación, finalmente, por su parte.
Reformulan o explican ideas: es decir, en otras palabras, mejor dicho.
Introducen resumen o conclusión: resumiendo, en suma, total.

1.5.3. La Tarea 4 de CL: manos a la obra

Texto 1 1. e 2. a 3. d 4. b
Texto 2 1. c 2. e 3. a 4. b

1.6.2. La Tarea 5 de CL: cómo se resuelve

Actividad 1

-1- Conector
-2- Verbo
-3- Preposición
-4- Conector
-5- Nexo relativo
-6- Verbo
-7- Nombre
-8- Conector
-9- Nombre
-10- Verbo
-11- Conector
-12- Pronombre

Actividad 2

1 – En el fondo – **De hecho** – En general
La preparación de esferas es un argumento más que apoya la denominación de "cocina molecular" Solo la partícula *de hecho* nos permite introducir ejemplos o especificaciones que refuerzan argumentos. *En el fondo* introduciría un argumento aún más importante, debilitando lo anterior; y *en general* se usa para hablar de lo común, evitando la especificación.

2 – **nombrar** – verbalizar – sintetizar
'Esferificación' es el nombre que se dio al proceso. Se necesita, por tanto, el verbo que expresa 'poner o dar nombre a algo': nombrar. Por su parte, *verbalizar* es 'expresar una idea o un sentimiento por medio de palabras' y *sintetizar*, 'hacer síntesis, compendio o resumen de algo', por lo que no expresan exactamente lo que quiere decir el texto.

3 – para – sobre – **por**
En el texto se dice que la ciencia escondida es la causa del interés. El verbo *interesarse* y el nombre *interés*, para expresar el objeto o el tema por el que nos interesamos, se construyen con *por*: "interesarse por algo", "tener interés por algo" Además, *por* es una preposición que denota muy frecuentemente 'causa o motivo'. *Sobre* indica 'aproximación', mientras que *para*, 'finalidad'.

4 – No obstante – Más bien – **Así pues**
En el texto se dice que cocineros y científicos comenzaron a colaborar y que aparecieron investigaciones sobre cocina. Entre ambas ideas la relación es de consecuencia: trabajan juntos, por tanto, aparecen investigaciones. El conector *así pues* se emplea en registros formales para introducir la consecuencia derivada de un hecho. Por su parte, *no obstante* introduce una contraposición entre dos hechos y *más bien* sustituye unas ideas con otras.

5 – lo cual – **lo que** – el que
El/la(s)/lo(s) cual(es) no puede usarse en español si no va precedido de la persona o cosa a la que se refiere (como en *Vimos a las personas a las cuales les dieron el premio*). En este texto no aparece esa referencia, por lo que es una opción incorrecta. *Lo que* y *el que*, por su parte, sí pueden introducir oraciones de relativo con estas características, pero el artículo *el* se refiere siempre a objetos o personas con género masculino (El que [= 'el chico que'] sale en la tele es su primo). En este texto, *ocurre* va ligado a un concepto abstracto ('ocurre eso, ocurre algo'), por lo que el pronombre que debe usarse es *lo que*, pues lo tiene género neutro y está capacitado para referirse a conceptos abstractos.

6 – clasificó – **introdujo** – comunicó
En el texto se habla de la creación de una expresión nueva. Entre los significados de *introducir* existe el de 'establecer, poner en uso' (por ejemplo, palabras en un idioma). Por su parte, *clasificar* es 'ordenar o disponer por clases o grupos' y *comunicar*, 'descubrir, informar o hacer saber a alguien algo'.

7 – lugar – sitio – **punto**
El hueco forma parte de la expresión "punto de partida". Se trata de una colocación en español que hace referencia a 'aquello que se toma como antecedente y fundamento para tratar o deducir algo'. Por su parte, *lugar* y *sitio* son palabras referidas a nociones espaciales, pero no pueden usarse como parte de esta expresión.

8 – **puesto que** – de ahí que – pese a que
El hueco está entre dos argumentos que van en la misma dirección: "la cocina del futuro será lo contrario [a la innovación que se está describiendo]" y "se volverá a formas tradicionales". El segundo justifica o aporta una explicación del primero. Esa relación se puede expresar con la partícula causal *puesto que*. Por otro lado, *de ahí que* es un nexo consecutivo (introduce una consecuencia) y *pese a que* es un nexo concesivo (introduce un obstáculo para el argumento principal). Estas dos relaciones no se expresan en este fragmento.

9 – **fin** – final – conclusión
El hueco forma parte de la expresión "poner fin a algo", que significa 'dar fin a algo: destruirlo, consumirlo enteramente'; mientras que *final* ('término y remate de algo') o *conclusión* ('fin y terminación de algo') no funcionan en la expresión.
10 – sería – **sea** – será
Se trata de una oración de relativo que se refiere a algo inespecífico ('cualquier preferencia, sea la que sea'), por lo que ha de llevar modo subjuntivo. En este caso, el presente de subjuntivo *sea*. *Sería* es condicional simple de indicativo, y *será*, futuro simple de indicativo.
11 – **a su vez** – al contrario – de cualquier forma
En este texto, se presenta el uso más eficiente como otro de los beneficios de la aplicación de técnicas en los alimentos sumándose a los argumentos dichos en párrafos anteriores. Se puede, por tanto, introducir con la partícula *a su vez*, que presenta el miembro del discurso en que aparece como un elemento más en una enumeración de datos, hechos o acciones. Sin embargo, *al contrario* introduce información que quiere sustituir a lo anterior y que es precisamente la opuesta y *de cualquier forma* resta importancia a los argumentos anteriores, manifestando que la información que se presenta a continuación es la verdaderamente relevante.
12 – se lo – se les – **se los**
La opción correcta es *se los* porque ese *los* hace referencia a los vegetales verdes y es el complemento directo (CD) de *cocina* (se cocina esos vegetales > se los cocina). No puede ser *se lo* porque *lo* es singular, mientras que su referente, los vegetales verdes, es plural. Tampoco puede ser *se les* porque *les* es un pronombre de complemento indirecto (CI) y se necesita, como ya se ha explicado, uno de CD.

Actividad 3
a) Por el momento se desconoce si se trata de historias previas o posteriores a la novela o si, por el contrario, son narraciones derivadas de su trama. (*El País*, 05/05/2017)
b) A la hora de pensar en el cambio climático, la mayoría de las publicaciones se concentran en los efectos de este fenómeno para el medio ambiente y la salud física, pero hasta ahora no se ha considerado la salud mental. (*Telemundo*, 20/04/2017)
c) La idea es implantar pequeños dispositivos en el cerebro para cargar y descargar pensamientos, lo que logrará que estos puedan ser transcritos en sistemas informáticos sin necesidad de mover el cuerpo. (*Gizmodo*, 21/04/2017)
d) El ser humano se enfrenta a la disyuntiva de continuar viviendo como le dijeron que debía vivir o, por otro lado, comenzar a vivir en sus propios términos, bajo sus propias reglas. (*Pijamasurf*, 19/04/2017)
e) Conocemos como "hogar" al lugar donde residimos o, dicho de otro modo, nuestra vivienda o casa. (*Blogs20minutos*, 19/04/2017)
f) La actuación durará una hora, la mitad de la cual será destinada a la explicación del proyecto y la proyección de imágenes sobre su evolución. (La Voz de Galicia, 03/05/2017)
g) Por tal razón ha sido mi deseo el trabajar para conseguir que cualquier lector interesado en adquirir un ejemplar de mi libro pudiera comprarlo allá donde se encontrara y sin tener que pagar por los gastos de envío. (*Blogs20minutos*, 20/04/2017)
h) Las exportaciones de aguacates de países como México y Chile están creciendo un 250 % al año; de hecho, han pasado de 154 toneladas en 2012 a más de 25.000 toneladas en 2016. (*Expansión*, 25/04/2017)

1.6.3. La Tarea 5 de CL: manos a la obra

1. los cuales
2. dado que
3. validez
4. cualquier
5. fue generando
6. luego
7. por consiguiente
8. sostener
9. a
10. efectuar
11. A este respecto
12. surgen

1.7. Dé el salto

Repase antes de la prueba
Tarea 1 - A1 → Leer cinco textos y responder a cinco preguntas con tres opciones de respuesta cada una. → Saber qué tipo de texto es mirando los elementos visuales. Leer el texto primero y luego las preguntas. Volver al texto y buscar la información de cada pregunta.
Tarea 2 - A2 → Leer un texto y responder a cinco preguntas con tres opciones de respuesta cada una. → Leer las instrucciones para conocer a los participantes. Leer el texto y las preguntas y buscar las respuestas siguiendo el orden de la información en el texto.
Tarea 3 - B1 → Leer tres textos y relacionarlos con ocho enunciados o preguntas. → Leer las instrucciones para conocer el tema común de los textos. Leer las preguntas, después, leer los textos y buscar qué texto da exactamente la información de cada pregunta.
Tarea 4 - B2 → Leer dos textos incompletos con cuatro huecos cada uno e identificar, entre cinco posibles fragmentos, el que corresponde a cada espacio. → Leer el texto para conocer las ideas de cada párrafo. Después, leer los fragmentos y colocar primero los más fáciles de identificar (no importa el orden). Revisar el texto completo al final.
Tarea 5 - C1 → Leer un texto con doce huecos y completarlos eligiendo una de las tres opciones de respuesta. → Leer el texto y anticipar las palabras que faltan. Después, mirar cada hueco y elegir, entre las opciones, la adecuada. Revisar el texto completo al final.

Haga la prueba

Tarea 1
1. c 2. a 3. a 4. c 5. b
Tarea 2
1. b 2. a 3. b 4. c 5. c
Tarea 3
1. a 2. a 3. b 4. c 5. a 6. c 7. b 8. a
Tarea 4
1.1 e 1.2 d 1.3 a 1.4 b 2.1 c 2.2 a 2.3 e 2.4 b
Tarea 5
1. a 2. b 3. c 4. b 5. a 6. c 7. b 8. a 9. c 10. b 11. a 12. b

2.1. Cómo es la prueba de Comprensión auditiva

¿Verdadero o falso?

1. Falso: La prueba de Comprensión auditiva está formada por seis tareas, cinco tareas tienen las pruebas de Comprensión de lectura y Expresión e interacción orales.
2. Verdadero: Antes de comenzar se realiza una prueba de sonido para comprobar que todo funciona bien. Si hay algún problema de sonido, el candidato debe llamar al Personal de Apoyo.
3. Falso: Todas las tareas de la prueba de Comprensión auditiva tienen una sola pantalla.
4. Falso: La prueba de Comprensión auditiva tiene una duración de 55 minutos que se reparten de forma automática entre las seis tareas.
5. Verdadero: Todos los audios de la prueba de Comprensión auditiva se escuchan dos veces (la segunda escucha es opcional: el candidato puede pulsar "Siguiente" y saltar a la siguiente tarea).
6. Falso: Las instrucciones de las tareas aparecen escritas en la pantalla y se reproducen automáticamente en el audio.
7. Falso: Los tipos de audio que se escuchan en las tareas de comprensión auditiva son diferentes. Hay conversaciones entre dos personas, anuncios, monólogos, entrevistas y conferencias.
8. Verdadero: No es necesario comprender todas y cada una de las palabras del audio, a veces, el contexto ayuda a entender el sentido.
9. Falso: Mientras se escucha se pueden tomar notas en las hojas en blanco que el candidato recibe al inicio del examen (las notas en la pantalla son posibles en algunas tareas de Expresión e interacción orales).
10. Falso: Todas las tareas del SIELE tienen solo una respuesta correcta y toda la información para responder correctamente está en los textos o audios.
11. Verdadero: En el SIELE solo las respuestas correctas suman. Las incorrectas no restan puntos. Por ello, es bueno intentar contestar, aunque no se esté seguro de la respuesta.
12. Falso: Los hablantes de los audios de la prueba de Comprensión auditiva tienen diferentes edades y son tanto hombres como mujeres.

2.2.2. La Tarea 1 de CA: cómo se resuelve

Actividad 1

1. computadora – jefa – empresa
2. tenis – baloncesto – fútbol
3. autobús – metro – coche
4. policía – profesor – bombero
5. bueno – tímido – simpático

Actividad 2

1. Sara: La computadora de mi oficina tiene muchos años y la jefa es un poco antipática, pero el horario es bueno/me gusta el horario porque tengo tiempo para jugar al tenis por la tarde.

2. Mateo: ¡Eso está muy bien! Yo trabajo todo el día y solo juego al fútbol los domingos/siempre juego al fútbol por la noche. ¿Vas en coche?

3. Sara: No, siempre voy en autobús porque tengo una parada al lado de mi casa/hay una parada de muy cerca de la empresa.

4. Mateo: ¡Bien! Mi amigo Pedro también va a venir porque su mujer es profesora del instituto.
Sara: ¿Pedro, el profesor/el policía?
Mateo: Es bombero.

5. ¡Ah, bombero! Es un señor/un chico bastante tímido, ¿no?
Mateo: Sí, pero es muy simpático y su mujer también.

Actividad 3

1. Alberto es profesor de matemáticas.
2. Mi empresa está en el centro de la ciudad.
3. Paula va a trabajar en metro para poder leer.
4. Ramón es un chico muy simpático y sociable.
5. Hugo quiere alquilar un coche para ir a Portugal.
6. En el aeropuerto el policía mira tu pasaporte.
7. Andrés y yo jugamos al tenis en pareja.
8. Quiero comprar un televisor bueno para el salón
9. Mi jefa trabaja mucho, siempre está en la oficina.
10. Esta tarde voy a ver el baloncesto, juegan mis compañeros.

2.2.3. La Tarea 1 de CA: manos a la obra

1. a 2. d 3. l 4. j 5. g

2.3.2. La Tarea 2 de CA: cómo se resuelve

Actividad 1

Audio 1 – C
Audio 2 – D
Audio 3 – E
Audio 4 – A
Audio 5 – B

Actividad 2

1. Según el anuncio, la empresa de autobuses Larra...
- hace excursiones a cuarenta ciudades.
- ha bajado el precio para ir a la playa.
- regala viajes a los niños y a los jóvenes.

2. En el anuncio se dice que Vuelapizza...
- te da tres pizzas cuando compras dos.
- lleva pizzas a tu casa todos los miércoles.
- regala el postre a los estudiantes con tarjeta.

3. En la Feria del Libro...
- puedes ver a algunos escritores.
- las bibliotecas abren por la noche.
- hay lectura de cuentos para los niños.

4. Si compras la entrada de 30 euros, puedes...
- entrar a las piscinas.
- ver todos los conciertos.
- dormir en el *camping*.

5. En el Gimnasio Olympia...
- también hay clases de natación para niños.
- cada actividad tiene un precio diferente.
- hacen excursiones todos los fines de semana.

Actividad 3

Anuncio 1 – viajes en autobús – costas españolas – los fines de semana – baratos.
Anuncio 2 – pizzas grandes – estudiantes universitarios – en la tienda – los miércoles – 3 por el precio de una.
Anuncio 3 – Feria del Libro – todos – en el Barrio de las Letras – este fin de semana – descuentos del 20 % en librerías.
Anuncio 4 – Festival Música en la Naturaleza – amantes del *rock* y del campo – el día 6 de agosto – 30 €.
Anuncio 5 – tarjeta de Amigo del Deporte – adultos y niños – Gimnasio Olympia – 20 € al mes.

2.3.3. La Tarea 2 de CA: manos a la obra

1. b 2. b 3. c 4. a 5. c

2.4.2. La Tarea 3 de CA: cómo se resuelve

Actividad 1

Usted va a escuchar a ocho personas que hablan sobre fiestas. Elija la frase que corresponde a cada persona.

Actividad 2

Imagen a) (boda) → Personas 2, 3, 5.
Imagen b) (comida) → Persona 1, 2.
Imagen c) (jubilación) → Persona 6.
Imagen d) (ver fotografías) → Personas 1, 2, 6, 7.
Imagen e) (fin de curso) → Personas 5, 7, 8.
Imagen f) (disfraz) Personas 3, 7.
Imagen g) (día soleado) → Personas 1, 2.
Imagen h) (día con lluvia) → Persona 4.
Imagen i) (casa con jardín) → Personas 1, 2.
Imagen j) (oficina) → Personas 3, 6.
Imagen k) (premio) → Persona 3.
Imagen l) (Navidad) → Persona 4.
Imagen m) (taxi) → Persona 4.
Imagen n) (vestido) → Persona 4.
Imagen ñ) (niños) → Personas 1, 7.
Imagen o) (regalos) → Persona 6.

Actividad 3

1. (j) Fue una reunión familiar. → "...mi prima Carmen celebró una fiesta muy especial con todos los primos. Me gustó mucho; era la primera vez que estábamos todos juntos..."
2. (g) Era su aniversario de boda. → "...el verano pasado hicimos una fiesta para celebrar que llevábamos un año casados. No lo pensamos con mucho tiempo..."
3. (e) No soportaba las fiestas. → "...antes no solía ir a fiestas; las odiaba. Iba a alguna boda solo por compromiso..."
4. (d) Llegó con bastante retraso. → "...no encontré ningún taxi y llegué cuando la fiesta ya estaba acabando..."
5. (h) En la fiesta conoció a su pareja actual. → "...uno de mis compañeros de curso me presentó a su hermana, y, como me pareció muy simpática, me pasé toda la noche hablando con ella..."
6. (i) La fiesta se celebró en su lugar de trabajo. → "...era mi último día y salí de casa un poco tarde. Cuando llegué a mi despacho, me encontré una fiesta que no me esperaba."
7. Se trataba de una fiesta infantil. → "...el sábado pasado fuimos a la fiesta de fin de curso de la guardería a la que va mi hijo. Lo pasamos muy bien..."
8. (c) Había gente que conoció en el colegio. → "...nunca antes había ido a una reunión de exalumnos de mi escuela, pero tengo que decir que fue una de las mejores fiestas de mi vida..."

2.4.3. La Tarea 3 de CA: manos a la obra

1. c 2. h 3. i 4. j 5. e 6. k 7. a 8. d

2.5.2. La Tarea 4 de CA: cómo se resuelve

Actividad 1

La persona entrevistada es Laura de la Uz, una actriz cubana. El resto de respuestas son libres.

Actividad 2

a) 6 b) 4 c) 2 d) 8 e) 3 f) 1 g) 7 h) 5

Actividad 3

1. **Andalucía**: - ya la conocía porque su pareja es de Andalucía. - es la primera vez que viene a presentar una película. - es la primera vez que la entrevistan en Andalucía.
2. **Premios**: - se ha premiado bastante su trabajo fuera de su país. - es la única actriz cubana que tiene dos premios Coral.
3. **Película *Vestido de novia***: - para interpretar su personaje tuvo que trabajar mucho. - fue un trabajo duro de todos los actores. - trabajó en la película con dos grandes actores y todos aprendieron mucho.
4. **Argumento *Vestido de novia***: - historia inspirada en la vida real de una mujer cubana muy valiente y con mucho carácter que lucha por sus derechos en una época difícil en Cuba. - retrata a muchas mujeres porque muestra la lucha contra el machismo.
5. **Directora Marilyn Solaya**: - es una de las tres mujeres cubanas que han rodado en La Habana. - es una mujer muy valiente. - esta es su primera película y no ha tenido tiempo de pensar en otra. - mujer con capacidades asombrosas.
6. **Acogida del público**: - anoche el público se levantó a aplaudir. - la película fue recibida con mucho cariño por el público de Andalucía. - es muy dura, pero a la gente le encanta.
7. **Ley de cine en Cuba**: - hay un grupo formado por casi todos los directores de Cuba que ya empezó unas discusiones para elaborar la nueva ley. - la necesitan para que el cine independiente sea reconocido. - con esta ley el cine independiente cubano tendrá más financiación y una mejor distribución. - cree que va a ser realidad dentro de poco tiempo.
8. **Nuevos proyectos**: - está a punto de estrenar una nueva película.

2.5.3. La Tarea 4 de CA: manos a la obra

1. a 2. c 3. b 4. c 5. a 6. a 7. a 8. b

2.6.2. La Tarea 5 de CA: cómo se resuelve

Actividad 1

Fragmento 4: - Aún en nuestros días, la inocencia sigue caracterizando a las creencias astrológicas. / - Los hechos en nuestra vida están causados por nuestros comportamientos. / - Tendemos a consultar e interpretar los signos del zodiaco para conocer el porvenir.
Fragmento 1: - En los últimos años parece que la astrología ha perdido popularidad. / - La astronomía y la astrología se originaron en épocas históricas distintas. / - El concepto de astrología se ha ido modificando desde sus orígenes hasta la actualidad.
Fragmento 5: - El hombre se despreocupa de encontrar razones objetivas para los acontecimientos de vida. / - Conocer el futuro a través de los astros puede anticipar la toma de decisiones. / - Las explicaciones astrológicas suelen construirse a partir de acontecimientos pasados en nuestras vidas.
Fragmento 6: - Es frecuente confundir unas constelaciones con otras al contemplar el cielo. / - La predicción del futuro es percibida con desconfianza por el conferenciante. / - Aún hay quien confía en astrólogos cuando ha de tomar ciertas decisiones en su vida.
Fragmento 3: - En Mesopotamia los astrólogos que fallaban en sus predicciones eran castigados. / - Los astrólogos mesopotámicos acompañaban a los reyes durante las batallas. / - La astrología en Mesopotamia tenía reconocimiento sobre todo entre los poderosos.
Fragmento 2: - Los eclipses eran fenómenos que ayudaban a los astrólogos a predecir el futuro. / - El resultado de los acontecimientos históricos dependía de fenómenos astrológicos. / - La astrología y la astronomía mesopotámicas cumplían funciones idénticas.

Actividad 2

Fragmento 1: - El concepto de astrología se ha ido modificando desde sus orígenes hasta la actualidad. → ""astro", y "logos" o "gnomos" en griego, 'leyes, normas', por tanto 'leyes de los astros'; pero hoy tienen un sentido bastante diferente del que tenían en Mesopotamia".
Fragmento 2: - La astrología y la astronomía mesopotámicas cumplían funciones idénticas.→ "Por tanto, la astronomía de observación, perfectamente científica, con los medios que había entonces, era igual que la astrología de predicción en función de las estrellas".
Fragmento 3: - La astrología en Mesopotamia tenía reconocimiento sobre todo entre los poderosos. → "porque los astrólogos, que eran sacerdotes, cuando predecían que el rey ganaba la batalla y, efectivamente, la ganaba, el rey volvía y los llenaba de honores, y de poder, y de dinero".
Fragmento 4: - Aún en nuestros días, la inocencia sigue caracterizando a las creencias astrológicas. → "Todos estos saberes antiguos, completamente infantiles, en cierto modo, ingenuos, de que en las estrellas está escrito nuestro destino, todavía hoy se mantienen".
Fragmento 5: - El hombre se despreocupa de encontrar razones objetivas para los acontecimientos de su vida.
→ "¡Qué cómodos somos los humanos, que le echamos la culpa siempre a otra cosa!... En este caso, a las estrellas. Es tan fácil, tan cómodo, tan sencillo, que de alguna manera nos produce seguridad... Si ahí está mi destino, lo que me ocurre ya no es cosa mía, es cosa del destino".
Fragmento 6: - La predicción del futuro es percibida con desconfianza por el conferenciante. → "Desde luego, ni la constelación de Leo se parece a un león, no hay más que mirarla, ni la Osa Mayor se parece a una osa, como mucho, puestos a imaginar, a una cazuela. En fin, que es todo una creencia bastante irracional. Es un juego, sí, puede serlo..., pero el que se lo crea es un ingenuo".

Actividad 3

La astronomía y la astrología se originaron en épocas históricas distintas. – compartir – La astronomía y la astrología no comparten el mismo origen.
El resultado de los acontecimientos históricos dependía de fenómenos astrológicos. – determinar – Los fenómenos astrológicos determinaban el resultado de los acontecimientos históricos.
En Mesopotamia los astrólogos que fallaban en sus predicciones eran castigados. – penalización – En Mesopotamia había penalizaciones para los astrólogos cuyas predicciones fallaban.
Los hechos en nuestra vida están causados por nuestros comportamientos. – consecuencia – Los hechos de nuestra vida son consecuencia de nuestros comportamientos.
Las explicaciones astrológicas garantizan la comprobación de los hechos pasados. – posible – La comprobación de los hechos pasados es posible gracias a las explicaciones astrológicas.
Sobre interpretación astrológica existe gran curiosidad por los entendidos en astrología. – interesar – Los entendidos en astrología se interesan mucho por la interpretación astrológica.

2.6.3. La Tarea 5 de CA: manos a la obra

1. b   2. c   3. a   4. a   5. c   6. b

2.7.2. La Tarea 6 de CA: cómo se resuelve

Actividad 1

Perfil número 2. Es alguien que cree que la forma de pensar del ajedrez puede aplicarse también a la vida cotidiana.

Actividad 2

Nueva visión del ajedrez: juego de equipo / juego de oportunidades. = 5.
Formación como ajedrecista: 3 olimpiadas + 1 mundial → modelo de comportamiento. = 1.
Para la competición: es importante separar cuerpo y emoción. = 7.
Aportes del ajedrez: - mejor atención, mayor concentración y toma de decisiones. = 2.
Necesidad de cambio: nuevo enfoque = ajedrez para la paz. = 4.
El ajedrez: camino hacia lo personal, lo humano. = 8.
Dificultad: Los ajedrecistas no logran trasladar sus aprendizajes a su vida cotidiana. = 3.

Nuevos retos: enseñar hábitos de pensamiento, enseñar a disfrutar del ajedrez. = 9.
El ajedrecista: alguien con emociones, que piensa, que siente. = 6.

Actividad 3
(1): "Aprendí a jugar al ajedrez a los cinco años y crecí y me formé bajo esta disciplina; (...) después de jugar tres olimpiadas, un mundial y vivir un año en Europa compitiendo, (...) este juego al que le he dedicado casi veinte años de mi vida".
(2): "muchas veces los ajedrecistas y la gente que lo practica no logra llevar a su vida cotidiana estas profundas enseñanzas que el juego nos regala".
(3): "Empecé a verlo como un mágico espacio en el que las piezas son integrantes de dos equipos asombrosos y cada jugada puede llegar a ser una oportunidad para abrir o cerrar posibilidades futuras al resto del grupo".
(4): "De pronto, mi mirada dejó de estar en el otro, dejó de estar en el resultado, y pasó hacia mí (...). Lo que ese juego me quería decir, no era lo más importante ganarle al otro".
(5): "Porque el desafío que este hermoso juego nos propone es ir más allá de esta aparente enemistad, de esta... rivalidad. Lo que de verdad nos propone ajedrez es un camino para acercarnos a lo que nos hace más humanos, que es el amor, la capacidad de crear, de soñar y de hacer realidad nuestros sueños".
(6): "Y el mío es llegar a millones de hogares para enseñar hábitos de pensamiento. Para que la gente disfrute pensando, reflexionando, decidiendo. Y los invito: siéntense a jugar con sus hijos, amigos, hermanos...".

2.7.3. La Tarea 6 de CA: manos a la obra

c e f i k l

2.8. Dé el salto

Repase antes de la prueba
1. En la Tarea 1...
a. las instrucciones son siempre iguales. No: En las instrucciones de esta tarea hay una parte que cambia porque dice quiénes son las personas que hablan y el tema de la conversación.
b. se escucha una conversación entre dos personas. Sí: En la Tarea 1 se escucha una conversación informal breve entre dos personas (hombre y mujer).
c. hay que contestar a cinco preguntas sobre el audio. No: En esta tarea hay que completar cinco enunciados escogiendo la palabra o expresión adecuada para cada hueco.
2. La Tarea 2...
a. tiene siempre las mismas instrucciones. Sí: En esta tarea las instrucciones son siempre iguales.
b. es sobre una entrevista de radio. No: En esta tarea se escuchan cinco anuncios o noticias de radio.
c. se completa eligiendo el enunciado correspondiente. No: En esta tarea hay que responder a cinco preguntas eligiendo la respuesta correcta entre tres opciones.
3. En la Tarea 3...
a. se habla sobre el tema presentado en las instrucciones. Sí: En esta tarea hay una parte de las instrucciones que siempre cambia porque dice el tema del que se va a hablar.
b. se escuchan conversaciones entre dos personas. No: En la Tarea 3 se escuchan ocho monólogos breves e informales. Cuatro son hombres y cuatro mujeres. Cada uno se escucha dos veces seguidas.
c. hay que completar ocho huecos con la información del audio. No: En esta tarea no hay huecos, sino que se debe relacionar cada monólogo con el enunciado correspondiente.
4. En la Tarea 4...
a. las instrucciones son siempre iguales. No: en las instrucciones de esta tarea hay una parte que cambia porque dice quién es la persona entrevistada.
b. se escucha a cuatro hombres y cuatro mujeres. No: En esta tarea se escucha una entrevista de radio en la que hablan dos personas (hombre y mujer).
c. las preguntas siguen el orden de la información en el audio. Sí: Las preguntas siguen el orden de la información en el audio. Si no descubre la respuesta a una pregunta, siga escuchando y trate de obtener la información para la siguiente.
5. En la Tarea 5...
a. las instrucciones contienen siempre la misma información. No: En las instrucciones de esta tarea hay una parte que cambia porque dice quién es el conferenciante y cuál es el título de la conferencia.
b. se repite cada fragmento de la conferencia dos veces seguidas. No: En esta tarea escuchará todos los fragmentos seguidos para tener una idea de la conferencia al completo.
c. hay que escoger el enunciado adecuado para cada fragmento. Sí: En esta tarea hay que seleccionar el enunciado adecuado para cada fragmento.
6. En la Tarea 6...
a. las instrucciones son siempre iguales. No: En las instrucciones de esta tarea hay una parte que cambia porque dice quién es el conferenciante y cuál es el título de la conferencia.
b. se escucha una conferencia locutada. Sí: En esta tarea se escucha un fragmento de una conferencia locutada. El audio completo se escucha dos veces.
c. hay una respuesta correcta para cada pregunta. No: En esta tarea no hay preguntas, sino que hay que seleccionar seis enunciados entre doce opciones disponibles.

Haga la prueba

Tarea 1
1. e 2. a 3. k 4. h 5. m
Tarea 2
1. b 2. b 3. b 4. b 5. a
Tarea 3
Persona 1. d Persona 2. h Persona 3. g
Persona 4. j Persona 5. a Persona 6. k
Persona 7. e Persona 8. c
Tarea 4
1. a 2. b 3. a 4. c 5. a 6. b 7. a 8. b
Tarea 5
Fragmento 1. c Fragmento 2. b
Fragmento 3. a Fragmento 4. b
Fragmento 5. c Fragmento 6. a
Tarea 6
a b e g h j

3.1. Cómo es la prueba de Expresión e interacción escritas

Actividad: Categorías de evaluación de la prueba de EIE del SIELE
Cohesión: 2; Corrección: 3; Alcance: 4; Cumplimiento: 1.

3.2.2. La Tarea 1 de EIE: cómo se resuelve

Actividad 1
- saludar;
Hola ~~¿qué tal estás?~~ a todos. Me llamo Jon. Soy de Cuiabá. Estudio español. Quiero participar
- decir dónde estudia español, desde cuándo y por qué;
Hace cinco años en el instituto. En una academia hace dos años. Vivir en España.
- contar algo interesante que hizo relacionado con el español (un viaje, un curso, conocer a alguien);
Viaje de fin de curso con mi clase. Viajamos por España durante una semana...
- dar consejos a otras personas para aprender mejor un idioma;
Lo mejor es viajar a un país hispano. Leer, escuchar música...
- despedirse.
Yo también quiero saber vuestras experiencias y consejos. ¡Hasta pronto!

Actividad 2
Hola a todos:
Me llamo Jon, soy de Cuiabá y yo también estudio español; **por eso** quiero participar en este blog.
Estudié español en el instituto y **ahora** voy a una academia desde hace dos años. **Al principio** lo estudiaba porque era obligatorio en mi instituto, **pero** después empezó a gustarme más. Necesito aprender mucho español **porque** me gustaría vivir en España **dentro de** unos años.
Una experiencia interesante fue un viaje que hice a España el último año del instituto. Pasamos allí una semana: primero visitamos Barcelona y, **después**, pasamos unos días en Madrid y Granada. **Antes de** volver a mi país, ya estaba enamorado de España. ¡Fue fantástico! **Además**, hice algunos amigos españoles.
Yo creo que lo mejor **para** aprender español es hablar con nativos: puedes buscar intercambios en tu ciudad, en internet o viajar a algún país donde se hable español.
Yo **también** quiero saber vuestras experiencias **y** consejos para aprender más. ¡Hasta pronto!
Jon.

Actividad 3
Hola! ¿Cómo estás, tío? Estudio español en mi universidad, aunque en realidad empecé a estudiarlo hace ocho años, en el instituto. Una historia interesante relacionada con el español **está** el año que pasé en Salamanca (España) con una Beca Erasmus. **Aprendé** muchas cosas sobre la cultura española y conocí a personas de **muchos país**, pero lo mejor de todo es que allí conocí a mi novia Bimba. **Mi novia** es española y ahora vivimos juntos. Es muy fácil aprender un idioma si tu pareja habla **esa** idioma. Bueno, espero leer vuestros mensajes. **Un cordial saludo.**

ERRORES DE CUMPLIMIENTO
- No da respuesta a parte de la segunda pauta: no dice por qué aprende español.
- No da consejos sobre cómo aprender mejor español. Es decir, no cumple con la tercera pauta.

ERRORES DE CORRECCIÓN
- ***está el año**
- (yo) ***Aprendé**
- muchos ***país**
- ***esa idioma**

ERRORES DE COHESIÓN
- **Hola!** (Falta un signo de admiración).
- **Mi novia** (Repetición en lugar de sustitución).
- Además, no distribuye la información del texto en párrafos.

ERRORES DE ALCANCE
- **¿Cómo estás, tío?** (Grado de informalidad no adecuado a la situación planteada ni al resto del mensaje).
- **Un cordial saludo**. (Grado de formalidad/ no adecuado a la situación planteada ni al resto del mensaje).

3.2.3. La Tarea 1 de EIE: cómo se califica

Actividad 1
Texto 1: A)
Texto 2: C)

Informes de calificación

INFORME DE CALIFICACIÓN: TEXTO 1 TAREA 1
COHESIÓN: 1 Se asignó 1 en Cohesión a la muestra porque escribe una serie de frases sencillas enlazadas por conectores muy básicos *(y, pero)* ("es muy guapa y simpática"). Además, hay errores de puntuación. **CORRECCIÓN: 2** En Corrección se asignó la banda 2 porque muestra un control elemental de elementos lingüísticos sencillos ("mi profesora se llama Cristina. Ella es muy guapa y simpática"), pero sistemáticamente comete errores básicos de gramática ("*ella es la clase divertida, *tu tienes estudiar español"), aunque se entiende lo que quiere transmitir. **ALCANCE: 2** En cuanto al Alcance, la muestra se calificó con la banda 2 porque es capaz de transmitir información básica ("*Conoce mi profesora se llama Cristina"); y expresarse sobre temas conocidos, sencillos y habituales ("*yo estudia español en mi escuela hace dos anos"; "*aprendermos mucha palabra"). También puede describir de forma breve y básica ("ella es muy guapa y simpática").

CUMPLIMIENTO: 2

La categoría de Cumplimiento de la tarea se calificó en la banda 2 porque proporciona parte de la información requerida para el propósito de la tarea: (el candidato dice algo de cada uno de los puntos importantes de la tarea: "*Yo estudia espanol en mi escuela hace dos anos.", "*Conoce mi profesora se llama Cristina.", "*Tu tienes estudiar espanol con mi profesora!"; pero su desarrollo es muy breve). Además, falta un punto menor (saludo) y hay datos irrelevantes ("Ella es muy guapa y simpática"). Se adecúa solo relativamente a la situación planteada, aunque si tiene en cuenta el estímulo proporcionado.

INFORME DE CALIFICACIÓN: TEXTO 2 TAREA 1

COHESIÓN: 3

El candidato se sitúa en la banda 3 porque usa una variedad de conectores frecuentes ("además", "porque", "después de", "por eso"), relativos ("la ciudad donde vivo", "personas que hablan español") y subordinadas sustantivas ("creo que para aprender español"). Además, utiliza correctamente las reglas básicas de puntuación.

CORRECCIÓN: 3

En corrección se le asignó la banda 3 porque muestra un control razonable de elementos lingüísticos sencillos, pero comete algunos errores ("yo tenía que traducir *todas veces", "*un clase obligatorio"). Por otra parte, no utiliza los recursos gramaticales correspondientes a la banda 4 (subordinadas con subjuntivo, comparativas, etc.). Y supera lo descrito en la banda 2.

ALCANCE: 3

El candidato se sitúa en la banda 3 porque hace valoraciones "me gusta más que", " es interesante porque", "me gusta más porque"; expresa deseos "me gustaría aprender más" y describe adecuadamente temas cotidianos y viajes además de narrar una historia. Además, el texto muestra falta de especificidad y aparecen circunloquios "personas que hablan español" (en lugar de 'nativos') y por este motivo, aparecen imprecisiones y errores "tenía que traducir *todas veces que dicen a mis padres porque ellos no entienden español" (en lugar de 'tenía que traducir todo lo que les decían a mis padres porque ellos no hablan/saben español', por ejemplo) o "podía hablar todo lo que aprendía en clase" (en lugar de 'podía utilizar lo que había aprendido en clase', por ejemplo).

CUMPLIMIENTO: 4

En cumplimiento de la tarea, se calificó la muestra con banda 4 porque aporta la información requerida, se adecúa a la situación planteada y al estímulo proporcionado en líneas generales. No alcanza la banda 5 porque trata algunos puntos de forma breve y no aporta ejemplos ni detalles.

3.3.2. La Tarea 2 de EIE: cómo se resuelve

Actividad 1

CIERRE DE ESTACIONES DE METRO

1. Tipos de transporte
- vagón de pasajeros/de mercancías
- autobús urbano
- autobús interurbano
- coche particular/oficial
- circular en coche/en moto
- manejar
- tren de cercanías
- tren de largo recorrido
- tren directo

2. Espacios urbanos
- haber/estar en obras
- residente
- residir
- habitar
- peatón
- manzana
- cuadra
- urbanización
- ciudad dormitorio
- periferia/alrededores
- inmediaciones
- ciudadano(s)
- vecindario

3. Red de transporte
- carril bici/bus
- autovía
- carretera nacional/secundaria
- autopista de peaje
- haber caravana/un atasco/un embotellamiento

4. Otros
- IBERIA
- RENFE
- AVE

5. Palabras intrusas
- residuos
- impacto medioambiental

Actividad 2

OPINAR
- Me parece horrible/fatal/genial/fenomenal... (B2, PCIC)
- A mi juicio... (C1, PCIC)
- En mi modesta/humilde opinión. (C1, PCIC)
- No estoy en absoluto de acuerdo... (B2, PCIC)
- Estoy de acuerdo con mucho/casi todo/gran parte de... (B2, PCIC)
- (Yo) estoy de acuerdo... (B2, PCIC)
- Desde luego (que sí/no) (B2, PCIC)
- Quizá(s)/Tal vez... (B2, PCIC)
- No tengo (tan) claro que... (C1, PCIC)

- Lo que es evidente/está claro es que... (C1, PCIC)

CONTRAARGUMENTAR

- No te falta razón, pero/sin embargo/ahora bien/por el contrario... (C1, PCIC)
- Yo no digo que (no)..., pero/sin embargo/ahora bien... (C1, PCIC)
- Sí, pero tampoco se puede/debe olvidar que... (B2, PCIC)
- No dudo (de) que..., pero/no obstante... (B2, PCIC)

CONCLUIR

- Por último... (B2, PCIC)
- Para finalizar... (B2, PCIC)
- Para acabar... (B2, PCIC)
- Resumiendo... (B2, PCIC)
- En definitiva... (C1, PCIC)
- En conclusión... (B2, PCIC)

Actividad 3

Los vecinos ya no podemos soportar más esta situación. ¡**Estamos hasta las narices**! La cosa es que **cada dos por tres** cierran las estaciones de metro por huelga de sus trabajadores. El gobierno se ha reunido varias veces con los representantes de los empleados, pero, **por h o por b**, no han llegado a un acuerdo. El problema es que al final somos los ciudadanos los que estamos **pagando el pato**.

Actividad 4

ERRORES DE CUMPLIMIENTO

- Su presentación del tema es demasiado breve.

ERRORES DE COHESIÓN

- **Por la otra parte**, (En lugar de "Por otra parte,").
- **más opciones *que bolsas de plástico** (En lugar de "más opciones además de bolsas de plástico").
- **porque no sabemos que son muchas las bolsas de plástico que cada día se usan en estos lugares** (En lugar de "no sabemos la cantidad de bolsas de plástico que se usan cada día en estos lugares").

ERRORES DE CORRECCIÓN

- ***plastico** (En lugar de "plástico").
- **además obligar a las empresas que venden plastico inútil *que limiten la venta** (En lugar de "además obligar a las empresas que venden plástico inútil a que limiten la venta").
- **el Gobierno *deberían** (En lugar de "el Gobierno debería").
- **Cuando los ciudadanos *comprenden esto** (En lugar de "cuando los ciudadanos comprendan esto").
- ***- todos estos acciones** (En lugar de "todas estas acciones").

ERRORES DE ALCANCE

- **plastico inútil** (Selección léxica).
- **si las personas no tienen otras opciones, no van a usar otros tipos (Selección léxica)**.
- **Una manera de ayudar esta nueva forma de vida** (Selección léxica).

3.3.3. La Tarea 2 de EIE: cómo se califica

Actividad 1

INFORME DE CALIFICACIÓN: TEXTO 2 TAREA 2

COHESIÓN: 5

En cohesión se calificó con la banda 5 porque produce un texto claro, coherente y muy bien estructurado y hace un uso completo y variado de estructuras organizativas y conectores ("aunque podríamos hacerlo en coche particular", "en consecuencia", "de hacerlo de esta manera", "en cualquier caso"), así como de otros mecanismos de cohesión, como deícticos y subordinadas sustantivas y adverbiales ("para nosotros los que tenemos que movernos por la zona", "no pasarán por nuestra ciudad hasta que no se solucionen los problemas"). Además, utiliza correctamente las reglas de puntuación.

CORRECCIÓN: 5

En corrección se calificó el texto con un 5 porque el candidato demuestra un dominio consistente, sin apenas errores ("*decidió de...").

ALCANCE: 5

En alcance se le asignó la banda 5 porque el candidato es capaz de detallar y concretar los temas de los que trata, aunque sean abstractos. Supera la banda 4 porque no se expresa de forma sencilla, sino que el texto es claro, rico y preciso ("ciudadanos residentes de esta zona"; "el malestar con lo que está sucediendo aquí es general entre los comerciantes"; "periodo intenso de trabajo"; "en mi modesta opinión"; "llegados a este punto...").

CUMPLIMIENTO: 5

En cuanto al cumplimiento de la tarea se calificó el texto con una banda 5 porque resuelve completamente la tarea con un texto que proporciona detalles y ejemplos para defender sus argumentos ("Nosotros los comerciantes que trabajamos para los turistas ya estamos notando la falta de visitantes en estos momentos y sabemos que no pasarán por nuestra ciudad hasta que no se solucionen los problemas con los empleados del metro"). Se adecúa perfectamente a la situación planteada y al estímulo que se le proporciona, y se ajusta al género requerido.

INFORME DE CALIFICACIÓN: TEXTO 1 TAREA 2
COHESIÓN: 4 En cohesión se calificó con 4 porque el candidato produce un texto claro, coherente y estructurado, y hace un uso relativamente variado de mecanismos de cohesión. Aunque no utiliza una gran variedad de conectores, sí utiliza correctamente organizadores ("finalmente") y subordinadas sustantivas y adverbiales ("el problema es que muchas personas...", "cada vez que alguien..."). Hay algún error esporádico en los conectores y en los mecanismos de cohesión ("Para ellos..."; "*Por la otra parte..."; etc.), así como en la puntuación ("...*y otras tiendas tenga más opciones que bolsas de plástico podrían ser bolsas..."; "... desde las tiendas y supermercados otra manera es dar..."). Hay poca claridad en alguna frase ("no sabemos que son muchas las bolsas de plástico que cada día se usan en estos lugares y si las personas no tienen otras opciones, no van a usar otros tipos").
CORRECCIÓN: 4 En cuanto a la corrección, mantiene un buen control gramatical y léxico, aunque con pequeños errores, por lo que no alcanza la banda 5 ("el Gobierno *deberían"; "*ayudar esta nueva forma de vida"; "*todos estos acciones"; "*obligar que limiten la venta..."). Su control es más que razonable y no solo de estructuras habituales (condicionales, subjuntivos, etc., bien utilizados), por lo que supera la banda 3. La ortografía es razonablemente correcta, pero comete algún error en los acentos: "*plasticos".
ALCANCE: 4 En alcance se le asignó la banda 4 porque es capaz de explicar los puntos principales de una idea o problema, de expresar sentimientos y pensamientos sobre temas abstractos y de evaluar información de forma sencilla, pero razonablemente precisa. Incluye algunas expresiones idiomáticas o coloquiales ("montones de plástico"). No alcanza la banda 5 porque su texto no llega a ser claro, rico y preciso y no incluye detalles ("cosas de plástico"; "hacer una ley"; "enseñar el problema..."). Supera la banda 3 porque no se observa falta de especificidad y circunloquios que pongan de manifiesto sus limitaciones.
CUMPLIMIENTO: 4 En cumplimiento de la tarea la muestra se calificó con un 4 porque responde adecuadamente a la tarea y aporta la información y los argumentos necesarios, aunque trata con brevedad alguno de los puntos planteados (la presentación del tema). No alcanza la banda 5 porque no proporciona detalles ni ejemplos.

Tarea 2 Opción 2: C)
Tarea 2 Opción 1: E)

3.5. Dé el salto

Repase antes de la prueba

1. → Tarea 1
2. → Tarea 2
3. → Tarea 1
4. → Las dos tareas
5. → Tarea 2
6. → Las dos tareas

4.1. Cómo es la prueba de Expresión e interacción orales

¿Verdadero o falso?

- El profesor que cuida el examen graba las respuestas del candidato.
  Falso. La prueba de EIO se hace íntegramente por ordenador.

- En algunas tareas hay tiempo para planificar y tomar notas.
  Verdadero. En las tareas 2, 4 y 5 el candidato cuenta con tiempo para preparar su respuesta.

- Es posible elegir qué tarea responder primero.
  Falso. El candidato debe responder las tareas en orden (de la 1 a la 5).

- Todas las tareas contienen preguntas en formato auditivo.
  Falso. Solo las tareas 1 y 4 tienen preguntas en formato auditivo.

- El candidato decide cuánto dura cada una de sus respuestas hasta un máximo de 15 minutos.
  Falso. El tiempo para responder en cada tarea está predeterminado por el sistema.

4.2.2. La Tarea 1 de EIO: cómo se resuelve

Actividad 1

Pregunta 1: Lugares y actividades de tiempo libre y de ocio.
Pregunta 2: Lugares y actividades de tiempo libre y de ocio.
Pregunta 3: Vida cotidiana.
Pregunta 4: Relaciones personales.

Actividad 2

Pregunta 1

Respuesta 1: ¿Qué deportes practica? Practica baile.
Respuesta 2: ¿Qué deportes practica? Baloncesto.

Pregunta 2

Respuesta 1: ¿Qué le gusta hacer el fin de semana? Ir a discotecas.
Respuesta 2: ¿Qué le gusta hacer el fin de semana? Comer con los padres.

Actividad 3

Tortilla de patata. Ingredientes: Patata, huevo, (cebolla), sal y aceite de oliva.
Alfajores. Ingredientes: mantequilla, harina de trigo, harina de maíz, azúcar, yema de huevo, vainilla, limón, levadura, dulce de leche y coco.
Guacamole. Ingredientes: aguacate, tomate, cebolla, lima, chile jalapeño, cilantro y sal.

Actividad 4

Audio 1: opción A.
Audio 2: opción B.

4.2.3. La Tarea 1 de EIO: cómo se califica

Actividad 1
Informe de calificación

INFORME DE CALIFICACIÓN: TAREA 1
USO DE LA LENGUA: 4 La categoría de Uso de la lengua se calificó en la banda 4 porque su repertorio lingüístico le permite desenvolverse con cierto grado de precisión, manteniendo un discurso claro y coherente. Comete algún error en estructuras que pueden considerarse complejas para la tarea. **CUMPLIMIENTO: 5** La categoría de Cumplimiento de la tarea se calificó en la banda 5 porque responde adecuadamente a todas las preguntas.

Actividad 2
Calificación A

Informe de calificación

INFORME DE CALIFICACIÓN: TAREA 1
USO DE LA LENGUA: 5 La categoría de Uso de la lengua se calificó en la banda 5 porque utiliza un nivel de lengua adecuado a la tarea y preciso, en el que no tiene que restringir lo que quiere decir. No comete apenas ningún error y mantiene un discurso fluido y cohesionado si la tarea lo propicia. **CUMPLIMIENTO: 5** La categoría de Cumplimiento de la tarea se calificó en la banda 5 porque responde adecuadamente a todas las preguntas.

4.3.2. La Tarea 2 de EIO: cómo se resuelve

Actividad 3

- Los futuros papás están al <u>fondo de</u>/entre la cocina.
- Hay un señor sentado en un banco <u>detrás de</u>/enfrente de la chica de las gafas de sol.
- Los chicos que están en el restaurante se han sentado uno delante/<u>al lado</u> del otro.
- Los tomates y las zanahorias están <u>dentro de</u>/fuera de la ensalada.
- Los cubiertos están <u>encima</u>/debajo de la mesa.

Soluciones

4.3.3. La Tarea 2 de EIO: cómo se califica

Actividad 1

Candidato 1: calificación A.

Candidato 2: calificación B.

*Eh... hay dos personas eh... y me *paracen que eh... están *casadas eh... y una es una mujer rubia que lleva una camiseta y pantalones y em... el otro es un hombre que... es moreno y tiene una camisa y vaqueros em... Los dos me parecen bastante eh... contentos y eh... Creo que ella está embarazada y em... están hablando pero no sé de qué eh... Están en una cocina... Es un-un espacio muy limpio y hay mucha luz... eh... Están eh... No están sentados, están hablando *en pie y eh... eso es todo.*

Informes de calificación

INFORME DE CALIFICACIÓN: TAREA 2. CANDIDATO 1
USO DE LA LENGUA: 4 La categoría de Uso de la lengua se calificó en la banda 4 porque se desenvuelve con cierto grado de precisión, mantiene un discurso claro y coherente. Comete algunos errores de concordancia y de léxico y realiza pausas que no dificultan la comprensión. **CUMPLIMIENTO: 5** La categoría de Cumplimiento de la tarea se calificó en la banda 5 porque describe la foto de forma adecuada y cumple con todos los puntos del desarrollo.

INFORME DE CALIFICACIÓN: TAREA 2. CANDIDATO 2
USO DE LA LENGUA: 4 La categoría de Uso de la lengua se calificó en la banda 4 porque su discurso es lento, pero claro y coherente. Comete algunos errores de concordancia y de léxico y realiza pausas que no dificultan la comprensión. **CUMPLIMIENTO: 3** La categoría de Cumplimiento de la tarea se calificó en la banda 3 porque describe adecuadamente la foto, pero omite dos de los puntos o los responde de forma demasiado breve como para considerar que los ha cumplido.

4.4.2. La Tarea 3 de EIO: cómo se resuelve

Actividad 1

Opción 1:

*¡Hola! Buenos días... Quería saber si quieres ir a Florida conmigo este fin de semana. Vamos a ir mis padres y yo para tener una *vacación y queremos saber si quieres venir tú también con nosotros. Vamos a ir a Florida porque hace muy buen tiempo, porque...hace sol... Y allí podemos ir a Disney, podemos ir a lo... a los parques que tienen las *montaña rusas y lo vamos a pasar muy bien. Entonces, si puedes responderme pronto, a ver si quieres ir con nosotras. Adiós.*

Opción 2:

*¡Hola! Buenas, amiga. Qué tal a... ¿estás bien? Creo que sí. Ah... Pues en mi opinión, hay muchos restaurantes que puedes *irte am... con diferentes tipos de comida como comida de China, o comida de Estados Unidos, como una hamburguesa o algo como así. Ahmm, pues no sé qué quieres comer, pero yo conozco algunos restaurantes que son muy *buenas ah... buenos, como por ejemplo La Gran Hamburguesa. Tiene hamburguesas. Y también hay un pub que se llama, que se llama... El Pub Irlandés: tiene nachos. También hay una... un lugar con tapas, muy buenas. Y también hay restaurantes un poco más elegantes como e... a... en la calle con... e... el mercado. También si quieres, puedes buscar en el Internet con *otros opciones. También. Y... Te amo, chao.*

Actividad 2

Opción 1:

Hago este viaje porque unos amigos míos viven allí. (Explicar el motivo de su viaje).

Es la primera vez que viajo a este país. (Decir cuántas veces ha estado allí).

Buenos días, necesito un visado para viajar a Australia. (Saludar y decir qué quiere solicitar).

Me alojaré en casa de mis amigos. (Informar del alojamiento).

Tengo pensado quedarme un mes. (Informar de la duración del viaje).

Opción 2:

Yo hablo chino e inglés además de español. (Hablar de los idiomas que conoce).

Buenos días, me llamo Daida García. (Saludar y presentarse).

Me gustaría trabajar en su empresa por sus relaciones con China. (Explicar por qué quiere trabajar en esa empresa).

Soy licenciada en Periodismo. (Saludar y presentarse).

Por eso creo que podría ocuparme de la comunicación con este país. (Hablar de por qué los idiomas son útiles para su trabajo).

4.4.3. La Tarea 3 de EIO: cómo se califica

Actividad 1

Calificación A

Informe de calificación

INFORME DE CALIFICACIÓN: TAREA 3
USO DE LA LENGUA: 4 La categoría de Uso de la lengua se calificó en la banda 4 porque mantiene un discurso claro y coherente, comete pocos errores, pero no son complejos, y realiza pausas que no dificultan la comprensión. **CUMPLIMIENTO: 5** La categoría de Cumplimiento de la tarea se calificó en la banda 5 porque cumple con todos los puntos del desarrollo.

4.5.2. La Tarea 4 de EIO: cómo se resuelve

Actividad 2

Pregunta 1: Falso

Pregunta si el uso de los móviles influye en los procesos mentales, no en la forma de pensar de la gente.

Pregunta 2: Verdadero

Pregunta 3: Falso

Pregunta por las medidas que tomaría respecto al uso de los teléfonos móviles en los colegios, no si aconsejaría su uso o no.

Actividad 3

Respuesta 1: Hipótesis. Recursos: *"Si fuera..., aconsejaría..."*. Otros: *"En caso de que fuera... probablemente aconsejaría..."*.

Respuesta 2: Opinión. Recursos: *"Creo que..."*. Otros: *"A mi modo de ver..."*, *"Yo considero que..."*.

Respuesta 3: Información. Recursos: *"No solo..., sino también..."*. Otros: *"Es un hecho que..."*, *"Respecto a..."*.

4.5.3. La Tarea 4 de EIO: cómo se califica

Actividad 1

Calificación B

Informe de calificación

INFORME DE CALIFICACIÓN: TAREA 4
USO DE LA LENGUA: 4 La categoría de Uso de la lengua se calificó en la banda 4 porque su repertorio lingüístico le permite aportar información, expresar sus opiniones y defenderlas en un discurso claro y coherente. Realiza pausas y comete algún error, principalmente cuando utiliza estructuras y léxico más complejos o trata aspectos menos habituales de los temas planteados.
CUMPLIMIENTO: 4 La categoría de Cumplimiento de la tarea se calificó en la banda 4 porque responde parcialmente a las tres preguntas y realiza la tarea de forma parcial: aunque expone su posición respecto a la frase elegida y la justifica con argumentos, no da ejemplos ni concluye su presentación adecuadamente.

4.6.2. La Tarea 5 de EIO: cómo se resuelve

Actividad 1

ARGUMENTOS	EJEMPLOS
La aparición de plataformas educativas en la red ha hecho que cambie la forma de impartir algunas asignaturas.	Muchas universidades utilizan Moodle, y otras plataformas educativas, para crear cursos a distancia o semipresenciales.
	Los profesores optan por este tipo de plataformas porque han aumentado tanto el rendimiento como la participación de los alumnos en clase.
El proceso de entrega y revisión de materiales se ha agilizado gracias a la aparición de distintos formatos que permiten una mayor eficacia.	Existen diversos programas que permiten al profesor hacer revisiones de tareas sin necesidad de imprimir los documentos.
	La flexibilidad del medio de entrega permite que un mayor número de estudiantes cumpla los plazos establecidos.

Actividad 3

La llegada de las nuevas tecnologías ha hecho que los profesionales de la educación se replanteen la pedagogía y el trabajo en el aula.
Sí, estoy a favor de este argumento... am... Los profes... Sí, ***por supuesto****. Los profes-los profesores, o los profesionales tienen que am... replantear esta idea. Con tecnología am... se puede explorar *el red, la red, y las posibilidades.* ***También*** *pueden compartir información más pronto y mucha más información que antes por correos *o otros medios de comunicación. También con am... con esta am... con tecnología eh... es difícil para los profesores que... am... que seguían enseñando con el uso de una... una... con uso de ah... papeles y bolis. Y... ahora es un nuevo medio y es una oportunidad para, no solo para enseñar pero para ellos también para am... aprender nuevos medios...* ***Además****,* ***por ejemplo****, si en am... si una am..., si un estudiante quiere am... si un estudiante pregunta a su profesor en la clase de literatura sobre... sobre Federico Lorca,* ***pero*** *es una información que el profesor...* ***tampoco*** *lo *sé, lo sabe,* ***entonces****, en el mismo momento, con... sí, con la disponibilidad de la tecnología la, el profesor puede... ver esa am... buscar esa información por *el internet y puede... contestar la pregunta de... del estudiante. Entonces, la... el trabajo en el aula también ah... también va a cambiar con la tecnología y... y... y también con ah... Porque ah... antes solo... los profesores siempre nos daban ejemplos o contaban... sus experiencias, que *es, que era muy muy buena, pero ahora con... con la tecnología también pueden... los profesores pueden... mostrarnos *los opinio-las opiniones de otra gente sobre el *misma tema-sobre el mismo tema. Y... y también... y también pueden ah... diversificar en am... diversificar... este, en este tema...* ***En resumen****, la nueva tecnología ha... ha... ha aumentado el nivel de la educación. Gracias.*

Informe de calificación

INFORME DE CALIFICACIÓN: TAREA 5
USO DE LA LENGUA: 4 La categoría de Uso de la lengua se calificó en la banda 4 porque su repertorio lingüístico le permite aportar información precisa y relevante para plantear su postura y defenderla con argumentos. Su discurso es claro y coherente, pero realiza algunas pausas y comete errores.
CUMPLIMIENTO: 5 La categoría de Cumplimiento de la tarea se calificó en la banda 5 porque realiza la presentación adecuadamente cumpliendo con todos los puntos de desarrollo.

Actividad 4

CONECTORES	EJEMPLOS
Aditivos	Además, incluso, es más
Focalizadores	Tampoco, también
Reformuladores	Es decir, o sea, esto es
Contraargumentativos	Sin embargo, pero, por el contrario
Recapitulativos	En resumen, con lo cual
Consecutivos	Así, entonces, por tanto
Justificativos	Porque, como
De especificación	Por ejemplo, en concreto
De refuerzo	Por supuesto

4.6.3. La Tarea 5 de EIO: cómo se califica

Actividad 1

Bueno, sí, estoy, estoy totalmente de acuerdo con esta afirmación porque creo que el principal objetivo de estos... de lo que casi podríamos llamar ciudades comerciales, porque o sea han llegado a dimensiones tremendas eh pues eh... El objetivo es justo justo eso: es llenar los ojos del del consumidor con productos que son totalmente innecesarios eh y... llevarlo a pues vaciar totalmente su bolsillo comprando... comprando de manera frenética, todo lo que ve. Es es eh... al final es su objetivo. El objetivo de estos centros comercia... comerciales es crear ese ese consumismo.

*Pero pero sí es verdad que si el argumento, la cuestión es totalmente negativa, hay que subrayar que detrás hay un trabajo eh... pues positivo desde el punto de vista de las personas que están detrás, las personas que trabajan. Y estoy hablando de, principalmente del marketing. Todas las personas que gestionan el marketing la publicidad, la posición de los productos, la posición de las tiendas dentro de, de estas ciudades comerciales es increíble y funciona a la perfección porque, si no, no hubiéramos llegado a esa a esta cantidad de consumismo por parte del de todo el mundo porque al final es un consumismo de de masa. Eh... es un... es el mundo del marketing, en realidad, es un mundo que, que llama mucho la atención porque casi ahora está llegando un momento donde la gente se entera de lo negativo pero el marketing le gana y, y porque son capaces de venderte todo lo que quieren con cualquier tipo de técnica. Las publicidades, por ejemplo, el mundo de la publicidad eso es un mundo eh... fantástico. Son capaces de ponerte una imagen de un... de un perro con cascos inalámbricos eh... y te dicen: "Hasta los perros necesitan estos cascos". Y un consumidor lo mira y dice: "Buah, tienen que ser cómodos", y se lo compran. Y se lo compran porque las publicidades funcionan de maravilla. Parece que no tiene ni pies ni cabeza pero sí que tienen los pies pues ahí, bien firmes y la cabeza ahí, entre, entre los hombros. Y la... el trabajo del marketing pues también es fantástico a nivel de conectar modas de cebarse de todo lo que produce la red. Es algo positivo desde ese punto de vista, pero negativo desde el punto de vista del consumidor. Estamos llegando a comprar cosas que, totalmente inútiles porque han creado nuevas necesidades. Yo solamente basándome en mi experiencia pues puedo decir que en Madagascar he visto familias sin dinero, pero todas con móvil y esta es un poco creo que la imagen del consumismo de ahora. La capacidad que han creado de... producir nuevas necesidades, nuevos... nuevas *frenesías por parte del consumidor.*

En conclusión, pues... el consumismo creo que la principal causa del consumismo es la presencia de esto de estas ciudades comerciales y son las principales causas de esta nueva adicción, que es la adicción a la a la compra de productos totalmente inútiles.

Informe de calificación

INFORME DE CALIFICACIÓN: TAREA 5
USO DE LA LENGUA: 5 La categoría de Uso de la lengua se calificó en la banda 5 porque su repertorio lingüístico le permite proporcionar todo tipo de información y argumentar sus opiniones sin restringir lo que quiere decir en un discurso preciso, bien estructurado cohesionado y fluido. Apenas realiza pausas para planificar su discurso ni comete errores.
CUMPLIMIENTO: 5 La categoría de Cumplimiento de la tarea se calificó en la banda 5 porque realiza la presentación de forma adecuada, cumpliendo con todos los puntos de la tarea.

4.8 Dé el salto

Repase antes de la prueba

TAREA	¿QUÉ TENGO QUE HACER?	¿EN CUÁNTO TIEMPO?
Tarea 1	Responder a cuatro preguntas.	15 segundos para cada una de las dos primeras preguntas y 30 segundos para cada una de las dos últimas.
Tarea 2	Describir una fotografía.	2 minutos y 30 segundos para la preparación y 2 minutos para responder.
Tarea 3	Reproducir dos situaciones simuladas: una del ámbito personal y otra del ámbito público.	1 minuto y 30 segundos para responder a cada situación.
Tarea 4	Responder a tres preguntas relacionadas con un texto.	1 minuto para leer el texto y 1 minuto para responder a cada pregunta.
Tarea 5	Argumentar a favor o en contra de una idea relacionada con el texto de la Tarea 4.	2 minutos de preparación y 4 minutos para la exposición.

Bloque III

A. COMPRUEBE LO APRENDIDO

Actividad 1

Prueba	Tareas	Tiempo	Materiales	Respuestas
CL	5	60 minutos	Textos	Selección de opciones
CA	6	55 minutos	Audios	Selección de opciones
EIE	2	50 minutos	Textos	Textos escritos
EIO	5	15-20 minutos	Audios y textos	Grabaciones de voz

Actividad 2

a) El examen SIELE se realiza por ordenador **desde un centro autorizado por SIELE**.

b) El examen SIELE certifica **desde el nivel A1 hasta el C1**.

c) En las pruebas del examen SIELE **la dificultad aumenta a medida que avanzan las tareas**.

d) En el examen SIELE el candidato puede elegir **qué destrezas certifica**.

e) Para inscribirse en el examen SIELE hay que **visitar la página web siele.org**.

f) En las tareas 1 y 2 el candidato tiene que **entender las ideas principales y encontrar información concreta en textos breves y sencillos**.

g) En la Tarea 3 el candidato tiene que relacionar **textos con preguntas o enunciados**.

h) La Tarea 4 corresponde al nivel **B2**.

i) En la Tarea 5 aparecen textos procedentes de **revistas, libros de texto, periódicos y otros**.

j) En la Tarea 1 el candidato tiene que elegir la respuesta correcta entre **quince opciones**.

k) La Tarea 2 corresponde al nivel **A2**.

l) El candidato tiene que hacer inferencias en **la Tarea 4**.

m) En las tareas 5 y 6 el candidato encontrará **conferencias, discursos o presentaciones realizadas por una persona**.

n) En la Tarea 1 el candidato tiene que **informar, describir y narrar**.

o) En la Tarea 2 el candidato debe producir un texto de aproximadamente **250 o 300 palabras**.

p) La Tarea 1 corresponde a los niveles **A1/B1**.

q) En la Tarea 2 el candidato encontrará fragmentos de **artículos de periódico, reseñas o informes**.

r) Siempre que no supere los 50 minutos de la prueba, el tiempo para realizar cada tarea **lo gestiona el candidato**.

s) A cada tarea de EIE le corresponden **125 puntos**.

t) En la Tarea 1 el candidato debe producir **la respuesta a unas preguntas**.

u) En la Tarea 2 el candidato encontrará **fotografías**.

v) El candidato tiene un máximo de 3 minutos para realizar **tanto la Tarea 3 como la 4**.

w) En la Tarea 4 el candidato tiene que **expresar opinión, suposición y dar información**.

x) La Tarea 5 corresponde **al nivel C1**.

y) Los criterios de calificación que se tienen en cuenta a la hora de calificar al candidato en esta prueba son dos: **Uso de la lengua y Cumplimiento de la tarea**.

Autoevaluación

De 0 a 10 aciertos: Conozco algunas características del examen SIELE, pero hay muchas otras que no tengo claras. Si quiero presentarme al SIELE Global y obtener una puntuación acorde a mi nivel, tendré que fijarme en qué apartados tengo fallos (El examen SIELE, Comprensión de Lectura, Comprensión auditiva...) y volver a repasar las unidades correspondientes de *Manual oficial del SIELE*.

De 11 a 20 aciertos: Conozco bastantes características del examen SIELE, pero hay otras que desconozco y que son importantes. Puede que domine solo el funcionamiento de algunas pruebas o sepa pocas cosas de cada una de ellas. Si quiero presentarme al SIELE Global y obtener una puntuación acorde a mi nivel, tendré que fijarme en qué apartados tengo fallos (El examen SIELE, Comprensión de Lectura, Comprensión auditiva...) y volver a repasar las unidades correspondientes de *Manual oficial del SIELE*.

De 21 a 25 aciertos: Conozco muy bien el examen SIELE. Entiendo bien los pasos previos al examen, sus características generales y cómo son las pruebas y tareas que lo componen. Si he tenido algún fallo, puedo repasar la unidad de *Manual oficial del SIELE* correspondiente.

B. RECUERDE LO MÁS IMPORTANTE

Actividad 1

Antes del examen

joannah: ¿Qué es el examen SIELE? El examen SIELE, o Servicio Internacional de Evaluación de la Lengua Española, es un examen que evalúa y certifica el grado de dominio del español en base a los niveles establecidos por el Marco Común Europeo de Referencia para las Lenguas *(MCER)*. Es creado por el Instituto Cervantes, la Universidad Nacional Autónoma de México, la Universidad de Salamanca y la Universidad de Buenos Aires. Se hace por ordenador y se compone de cuatro pruebas: Compresión de lectura, Compresión auditiva, Expresión e interacción escritas y Expresión e interacción orales.

stefano: Necesito un documento que certifique mi nivel de español, ¿el examen SIELE me servirá? El examen SIELE tiene reconocimiento internacional y está avalado por instituciones de gran prestigio que garantizan sus estándares de calidad y de buenas prácticas. Como cualquier certificación de idioma, depende de sus necesidades. Compruebe el listado que aparece en el apartado "Conoce SIELE" de siele.org o consúltelo con la institución que se lo pide.

viking: ¿Hay requisitos para presentarse al examen SIELE? El examen SIELE no cuenta con requisitos para su realización. Lo pueden hacer todas aquellas personas que deseen acreditar su dominio de la lengua española, ya tengan el español como lengua extranjera, segunda o materna. Está pensado para jóvenes y adultos. Es aconsejable tener más de 16 años por los temas y situaciones que se tratan, si bien no es en ningún caso obligatorio.

shei.13: ¿Durante cuánto tiempo son válidos los certificados o informes? Ambos cuentan con 5 años de vigencia. Al realizar el SIELE Global se recibe un certificado, de reconocimiento internacional, que incluye una puntuación por pruebas relacionada con los niveles de dominio del *MCER* y una puntuación numérica de 0 a 1000, que es la suma de las puntuaciones obtenidas en cada prueba. Al realizar una de las modalidades independientes SIELE se recibe un informe que incluye la puntuación obtenida en la prueba o pruebas realizadas y su correspondencia con los niveles del *MCER*.

ona_w2: ¿Con quién me puedo poner en contacto si tengo dudas? Tiene varias formas de contacto para elegir la que mejor se adapte a sus necesidades. Puede enviar un correo electrónico a candidatos@siele.org. También está disponible un formulario de consulta, al que se accede en el apartado "Contacto" de siele.org. Otra opción es llamar al teléfono + 34 91 732 90 51 desde las 08:00 hasta las 19:00 h (UTC/GMT +2) los días laborables de lunes a viernes.

glory: Para inscribirme en el examen, entro a siele.org y encuentro el centro en el que quiero hacerlo, pero las fechas que aparecen no me vienen bien, ¿qué puedo hacer? Puede ponerse en contacto con el centro para pedir fechas alternativas. En ocasiones, los centros pueden ampliar la convocatoria establecida.

rg.andrew: Me he equivocado al elegir el día del examen, ¿se puede modificar la fecha? Siempre que no hayan pasado más de 15 días desde la fecha de inscripción, se puede cancelar. Después, puede comprobar la disponibilidad de la fecha deseada para inscribirse.

andrei86: Además de *Manual oficial del SIELE*, **¿hay otros materiales con los que puedo practicar?** Tiene disponible una gran variedad de materiales que le sirven para preparar el examen. Uno de ellos es Objetivo SIELE, que se compone de distintos cursos en línea, sirve tanto si quieres prepararte para una prueba en concreto como si tu objetivo es practicar para todas ellas. Lo puede encontrar en el apartado "Prepare SIELE" de la pestaña PARA CANDIDATOS de siele.org. En la pestaña EXAMEN SIELE también están disponibles la Guía de Examen y un MOOC para candidatos. Ambos explican detalladamente en qué consisten las diferentes pruebas y modalidades de certificación del SIELE y sirven para conocer el SIELE y practicar las distintas pruebas del examen. Por último, en la misma pestaña existe una Demo que se realiza en las mismas condiciones que el examen oficial, por lo que sirve para habituarse a su funcionamiento.

El día del examen

dsmith: El día del examen, ¿qué documentos necesito llevar? Tiene que llevar el documento oficial de identidad que usó para inscribirse y los datos de acceso de usuario a siele.org. Recuerde llegar 15 minutos antes y no acceder a la sala de examen con libros, papeles, teléfono móvil o reloj inteligente.

becky: ¿Qué aspectos tengo que tener en cuenta a la hora de hacer el examen? Para realizar adecuadamente el examen SIELE es aconsejable conocer el funcionamiento de las pruebas que lo componen. También es útil saber cuáles son los criterios de corrección para basar tus respuestas en ellos. Por otra parte, y como en cualquier otro examen, leer bien las pautas e instrucciones es clave para realizarlo correctamente.

joao-l: Al hacer mi examen se produce un problema técnico y tengo que cambiar de ordenador, ¿eso me restará tiempo para hacer el examen? Al cambiar de ordenador, el examen vuelve a comenzar en la misma tarea donde lo dejó y cuenta con el mismo tiempo para completar su examen.

a-moon: No escucho bien los audios, ¿qué puedo hacer? Avise al Personal de Apoyo encargado de su examen. Este le ayudará en caso de que ocurriera algún problema técnico.

e.tower: Mi texto tenía menos palabras de las que se pedían, ¿tendré menos nota por eso? En el examen SIELE, el número de palabras es orientativo, por lo que no se penaliza si se han escrito más o menos palabras de las recomendadas. El aspecto a tener en cuenta es el cumplimiento de los puntos de orientación que se dan en las instrucciones.

alfaro_24: Creo que tengo un buen nivel de español, pero me da miedo no escribir un buen texto. ¿Qué criterios se van a tener en cuenta para calificar mi tarea? Para obtener una buena puntuación en las tareas de Expresión e interacción escritas, debe tener en cuenta los diferentes aspectos en los que se van a centrar los calificadores acreditados que revisen sus textos. Por un lado, van a fijarse en su cohesión, su corrección y su alcance. Esto quiere decir que van a determinar si el texto está bien estructurado mediante mecanismos de cohesión, si la gramática, el léxico y la ortografía son los adecuados, y si es capaz de realizar las funciones que se piden en las tareas. Por otro lado, van a tener en cuenta el Cumplimiento de la tarea. O sea, se van a fijar en si ha cumplido con los puntos que se pedían en las instrucciones y si ha sido capaz de adecuarse a la situación planteada.

scarlett: No he calculado bien la extensión de mis respuestas y la grabación se ha cortado antes de que pudiera terminar, ¿tendré menos nota por eso? A la hora de poner la nota, el calificador evaluará el cumplimiento de las instrucciones y las pautas, por eso se recomienda practicar con antelación para habituarse a elaborar una respuesta completa dentro de los límites establecidos. Si en el momento de finalizar la grabación ya había cumplido con los puntos, no tiene que preocuparse.

lpg6: ¿Qué consejos me dan para hacer bien la prueba de Expresión e interacción orales? Para hacer bien la prueba de Expresión e interacción orales, debe tener en cuenta los diferentes aspectos en los que se van a centrar los calificadores acreditados que revisen sus grabaciones. Por un lado, van a fijarse en el Uso de la lengua. Es decir, van a comprobar que su nivel de lengua sea adecuado y preciso, que el discurso sea claro y coherente y que las respuestas no incluyan pausas o errores de gramática, léxico o pronunciación. Por otro lado, van a tener en cuenta el Cumplimiento de la tarea. Esto es, se van a fijar en si ha cumplido con los puntos que se pedían en las instrucciones o si ha respondido de manera adecuada a las preguntas y si ha sido capaz de adecuarse a la situación planteada.

ivar03: ¿Tengo que tener conocimientos informáticos para hacer el examen? Para realizar el examen SIELE no es necesario tener conocimientos informáticos, aunque se recomienda al candidato que se familiarice con el funcionamiento técnico de la Extensión digital del manual.

Después del examen

aurel_fr: Ya he hecho el examen, ¿cuándo tendré mis resultados? Antes de tres semanas desde la realización del examen recibirá una notificación indicando que ya puede acceder a los resultados.

carach: ¿Qué puedo hacer si no estoy de acuerdo con los resultados que recibo? Se puede hacer una reclamación en cualquier modalidad de examen que incluya alguna de las pruebas corregidas por los examinadores acreditados, es decir, las pruebas de Expresión e interacción escritas y orales. Una vez que reciba su calificación, puede solicitar la revisión antes de los 7 días naturales siguientes. Supone un coste extra y su puntuación es definitiva, por lo que la puntuación anterior quedaría anulada.

aussie: ¿Quién corrige mi examen? Eso depende de las pruebas que realice. Las pruebas de Comprensión de lectura y Comprensión auditiva se corrigen automáticamente. Las pruebas de Expresión e interacción escritas y orales las califican examinadores acreditados basándose en las escalas analíticas creadas por el SIELE.

C. REALICE UN MODELO DEL SIELE EN EXTENSIÓN DIGITAL DEL MANUAL.

La Tarea 1 de CL

1. b 2. b 3. a 4. c 5. c

La Tarea 2 de CL

1. c 2. c 3. a 4. b 5. b

La Tarea 3 de CL

1. b 2. a 3. b 4. b 5. c 6.c 7.a 8.c

La Tarea 4 de CL

1.1 c 1.2 a 1.3 b 1.4 e
2.1 d 2.2 b 2.3 c 2.4 e

La Tarea 5 de CL

1. a 2. c 3. a 4. b
5. a 6. b 7. a 8. c
9. c 10. b 11. a 12. b

La Tarea 1 de CA

1. n 2. b 3. h 4. c 5. k

La Tarea 2 de CA

1. a 2. a 3. b 4. c 5. b

La Tarea 3 de CA

Persona 1. e Persona 2. i Persona 3. g
Persona 4. f Persona 5. a Persona 6. j
Persona 7. c Persona 8. h

La Tarea 4 de CA

1. a 2. b 3. c 4. b
5. a 6. b 7. c 8. a

La Tarea 5 de CA

Fragmento 1. a Fragmento 2. b
Fragmento 3. c Fragmento 4. c
Fragmento 5. c Fragmento 6. a

La Tarea 6 de CA

b c e h j k